Ensaios para uma história
da arte de Minas Gerais
no século XIX

Ricardo Giannetti

Ensaios para uma história da arte de Minas Gerais no século XIX

autêntica

Copyright © 2015 Ricardo Giannetti
Copyright © 2015 Autêntica Editora

Todos os direitos reservados pela Autêntica Editora. Nenhuma parte desta publicação poderá ser reproduzida, seja por meios mecânicos, eletrônicos, seja via cópia xerográfica, sem a autorização prévia da Editora.

EDITORA RESPONSÁVEL
Rejane Dias

EDITORA ASSISTENTE
Cecília Martins

REVISÃO
Lúcia Assumpção

CAPA
Alberto Bittencourt
(Sobre *Vista da Igreja da Ordem Terceira de São Francisco de Paula e Hospício da Terra Santa*, 1894, de Emilio Rouède [1848-1908]. Coleção Ricardo Giannetti. Fotografia: Rafael René Giannetti.)

DIAGRAMAÇÃO
Jairo Alvarenga Fonseca

Dados Internacionais de Catalogação na Publicação (CIP)
(Câmara Brasileira do Livro, SP, Brasil)

Giannetti, Ricardo
  Ensaios para uma história da arte de Minas Gerais no século XIX / Ricardo Giannetti. -- Belo Horizonte : Autêntica Editora, 2015.

  Bibliografia.
  ISBN 978-85-8217-574-3

  1. Arte - Brasil - Minas Gerais - História 2. Arte moderna - Ensaios 3. Ensaios I. Título.

14-12642   CDD-700.198151

Índices para catálogo sistemático:
1. Minas Gerais : Arte : Ensaios   700.198151

Belo Horizonte
Rua Aimorés, 981, 8º andar . Funcionários
30140-071 . Belo Horizonte . MG
Tel.: (55 31) 3214 5700

São Paulo
Av. Paulista, 2.073, Conjunto Nacional,
Horsa I . 23º andar, Conj. 2301 . Cerqueira
César . 01311-940 . São Paulo . SP
Tel.: (55 11) 3034 4468

Televendas: 0800 283 13 22
www.grupoautentica.com.br

A meus pais, Murillo (em memória) e Laura Virgínia,
minha gratidão.

Sumário

Nota do autor 9

Apresentação 11

Henrique Bernardelli em Ouro Preto 15

Emilio Rouède: *Origine de l'art au pays de l'or* 33

Comentário de Arminio de Mello Franco sobre
a exposição de pinturas de Belmiro de Almeida 47

Em defesa do patrimônio artístico de Ouro Preto:
lembrando as ações do pintor Honorio Esteves 61

O ensino de Desenho elementar e a lição artística
moderna em Ouro Preto no final do século XIX 87

Frederico Steckel: Artista do Império e da República 101

Francisco Soucasaux, fotógrafo e
construtor pioneiro de Belo Horizonte 143

Artistas de Minas Gerais na
Exposição Universal de Saint Louis de 1904 159

Nota do Autor

Os textos que compõem este livro são resultados de pesquisas impostas pela necessidade de se delinear a memória dos acontecimentos que marcaram o desenvolvimento das artes em Minas Gerais na segunda metade do século XIX e início do XX.

A despeito do curto período de tempo contemplado – cerca de vinte anos –, o encadeamento dos oito ensaios históricos descreve, no conjunto, um arco de ampla abrangência. Inicia-se em 1884 – ano no qual se oficializa a matrícula do jovem pintor ouro-pretano Honorio Esteves na Academia Imperial das Bellas Artes do Rio de Janeiro, inaugurando um novo patamar para a pintura moderna de Minas Gerais – e chega-se a 1904, quando a arte mineira será exibida no âmbito da Exposição Universal de Saint Louis, nos Estados Unidos.

Algumas ocorrências encontram-se comentadas com detalhes: a visita do pintor Henrique Bernardelli a Ouro Preto, em 1898, com o objetivo de estudar a obra de Aleijadinho; as passagens de Francisco Aurelio de Figueiredo, Coelho Netto, Alfredo Camarate e Olavo Bilac por cidades mineiras, em 1893 e 1894; os artigos do pintor e jornalista Emilio Rouède sobre a arte colonial mineira, ao conhecer Ouro Preto, Sabará e o arraial de Belo Horizonte, em 1894; as calorosas palavras do jovem Arminio de Mello Franco em reconhecimento à nova pintura apresentada por Belmiro de Almeida no Rio de Janeiro, expressas em crônica veiculada no jornal *Minas Geraes,* em 1894; as ações pioneiras de Honorio Esteves em Ouro Preto, a partir de 1890, compreendendo o exercício profissional da pintura de retrato e de paisagem, a dedicação consagrada ao ensino de desenho e à instrução primária, e seu veemente posicionamento público em defesa do patrimônio histórico e artístico mineiro; os legados artísticos deixados em Belo Horizonte pelo fotógrafo e empreendedor português Francisco Soucasaux e pelo decorador e pintor alemão Frederico Steckel, cingindo em definitivo suas passagens pela cidade, a partir de 1894 e de 1897, respectivamente; e, por fim, a já mencionada representação artística do estado de Minas Gerais verificada na exposição de Saint Louis, na qual foi premiado com a Medalha de Bronze o pintor Alberto Delpino.

Os ensaios foram redigidos entre 2009 e 2014 e, nesta publicação, se apresentam revistos e ampliados. Seis deles foram originalmente apresentados em comunicações de colóquios e seminários especialmente orientados para o debate e o estudo da arte brasileira do século XIX, tendo sido publicados, a seguir, nos anais respectivos. Agradeço aos organizadores desses eventos a oportunidade de expor diante de um público constituído por historiadores e professores vinculados a reconhecidas universidades do país, matérias que elegi relevantes, direcionadas, com exclusividade, à história das artes de Minas Gerais.

Um especial agradecimento aos professores Arthur Gomes Valle, Camila Dazzi, e Isabel Portella, organizadores do *Colóquio de Estudos sobre a arte brasileira do século XIX*, realizado no Rio de Janeiro. Da mesma maneira, às professoras Marize Malta, Sonia Gomes Pereira e Ana Cavalcanti, organizadoras dos seminários anuais do Museu D. João VI, da Escola de Belas Artes da UFRJ; e mais uma vez, aos professores Arthur Gomes Valle e Maraliz de Castro Vieira Christo, coordenadores da Sessão Temática "Arte do Século XIX: Novas Leituras – XXXII Colóquio do Comitê Brasileiro de História da Arte", encontro realizado em Brasília, em 2012. Agradeço à professora Célia Regina de Araújo Alves, gestora do Museu Histórico Abílio Barreto, o convite para proferir palestra sobre o artista Frederico Steckel, no evento Inverno no MHAB 2014, em Belo Horizonte, em agosto de 2014.

Dois ensaios, "Henrique Bernardelli em Ouro Preto" e "Comentário de Arminio de Mello Franco sobre a exposição de pinturas de Belmiro de Almeida" (aqui referidos por seus títulos atuais), foram publicados originalmente em 2009 e 2010, na *Revista Eletrônica 19&20*.

Brumadinho, 6 de setembro de 2014

Apresentação

Arthur Valle

Os oito textos de Ricardo Giannetti que o leitor tem oportunidade de apreciar nas páginas que se seguem são dedicados a artistas, obras e eventos relacionados às artes no estado de Minas Gerais durante os anos finais do século XIX e iniciais do século XX. Eles representam uma importante contribuição para a historiografia da arte do "longo século XIX" no Brasil, um campo de investigação que se encontra em dinâmica expansão. Como é bem sabido, especialmente nos últimos 15 anos, os estudos voltados para a arte no Brasil do século XIX e início do XX têm experimentado grande dinamismo: buscando ampliar os limites impostos por uma historiografia marcada pelo antagonismo modernista à ideia de "acadêmico," um número crescente de investigadores tem apresentado e/ou revisto a importância de parcela da arte no Brasil do período, incluindo instituições, modalidades de produção, obras e artistas antes muito negligenciados. No âmbito acadêmico, essa expansão do cânone da arte no Brasil tem sido acompanhada pela criação de linhas de pesquisa em universidades, eventos e publicações científicas dedicadas exclusivamente à produção artística oito-novecentista.

Todavia, penso que, se desejarmos manter o atual dinamismo dessa nova historiografia, é fundamental que tenhamos consciência dos limites que a ela tem sido impostos, de maneira mais ou menos deliberada. Aqui, gostaria de lembrar especialmente da forte centralidade que a produção artística de cidades como Rio de Janeiro e São Paulo ocupa no novo cânone da arte do século XIX que está se configurando. Acredito que essa centralidade é, em boa medida, consequência direta da atual posição hegemônica do dito "Eixo Rio-São Paulo," sobre o qual se localizam as principais instituições que promovem a produção de conhecimento histórico sobre a arte do período e que por vezes são movidas por interesses sectários e paroquiais. Essa situação é potencialmente nociva, pois, ao perpetuar sem questionar a antiga dicotomia "centro/periferia," ela pode impedir que alcancemos uma justa percepção e valorização da diversidade da produção artística brasileira do período.

É urgentemente necessário, portanto, o desenvolvimento de estudos regionais que não apenas esclareçam as especificidades dos diversos campos artísticos do Brasil oitocentista, mas também o seu grau de diálogo e de mútua interpenetração. Nesse sentido, é digna de nota a visibilidade recentemente adquirida por alguns estudos sobre a arte do século XIX em cidades como Belém do Pará, Porto Alegre ou Salvador. Nesse mesmo sentido, a presente coletânea de textos de Ricardo Giannetti sobre a arte em Minas Gerais é um dos esforços mais significativos e louváveis, pois representa não apenas uma ulterior e muito benvinda expansão da geografia artística brasileira do século XIX, como também uma oportunidade para repensarmos as hierarquias de valor que a ela têm sido impostas.

Os textos aqui reunidos por Giannetti são fruto de uma investigação profunda, cuidadosa e solidamente embasada no uso de fontes primárias, em especial documentos de arquivo mineiros e notícias de imprensa da época. Alguns dos textos são dedicados à análise detalhada da trajetória de alguns artistas pouco lembrados até o momento pela historiografia brasileira – nomeadamente Honorio Esteves, Emilio Rouède, Frederico Steckel e Francisco Soucasaux –, centrando-se em suas multifacetadas atuações em cidades mineiras como Ouro Preto e Belo Horizonte a partir dos anos 1890. Dois dos textos tratam de artistas mais célebres, Henrique Bernardelli e Belmiro de Almeida, mas revelam a respeito dos mesmos episódios praticamente esquecidos, embora emblemáticos. O texto dedicado a Bernardelli, por exemplo, discute a viagem do artista a Ouro Preto, em 1898, e a sua recepção de aspectos da arte brasileira dita colonial; já o texto centrado em Belmiro analisa a sua obra pela ótica de um escritor mineiro, Arminio de Mello Franco, que resenhou para o jornal ouro-pretano *Minas Geraes* a exposição promovida pelo pintor de *Arrufos* na Escola Nacional de Belas Artes do Rio em 1894. O livro finaliza com uma análise da representação de Minas Gerais na Exposição Universal de Saint Louis em 1904, evento para o qual de certo modo convergiu uma série de desenvolvimentos artísticos gestados no estado nos anos anteriores.

Apesar de autônomos, os textos de Giannetti dialogam estreitamente entre si, revelando muito a respeito da especificidade dos campos artísticos de cidades como Ouro Preto e Belo Horizonte na passagem do século XIX para o XX, um momento de significativas transformações em Minas Gerais. Lidos em conjunto, esses textos demonstram claramente que a dinâmica desses campos é irredutível ao de outras cidades brasileiras, mas simultaneamente indicam os intercâmbios então estabelecidos – o intenso trânsito de artistas entre Minas e Rio é, nesse sentido, muito revelador. Essa simultaneidade entre especificidade regional e integração nacional conduziria a que, nos centros mineiros, se produzissem soluções particulares para questões artísticas que tinham uma amplitude verdadeiramente nacional. Aqui, eu gostaria de chamar a atenção para uma dessas questões, que, no meu entender, subjaz a boa parte das discussões do presente livro e que teve uma ressonância muito ampla nas artes do Brasil oitocentista: refiro-me à tensão entre, de um lado, a exaltação de valores artísticos tradicionais e, de outro, o anseio pela modernidade.

Com relação ao primeiro polo dessa tensão, vale destacar o pioneirismo de alguns dos artistas destacados por Giannetti na valorização do patrimônio artístico das chamadas cidades históricas de Minas Gerais. Esse pioneirismo, ainda insuficientemente valorizado pela historiografia brasileira, comportou ações de importância. Cabe lembrar, por exemplo, da atuação de Honorio Esteves em defesa de monumentos como a capela do Padre Faria ou a Igreja da Ordem Terceira de São Francisco, ambos em Ouro Preto. Na passagem do século XIX para o XX, esses monumentos estavam ameaçados por desastrosas intervenções que Esteves conseguiu impedir e mesmo reverter através da publicação de seus textos na imprensa mineira. Cabe lembrar também da referida viagem de Henrique Bernardelli a Ouro Preto, feita décadas antes das ditas "caravanas modernistas." Bernardelli buscava então inspiração e referências para o que parecia ser um projeto de criação de um panteão de artistas dos tempos coloniais: com efeito, nos anos seguintes à viagem, o artista exaltou em quadros figuras até hoje consideradas como fundamentais na história da arte no Brasil, como o escultor e arquiteto Antônio Francisco Lisboa, o "Aleijadinho," o músico José Maurício Nunes Garcia e o poeta inconfidente Tomás Antônio Gonzaga.

O segundo polo da tensão que acima me referi – o do anseio pela modernidade – é perceptível já na entusiástica recepção de Armindo de Mello Franco à exposição realizada por Belmiro de Almeida no Rio em

1894. Mas ele se torna realmente evidente quando, em diversos textos, Giannetti analisa o episódio da transferência da capital do estado mineiro de Ouro Preto para Belo Horizonte, efetivada em 1897. Esse episódio implicou na construção de uma nova e planejada cidade, que obliterou o arraial colonial do "Curral d'El-Rey" e evidencia até que ponto podia então chegar o impulso modernizador, em estreita consonância com os ideais republicanos implantados no Brasil. A imagem da nova capital mineira, que foi um dos objetos privilegiados pelas lentes fotográficas de Francisco Soucasaux, ocupou posição central na maneira como Minas Gerais se fez representar na importante vitrine global que foi a Exposição Universal de Saint Louis em 1904. Progressivamente, em Belo Horizonte viria a se afirmar um campo artístico bem distinto daqueles do Rio ou São Paulo, mas igualmente permeado por tendências estéticas modernas.

Julguei importante me deter na questão da tensão entre tradição e modernidade porque ela não foi exclusiva dos centros artísticos mineiros: de norte a sul do Brasil, a mesma tensão se manifestou na relativa oposição entre impulsos modernizadores, de caráter eminentemente reformador e cosmopolita, e tentativas de constituição de identidades regionais, que usualmente se centravam na valorização de paisagens locais e de modos de vida tradicionais. Essa questão ilustra bem o quanto o conhecimento da produção artística brasileira do século XIX em um nível regional pode contribuir para o entendimento de um quadro bem mais amplo. O presente livro de Ricardo Giannetti está repleto de outras indicações que podem nos ajudar a avançar nesse sentido. Mais do que estudos voltados apenas para a história da arte em Minas Gerais, os textos aqui compilados representam, portanto, uma valiosa contribuição para a história da arte do século XIX no Brasil em seu sentido mais lato.

Henrique Bernardelli em Ouro Preto

Introdução

A escultora e professora Celita Vaccani, em estudo datado de 12 de agosto de 1957 e publicado nos Arquivos da Escola Nacional de Belas Artes, em 1965, divulgou algumas anotações manuscritas feitas pelo pintor Henrique Bernardelli,[1] referentes à obra e à vida do artista mineiro Aleijadinho.[2] Tais anotações tiveram como suporte a biografia do escultor, de autoria de Rodrigo José Ferreira Bretas, intitulada *Traços biographicos relativos ao finado Antonio Francisco Lisboa, distincto esculptor mineiro, mais conhecido pelo appelido de – Aleijadinho*, bem como o breve estudo *Aleijadinho (Esboço biographico)* de José Pedro Xavier da Veiga (1896), que lhe faz introdução. A publicação original do trabalho de Bretas dera-se em 1858, nas páginas do *Correio Official de Minas*, números 169 e 170. Em 1896, mereceu o texto uma nova publicação na *Revista do Archivo Publico Mineiro*,[3] então criada, sendo esta a versão impressa utilizada por Henrique Bernardelli para a série de apontamentos e comentários que deixou às margens do texto.

A leitura recente que fizemos do trabalho de Celita Vaccani despertou o desejo de elaborar a presente contribuição. Algumas indagações feitas pela autora em 1957, podemos hoje responder. Com base nas datas da publicação da referida biografia do escultor na *Revista do*

---

[1] Henrique Bernardelli (Valparaíso, Chile, 1857 – Rio de Janeiro, 1936).

[2] VACCANI, 1965, p. 170-177.

[3] BRETAS, 1896.

Archivo Publico Mineiro (1896), e da edição da revista *Kósmos* (1904), na qual foi reproduzido o óleo de Bernardelli, *O Aleijadinho em Villa--Rica*, a professora Vaccani estabeleceu datas-limite e situou a estada do pintor em Ouro Preto entre 1896 e 1904. Hoje, tendo auxílio de jornais da época como fontes primárias, podemos determinar, com mais exatidão, o período em que Henrique Bernardelli visitou Ouro Preto, datando-o de fins de março a início do mês de abril de 1898. Notícias sobre a permanência do pintor na cidade foram veiculadas no jornal *Minas Geraes,* em 2, 3 e 13 de abril, e no *Jornal do Commercio,* no dia 10 do mesmo mês.

Em Ouro Preto

O pintor Bernardelli realizou alguns trabalhos em Ouro Preto: pinturas a óleo, desenhos, aquarelas e estudos. Foram destacados por Celita Vaccani:

a) Cópia de um desenho do busto de Aleijadinho, *Mestre Aleijadinho*. [Figura 1]

b) Óleo *O Aleijadinho em Villa-Rica*. [Figura 2]

c) *Estudo* para o quadro *O Aleijadinho em Villa-Rica*, aquarela, mostrando o interior da Capela da Ordem Terceira de São Francisco de Assis. [Figura 3]

d) Óleo *Paisagem,* tendo como motivo os terrenos da casa de Antonio Gomes Monteiro no bairro do Rosário, datado de 1898. [Figura 4]

O primeiro desses trabalhos, executado sobre papel, contém na parte inferior a inscrição manuscrita: *Mestre Aleijadinho*. Expõe a figura do escultor: um rosto forte, escanhoado por inteiro, bem marcado pelas formas largas dos lábios e do nariz, olhos amendoados, sobrancelhas longas e finas, maçãs do rosto proeminentes, testa ampla e cabelos crespos. Porta um traje encorpado, cujas golas altas e firmes lhe conferem certa elegância. É este um estudo que visa fixar a fisionomia imaginária do artista.

Na segunda obra citada por Celita Vaccani, *O Aleijadinho em Villa-Rica*, Bernardelli compôs uma cena no interior da igreja da Ordem Terceira de São Francisco de Assis. Vê-se a figura do escultor no ponto central, corpo atarracado, envolto em uma pesada veste escura, sendo observado por alguns circunstantes, que, ao seu redor, prestam-lhe solene atenção. Aleijadinho mantém os olhos baixos. Outras pessoas conversam, postadas no segundo plano. O arco-cruzeiro fecha a composição muito acima, deixando entender a dimensão da nave. O púlpito à direita é minuciosamente trabalhado pelo pintor. Veem-se, ao alto, algumas cordas pendentes e, logo à frente, um trabalho esculpido – o singelo rosto de anjo que descansa sobre a banqueta tosca. Depositados no chão, em um canto, restam certos objetos de trabalho, uma bacia, alguns instrumentos, um andaime.

Celita Vaccani menciona, no artigo do ano 1957, ser esse quadro de Bernardelli de conhecimento visual por meio da sua reprodução na revista *Kósmos*, de fevereiro de 1904,[4] ilustrando o artigo "Um Artista Mineiro", de Arthur Azevedo, tendo a obra, nos dias atuais, paradeiro ignorado.

Em época bem próxima à sua publicação na revista *Kósmos*, há outra reprodução do quadro estampada no *Almanaque Brasileiro Garnier para o ano de 1903*, sob o título *O Aleijadinho em Ouro-Preto*, em uma seção dedicada ao "Salão de 1901", evento no qual fora a tela exposta.[5] Quatro anos após as duas publicações mencionadas, por ocasião da Exposição Nacional de 1908 no Rio de Janeiro, o quadro retornou à cena ao ser exposto no Pavilhão do Estado de Minas Gerais, na Secção de Artes Liberais, Grupo Bellas Artes, tendo merecido no catálogo impresso o seguinte texto explicativo: "Um quadro representando uma visita de D. João VI ao celebre esculptor Antonio Francisco Lisboa, o Aleijadinho". Ainda outra obra, igualmente da livre imaginação de Bernardelli, esteve exposta no Pavilhão mineiro na mesma ocasião, "representando a apparição de Marilia de Dirceu a Gonzaga, quando estava no cárcere".[6] Também esse quadro terá sido elaborado durante a visita do pintor a Ouro Preto ocorrida dez anos antes, em março e abril de 1898.

Próximo a esse pensamento criativo, realizou Henrique Bernardelli outra composição elegendo como personagem central um eminente artista brasileiro do passado. Trata-se do estudo *Dom João ouvindo o padre José Maurício ao cravo*, óleo sobre madeira, 41x51 cm (s/d), hoje pertencente ao acervo do Museu Histórico Nacional.[7] Nesta composição,

---

[4] KÓSMOS, fev. 1904.

[5] ALMANAQUE BRASILEIRO GARNIER, para o anno de 1903, p. 247.

[6] CATÁLOGO GERAL, 1908, p. 95.

[7] Além do quadro *Aleijadinho em Villa-Rica*, o estudo dedicado ao compositor José Maurício foi também reproduzido no *Almanaque Brasileiro Garnier para o anno de 1903*, p. 248, sob o título *O Pe. José Maurício no palácio do rei d. João VI* (p. 248). Os dois quadros de

está disposta no ambiente de uma sala de música palaciana a figura iluminada de dom João VI, que se encontra na companhia de demais integrantes da Corte, postados estes um pouco ao fundo, todos dedicando inteiro apreço à interpretação de uma partitura que, naquele momento, o padre José Maurício Nunes Garcia executa ao cravo. Os soberanos europeus, recém-chegados ao Brasil, deixam transparecer uma respeitosa reverência ao talento surpreendente do músico da terra.

Celita Vaccani destaca, a seguir, a aquarela de sua própria coleção, *Estudo*, mostrando o interior da Igreja da Ordem Terceira de São Francisco de Assis, ausentes aqui os figurantes da versão final. E, em seguida, menciona o óleo sobre tela *Paisagem*, 1898, tendo como motivo uma vista dos quintais da residência do senhor Antonio Gomes Monteiro, no bairro do Rosário em Ouro Preto.[8] De maneira singela, Bernardelli retrata esse recanto bucólico da cidade, no qual, à esquerda, veem-se casas simples de porta e janela, margeando uma ladeira de calçada natural, e à direita, uma pequena cena animada por três aves de criação que ali se movimentam. Ao fundo, vê-se um trecho do bairro, que aos poucos rareia no sopé do morro.

Pode-se somar aos trabalhos relacionados pela professora Vaccani o quadro *Paisagem de Ouro Preto*, óleo sobre tela colada sobre madeira, 32 x 15 cm, que integra o acervo do MASP/Museu de Arte de São Paulo. Trata-se de outro pequeno óleo, de realização apressada e de pouco tratamento, em tudo semelhante ao estudo *Paisagem*, acima comentado. O emprego de cores é restrito: verdes claros e escuros espalham-se pelos matos dos quintais e se mesclam ao branco-sujo do casario; o tom terroso se apega ao chão e aos telhados; um céu sem graça, opaco e cinza, não merece maior interesse. A composição representa uma vista tomada de um local proeminente do bairro de Antonio Dias, e mostra, ao alto, a parte lateral

---

Bernardelli haviam integrado a Exposição Geral de Belas Artes de 1901, assunto tratado na edição do *Almanaque*. Dados como esses explicitam a proximidade que ambas as obras detêm em suas concepções. Detalhado estudo histórico e reflexivo sobre a publicação *Almanaque Brasileiro Garnier* foi realizado pela historiadora Eliana de Freitas Dutra (2005).

[8] Trata-se do senhor Antonio Gomes Monteiro, proprietário do antigo Hotel Monteiro, situado no bairro do Rosário, em Ouro Preto. Esse estabelecimento esteve em funcionamento por cerca de dezenove anos, de 1876 a dezembro de 1895, quando então seus diversos cômodos foram arrendados. Menciona Celita Vaccani ter sido Antonio Gomes Monteiro avô da então proprietária do quadro, a historiadora Regina Monteiro Real.

fronteira da Igreja da Ordem Terceira de São Francisco de Assis, pintada com algum descuido, tendo-se, mais acima, no plano irregular da praça, a Casa da Cadeia. Esses dois quadros de Bernardelli ficariam mais corretamente intitulados *Trecho de paisagem do Rosario* e *Vista de Antonio Dias*, mencionando-se assim os dois bairros da cidade de Ouro Preto.

Provavelmente terá composto Bernardelli alguns outros tantos estudos pictóricos em Ouro Preto – trabalhos de localização ignorada, todavia. O arquiteto Sylvio de Vasconcellos, em artigo intitulado *Pintura de Cavalete*,[9] no qual analisa, muito ligeiramente, a produção artística mineira, menciona ser do seu conhecimento um pequeno quadrinho do pintor Honorio Esteves representando seu colega Henrique Bernardelli, no momento em que este pintava uma vista da casa de Marília de Dirceu em Ouro Preto, sendo que a inscrição contendo esta informação constava no verso do trabalho – o que era muito próprio do pintor mineiro. Se fosse possível a localização de ambas as pinturas – a de Henrique e a de Honorio –, teríamos a felicidade de poder contemplar, lado a lado, os dois testemunhos. Mesmo porque a sóbria morada da musa de Gonzaga, a tão inspiradora casa, sempre visitada na imaginação dos poetas, e tantas vezes pintada e fotografada, terminaria demolida, em 1927.

Será útil relembrar: em 1867, trinta e um anos antes da visita de Bernardelli, encontrou esse trecho de paisagem de Antonio Dias a seguinte impressão do inglês Richard Burton:

> No fundo da depressão ao pé da montanha, e tendo atrás árvores frondosas, há um prédio sem beleza, comprido, baixo, coberto de telha e caiado de branco, muito parecido com uma confortável casa de fazenda. Ali morou e morreu Marília, cujo nome profano era D. Maria Joaquina Dorotéia de Seixas Brandão [...].[10]

Em 1881, por ali peregrinou o imperador dom Pedro II, deixando relatos em seu *Diário*:

> Fui ver a casa de Marília de Dirceu onde se conservam uma cadeira e o cabide na alcova em que dormia. Cortaram os pinheiros que havia no fundo da pequena chácara. A capela em ruínas junto à qual se reclinava Gonzaga para contemplar a casa de

---

[9] VASCONCELLOS, 1959, p. 95.
[10] BURTON, 1976, p. 303.

> Marília tem invocação das Dores. De uma janela dos fundos desta casa descobre-se a casa da Ouvidoria. Assentei-me perto dela.[11]

Do poeta Olavo Bilac tem-se um trecho de crônica, escrita nas últimas semanas de 1893:

> [...] vi pela primeira vez a casa em que morou a Marília de Dirceu, e em cujas janelas o seu vulto, na brancura ofuscante das madrugadas nevoentas ou ao esplendor sangüíneo dos ocasos de fogo, costumava mostrar-se de longe aos olhos apaixonados do ouvidor-poeta, a quem a paixão obrigava a trocar a toga solene de juiz pela túnica de pano grosso de um pastor de Arcádia.
> Casa nobre – que emerge de entre as vizinhas quase como um palácio, hoje toda azul, olhando para o bairro de Ouro Preto por oito janelas – foi nela que d. Dorotéia de Seixas apareceu pela primeira vez ao poeta, e nela que a Musa, enquanto o seu cantor no degredo bárbaro enlouquecia e morria, viveu, monotonamente, até os 84 anos.
> [...] encanta-me esse modo, humano e singelo, por que Marília se deixou morrer na sua casa engastada no fundo do vale, vendo, pelas colinas que a cercavam, a descida dos rebanhos brancos que a sanfonina pastoril do seu Gonzaga celebrara.[12]

Era um recanto que detinha, portanto, atrativos oriundos da história e das lendas, além de se constituir um sítio de encantamento da antiga Villa Rica. Pode-se inferir, com base no sugestivo registro de Sylvio de Vasconcellos (1959), ter Bernardelli contado com a companhia de alguns ouro-pretanos e, em especial – já que estiveram tão próximos –, com a companhia de Honorio Esteves, para realizar algumas incursões pelas diferentes regiões de Ouro Preto e, da mesma forma, obter indicações de peças artísticas de Aleijadinho, uma vez que o colega mineiro as conhecia muito bem.

A escolha de Henrique Bernardelli em fixar uma cena representando o escultor Aleijadinho parece ter sido determinada de antemão. Já em 2 de abril de 1898, o jornal *Minas Geraes* publicava uma nota sobre a estada do artista em Ouro Preto. Na edição do dia subsequente, outra nota aditava a informação anterior, com mais detalhes. Bernardelli permaneceu por apenas poucos dias em Ouro Preto e, nesse tempo, "preparou não

---

[11] DOM PEDRO II, 1957, p. 78-79.

[12] MACHADO, 2005, p. 17-19.

menos de cinco esboços para outras tantas telas representativas de cenas historicas, de pontos pitorescos da cidade e de paisagens". Destaca-se, a seguir, a intenção do pintor em ter como especial motivo, em um desses quadros, a figura do escultor Aleijadinho. Para tanto, como mencionado, Bernardelli preferiu representá-lo em seu ambiente de trabalho, em plena atividade, no interior da Igreja da Ordem Terceira de São Francisco de Assis de Ouro Preto. Diz a nota:

> [...] o sr. H. Bernardelli consagra um dos seus novos quadros, agora aqui delineados, à memoria do legendario Aleijadinho, o grande esculptor mineiro, nele representado ao concluir um dos primorosos pulpitos da igreja de S. Francisco de Assis [...].[13]

No dia 10 seguinte, utilizando o *Minas Geraes* como fonte, também o *Jornal do Commercio*, na seção "Notas de arte", noticiou a visita de Henrique Bernardelli à ex-capital de Minas.

O finado Antonio Francisco Lisboa, distincto esculptor mineiro

Publicada, como mencionado, no *Correio Official de Minas*, em 1858, a biografia de Antonio Francisco Lisboa chamou logo a atenção de Manoel de Araujo Porto-alegre, no Rio de Janeiro.[14] Porto-alegre fez referência ao texto de Rodrigo Bretas na Sessão Magna do Instituto Histórico e Geográfico Brasileiro, onde comparecia como 1º Secretário, reunião esta realizada em 15 de dezembro de 1858. São muitos os elogios que dedica ao trabalho de Bretas, tendo logo manifestado interesse em saber mais sobre o autor do texto biográfico do escultor mineiro. Para tanto, escrevera ao redator do *Correio Official*, senhor José Augusto de Menezes, que prontamente lhe transmitiu as informações pedidas e tomou ainda a providência de enviar uma cópia ampliada do texto para os arquivos do Instituto Histórico e Geográfico Brasileiro, a rogo do autor. Em seguida ao relato desses fatos, concluiu Araújo Porto-alegre sua fala: "O tempo senhores me ha de ser grato pelo zelo que mostro por estas noticias da arte colonial. Se naqueles tempos não apparecerão

---

[13] MINAS GERAES, p. 3, 3 abr. 1898.

[14] Sobre esse assunto existem detalhadas notas elaboradas por Rodrigo Mello Franco de Andrade, Lúcio Costa e Judite Martins. Cf. Bretas (2002, p. 73).

primores d'arte, restão-nos obras de um cunho religioso e muitas vezes de uma invenção e execução que envergonhão a arte contemporanea: o Brasil ainda não teve outro Valentim."[15]

Portanto, a partir do início da segunda metade do século XIX, aqueles leitores interessados, residentes na Corte, sem que jamais tenham estado em Ouro Preto, ou viajado por outras vilas da província de Minas, passaram a ter notícia das obras de arte do mineiro Aleijadinho. Pelo que se lê nos diários de dom Pedro II, no capítulo da viagem a Minas, contendo anotações datadas de março e abril de 1881, pode-se inferir que o imperador já houvesse tomado conhecimento da existência do escultor ouro-pretano, por meio, certamente, do texto de Bretas depositado no Instituto Histórico e Geográfico Brasileiro, no Rio de Janeiro, bem como por informações transmitidas por Araujo Porto-alegre, nas sessões do Instituto. No *Diário de Viagem a Minas*, numa impressão ligeira, a 31 de março, escreveu o imperador:

> Daí fomos ao Rosário, que só se distingue por sua arquitetura externa; Corpo da igreja oval; Carmo onde disseram-me que o lavatório era obra do Aleijadinho e já com chuva e trovoada a S. Francisco de Assis cuja escultura do Santo em êxtase sobre a porta, púlpitos – principalmente o baixo-relevo da tempestade do lago de Tiberíade – figuras do teto da capela-mor – tudo obra do Aleijadinho – são notáveis.[16]

Naquela época, essa apreciação de espontânea simpatia de dom Pedro II em relação o trabalho de Aleijadinho não era muito comum, sendo mesmo uma posição rara e importante. Melhor exemplificando, lembre-se uma menção às imagens dos profetas do Santuário de Bom Jesus de Matosinhos em Congonhas do Campo, inserida na prosa *O Seminarista*, do escritor ouro-pretano Bernardo Guimarães, obra datada de 1872, na qual, a certa altura, o narrador qualifica as esculturas como obras no mínimo sofríveis, da lavra de um artista carente de formação:

> É sabido, que essas estátuas são obras de um escultor maneta, ou aleijado da mão direita, o qual, para trabalhar, era mister que lhe atassem ao punho os instrumentos.

---

[15] PORTO-ALEGRE, 1930, p. 473-474.
[16] DOM PEDRO II, 1957, p. 77.

Por isso sem dúvida a execução artística está muito longe da perfeição. Não é preciso ser profissional para reconhecer nelas a incorreção do desenho, a pouca harmonia e falta de proporção de certas formas. Cabeças mal contornadas, proporções mal guardadas, corpos por demais espessos e curtos, e outros muitos defeitos capitais e de detalhes estão revelando que esses profetas são filhos de um cinzel tosco e ignorante... Todavia as atitudes em geral são características, imponentes e majestosas, as roupagens dispostas com arte, e por vezes o cinzel do rude escultor soube imprimir às fisionomias uma expressão digna dos profetas.
O sublime Isaías, o terrível e sóbrio Habacuc, o melancólico Jeremias são especialmente notáveis pela beleza e solenidade da expressão e da atitude. A não encará-los com vistas minuciosas e escrutadoras do artista, esses vultos ao primeiro aspecto não deixam de causar uma forte impressão de respeito e mesmo de assombro. Parece que essas estátuas são cópias toscas e incorretas de belos modelos da arte, que o escultor tinha diante dos olhos ou impressos na imaginação.[17]

O trecho do romance transcrito permite supor que tal sentimento, aqui manifestado no contexto ficcional, tenha ocorrido, de um modo geral, a muitos outros visitantes que contemplavam essas obras. Resta a impressão de que, naquele tempo, havia mesmo alguma dificuldade em apreciar as esculturas, ou certas esculturas de Aleijadinho – exatamente aquelas que trazem a sua mais completa criação. Ao contemplá-las, não obstante a beleza do conjunto e do cenário do Santuário, alguma coisa parecia não ir muito bem com essas figuras. Havia um estranhamento. Havia uma impossibilidade, talvez, de compreendê-las francamente.

Os primeiros trens para Minas

Nos anos 1890, já no primeiro período republicano, tem-se a presença em Ouro Preto de alguns importantes artistas e escritores brasileiros que, se de todo não se envolveram diretamente com a apreciação das obras do Aleijadinho, deixaram registros de muita admiração pela arte e pela arquitetura mineiras do período colonial. Alfredo Camarate, Coelho Netto e Francisco Aurelio de Figueiredo foram alguns daqueles que visitaram Minas Gerais e, em especial, Ouro Preto, no ano 1893.

[17] GUIMARÃES, 1994, p. 32-33.

Alfredo Camarate foi um dos primeiros, daquela geração, a "descobrir" e se aproximar de Ouro Preto. Entretanto, após permanecer na cidade por algum tempo, atuando como jornalista e lecionando música, com o advento do início das obras de edificação da nova capital no arraial de Belo Horizonte, em março de 1894, para lá seguiu, logo ingressando ativamente nos trabalhos da Comissão Construtora da Nova Capital, chefiada pelo engenheiro Aarão Reis.

De forma mais notória, percebe-se o contato de Alfredo Camarate com a obra de Henrique Bernardelli, a partir da exposição realizada na Imprensa Nacional no Rio de Janeiro, em 31 de outubro de 1886, quando o jovem Bernardelli residia na Itália. O Catálogo da exposição contou com a apresentação de Alfredo Camarate.[18] A mostra, organizada pelo irmão de Henrique, o escultor Rodolpho Bernardelli, foi realizada em duas salas do prédio da Imprensa Nacional, contando com a participação também do pintor Nicolao Facchinetti, que apresentou seus panoramas, em número de vinte quadros. Henrique Bernardelli mereceu apreciação de Alfredo Camarate no texto do Catálogo e extensos comentários do historiador e crítico Gonzaga Duque em *A Semana*, a 6 e a 13 de novembro, e 4 de dezembro de 1886. Alguns poucos anos mais tarde, em 1889, Bernardelli encontra-se já criativamente envolvido com temas da brasilidade, ao abordar o motivo heroico dos Bandeirantes, personagens aventureiros que tanta importância tiveram na origem da povoação e da constituição de Minas.

O pintor Emilio Rouède e o poeta Olavo Bilac chegariam a Minas logo a seguir, no final de 1893, sendo que Rouède passará a residir em Ouro Preto durante o ano 1894 e Bilac permanecerá ali por apenas alguns meses. Por essa época, forma-se um grupo em torno do escritor Affonso Arinos, que exercia então grande influência sobre todos eles. Sua casa na rua Paraná será o local de convivência de artistas e intelectuais brasileiros: além dos já citados Coelho Netto, Camarate, Bilac e Rouède – ainda, Raimundo Corrêa, Gastão da Cunha, Rodrigo de Andrade, Aurelio Pires, Estevam Lobo, Henrique Câncio, Virgilio Cestari e Magalhães de Azeredo.

Muitos desses intelectuais manifestaram grande interesse pelos acontecimentos históricos de Minas, sedimentados na arquitetura dos

---

[18] CAMARATE, 1886.

prédios e das igrejas da cidade, ou guardados em documentos dos arquivos. Em especial, demonstraram admiração pela força da arte que descobriram em seu berço original. Coelho Netto referia-se à Ouro Preto – que a todos impressionava – como "cidade-reliquia". Emilio Rouède dedica-se, com afinco, ao registro pictórico da cidade e de seus arrabaldes [*Figura 5*]; e, ainda, diante do cenário colonial, interessa-se em investigar as origens e as influências dos estilos arquitetônicos dos bandeirantes e dos portugueses. Publica artigos a esse respeito, no *Le Brésil Républicain*, onde comparecia como correspondente. Propõe que se escreva a história da arte mineira e chega a sugerir o título geral: *Origine de l'art au pays de l'or*. Ademais, busca restaurar algumas peças de pinturas pertencentes à capela de São João, enaltecendo sempre as qualidades artísticas de seu pintor desconhecido. Olavo Bilac, em crônicas datadas do período, deixa igual testemunho de valor e interesse. O poeta pesquisa e escreve sobre a original arte mineira contida nas igrejas e capelas que, então, desvelou: São João, Padre Faria e São Francisco de Assis; comenta sobre a revolta de Felipe dos Santos (até então relativamente esquecido); sobre o "dentista Xavier" (mártir bastante lembrado pelos militantes republicanos); sendo que também o atraíram os personagens poetas e as musas da chamada Inconfidência. "Vir a Minas é vir ao coração do Brasil", resumiu Bilac. Para arrematar: "Ouro Preto, amantelada nas suas montanhas verdes, é como o reduto último da nossa nacionalidade".

Sobretudo, foi da maior relevância para a cidade de Ouro Preto o retorno do pintor Honorio Esteves, logo no início de 1890, após permanência de quase sete anos no Rio de Janeiro, período em que frequentou as classes da Academia Imperial das Bellas Artes. Foi ele, certamente, um dos principais representantes da pintura moderna em Minas Gerais e, por todos os anos seguintes, o mais dedicado defensor do patrimônio histórico e artístico de Ouro Preto. Como resultado de sua atuação, foram salvas do completo desaparecimento muitas pinturas e trabalhos artísticos das igrejas e capelas, inclusive peças de autoria de Aleijadinho – obras, por vezes, largadas ao descuido e abandono ou, ainda pior, entregues a uma ação devastadora: as mãos dos que se habilitavam junto às mesas das irmandades como doutos restauradores.[19] Ao abordar esse

---

[19] Ver "Em defesa do patrimônio artístico de Ouro Preto: lembrando as ações do pintor Honorio Esteves", neste livro.

assunto, lembramos aqui o protesto do próprio Bernardelli, redigido à margem da página 171, linhas 11 e 12, do texto de Rodrigo Bretas: "[...] me revoltei com o vandalismo que faziam à obra do Aleijadinho e para protestar por tamanha injúria dediquei-lhe o quadro que compus".

Ao historiador José Pedro Xavier da Veiga, mineiro de Campanha, deve-se sempre muito, pelo zelo com o qual recolheu – por meio de pesquisas empreendidas por seu irmão Lourenço Xavier da Veiga nas bibliotecas do Rio de Janeiro –, e divulgou a biografia do Aleijadinho. No breve *O Aleijadinho (Esboço Biographico)*, texto que precedeu o trabalho de Ferreira Bretas na edição da *Revista do Archivo Publico Mineiro*, José Pedro registrou, de forma muito consciente, suas opiniões sobre o valor do escultor:

> Quem ha ahi, na verdade, em toda a vastidão do territorio mineiro, que não tenha ouvido fallar do *Aleijadinho*, o grande artista que delineou e esculpio esplendidos e extraordinários trabalhos em muitos dos antigos e melhores templos da nossa terra, que pode orgulhar-se, e orgulhar-se effectivamente, de ter-lhe sido berço?...[20]

Francisco Aurelio de Figueiredo atuou em Minas por alguns meses, naquele ano de 1893, retornando a Ouro Preto em 1894. Deixou obras pictóricas de importância histórica, tendo desenvolvido a composição da figura de Tiradentes, transformado agora em herói-símbolo da República, imagem já abordada pelo próprio Francisco Aurelio em 1884 – data anterior, portanto, à Proclamação da República.[21] O pintor também realizou pintura da paisagem de Ouro Preto, destacando-se alguns expressivos registros. Durante sua permanência em Ouro Preto, dedicou-se ainda a atender a clientela de retratos, que lhe demandava este específico gênero.

Francisco Aurelio enviou para o *Jornal do Commercio*, com o título de "Impressões de Viagem", suas observações sobre muitos aspectos da antiga Villa Rica que acabava de conhecer. Especificamente sobre o Aleijadinho, diante das obras mestres do escultor presentes na igreja da Ordem Terceira de São Francisco de Assis, escreveu:

---

[20] VEIGA, 1896, p. 161.

[21] A obra *Martirio de Tiradentes*, 1893, óleo sobre tela, 57 x 45 cm, integra o acervo do Museu Histórico Nacional, Rio de Janeiro. Em 1884, Francisco Aurelio expôs na Exposição Geral de Belas Artes do Rio de Janeiro o quadro *Tiradentes*, no qual fixou o busto do inconfidente.

> [...] a mais completa egreja de Ouro Preto é sem contestação a egreja de S. Francisco de Assis, em cujo portico ha um alto relevo talhado em "pedra-sabão" – rocha mineira de um tom acinzentado (talco) e facilima de ser cinzelada.
> Esse alto relevo [...] é um trabalho artistico que honra sobremodo á arte mineira do seculo passado. É attribuído á um certo *aleijadinho* artista mineiro do seculo passado, sobre o qual constam diversas lendas [...].
> Ha ainda na sacristia da mesma igreja outro trabalho de esculptura, devido ao cinzel do *Aleijadinho*; é um lavatorio, sem assunpto definido, mas, circumdado de anjos, flôres, peixes e fructos, trabalho egualmente admiravel, sobretudo tratando-se de um artista nacional, desconhecido e ainda em cima aleijado!
> Em outro paiz esse notavel artista teria uma estatua levantada na praça publica, como as tem Ghiberti e que é não muito superior ao nosso *Aleijadinho*.
> E quasi todas as igrejas de Ouro Preto e muitas de outras cidades do grande Estado de Minas estão cheias de trabalhos que attestam o talento e a fecundidade desse talentoso artista que teria sido um Celliris ou um Donatello, se houvesse nascido na patria de Miguel Angelo, e que entretanto passa completamente ignorado na terra que deveria orgulhar-se de ter-lhe sido o berço![22]

É interessante perceber, por meio da leitura que hoje se faz dessas impressões de Francisco Aurelio, como se colocavam os artistas – profissionais formados pela antiga Academia Imperial das Bellas Artes, com a obrigatória passagem complementar pelas academias de Paris e da Itália – diante da obra tão especial e tão elevada do "talentoso" mineiro Francisco Lisboa. Surpreendem-se. As referências citadas por Aurelio são todas elas europeias, da Renascença italiana, mas o pintor tem consciência, contudo, de estar diante de um verdadeiro artista brasileiro, cuja produção não mais poderia permanecer na obscuridade. De uma penumbra de lendas e acontecimentos antigos, dos feitos e episódios verbalmente transmitidos por gerações, surgia, pouco a pouco, a figura consistente do Aleijadinho. Notava-se a excepcional qualidade de suas criações dispersas por inúmeras cidades mineiras. Na sequência, esses trabalhos seriam confrontados com documentos de arquivos, para se estabelecer o volume de sua produção ao longo dos anos, sua marcante operosidade traçada no roteiro de sua

---

[22] FIGUEIREDO, 16 maio 1893, p. 4.

peregrinação artística. Revela-se com melhor nitidez a sua história pessoal, tão permeada de mistérios, ainda hoje.

Avançando um pouco no tempo, tão-somente para dar compreensão ao desenrolar dos fatos: se, em 1888, no livro *A Arte Brasileira*, Gonzaga Duque deixou de mencionar o nome de Aleijadinho ou de outro artista atuante em Minas, já em 1908, vinte anos após, em discurso pronunciado por ocasião da Exposição Nacional no Rio de Janeiro, na secção de Belas Artes, proferiu o historiador e crítico carioca o comentário seguinte, ao delinear as bases, as influências e a evolução de arte brasileira:

> [...] a profissão das bellas-artes no Brasil começou por ser um officio de escravos e libertos. [...] liberto foi o nosso primeiro esculptor, o mestre Valentim, de celebrada fama, e sangue de liberto corria nas veias do extraordinario Antonio Lisboa, o esculptor sem dedos, cognominado o *aleijadinho*, a quem o Sr. Arthur Azevedo chamou "poeta immortal da pedra azul", por ser nesse plastico mineral das Minas Geraes que o casmurro, irritadiço decorador das egrejas mineiras genialmente e commumente trabalhou. [23]

O mencionado escritor Arthur Azevedo, por sua vez, sempre se mostrou interessado em conhecer e estudar a arte mineira, seja aquela dos pintores seus contemporâneos, seja a dos mestres de períodos anteriores, dedicando especial atenção ao Aleijadinho.

Em 1911, o pintor e escritor Virgilio Mauricio conheceu a obra de Aleijadinho. Com interesse, percorreu as cidades mineiras para melhor compreender a produção do artista, visitando Santa Luzia do Rio das Velhas, Ouro Preto, Sabará, São João d'El-Rey, Mariana, Congonhas do Campo. Sobre o escultor mineiro, escreveu Mauricio breve comentário em "Esculptura", estudo integrante da coletânea *Algumas Figuras,* publicada em 1918, no qual também faz menção ao quadro *O Aleijadinho em Villa-Rica*:

> Mestre Valentim é um dos pedestaes da nossa Arte, e um artista essencialmente brasileiro. Suas obras honram a nossa arte e desvanecem o nosso patrimonio.
> O mesmo direi do Aleijadinho, o artista insigne que decorou com seus soberbos trabalhos de talha, os templos religiosos de Minas Geraes. O esculptor immortal da Pedra Azul, na phrase de A. de Azevedo, Antonio Francisco Lisbôa [...], era defeituoso, faltavam-lhe

---

[23] DUQUE, 1929, p. 248-249.

os dêdos, e para espanto e surpresa de todos, a sua obra é excepcional e a critica moderna não lhe regateia applausos.

Bernardelli, o pintor, o retratou, quando trabalhava em Villa Rica. Ha uma admiração justa na physionomia dos que contemplam os seus trabalhos, as suas imagens, os seus ornamentos, os seus anjos...[24]

De forma resumida, foram esses, portanto, os intelectuais e artistas pioneiros na descoberta e reconhecimento do valor da arte mineira do século XVIII. Foram esses os viajantes que tomaram os primeiros trens para Minas.

A cidade adormecida

Configura-se a última década do século XIX um período importante para a cultura mineira, quando já se conseguem notar sinais de interesse pela preservação dos bens artísticos e pelos estudos históricos do acervo referente ao período colonial. Como significativo exemplo, a 11 de julho de 1895, por meio da Lei nº 126, dá-se a criação e a organização em Ouro Preto do Archivo Publico Mineiro, assumindo José Pedro Xavier da Veiga o cargo de primeiro diretor da instituição. Houve então a iniciativa de se reimprimir a antiga biografia de Aleijadinho escrita por Rodrigo Bretas nas páginas da *Revista do Archivo Publico Mineiro*, em 1896, trabalho este que, chegando às mãos de Henrique Bernardelli, como já mencionado, suscitou os comentários, deixados manuscritos, mais tarde divulgados por Celita Vaccani em seu estudo acima citado.

Removida a dúvida quanto à época em que Henrique Bernardelli esteve em Minas, cabe acrescentar que, no que diz respeito especificamente à cidade de Ouro Preto, o momento da visita do pintor – março e abril de 1898 – é um tempo de contundentes impasses e contradições. No início dos anos 1890, a cidade passara finalmente a contar com inúmeras melhorias, tais como: o ramal ferroviário – ainda uma obra do Império, inaugurada em 1889 por dom Pedro II –, ligação entre a cidade e o tronco da agora nomeada Estrada de Ferro Central do Brasil; o calçamento de ruas; a iluminação elétrica; a água encanada; o efêmero serviço de bonde iniciado na década anterior; a criação e funcionamento de colégios e ginásios; o Lyceu de Artes e Officios; a nova Escola Livre de Direito; o já mencionado Archivo Publico Mineiro; a Imprensa Official; a realização

---

[24] MAURICIO, 1918, p. 163-164.

de exposições, concertos, encenações, temporadas líricas no Theatro; enfim, a crescente frequência de artistas, professores, escritores e políticos de projeção nacional. Todavia, a despeito de todos esses benefícios, Ouro Preto sofreria, subitamente, um processo de abandono e desprezo, a partir de 12 de dezembro de 1897, quando definitivamente perdeu a condição de capital de Minas Gerais.

Como consequência, forçosa situação, todos os funcionários públicos e muitos profissionais liberais, acompanhados de suas famílias, deixaram a cidade e se mudaram definitivamente para Belo Horizonte. As notas de jornal a seguir transcritas (duas, entre muitas de semelhante conteúdo) foram publicadas em Ouro Preto no *Minas Geraes,* em 19 de dezembro de 1897 e em 11 de janeiro de 1898,[25] datas que antecedem apenas em poucos meses a visita de Henrique Bernardelli – e servem como um pequeno exemplo da fuga que se empreendeu, naquele momento, em direção à nova capital:

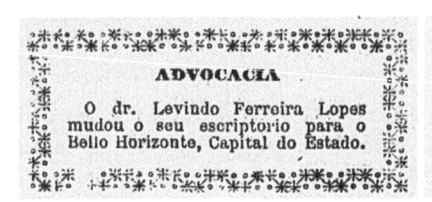

> **ADVOCACIA**
> O dr. Levindo Ferreira Lopes mudou o seu escriptorio para o Bello Horizonte, Capital do Estado.

> **Despedida**
> A todos os meus amigos dos municipios de Ouro Preto e Marianna communico que nesta data transfiro minha residencia para Bello Horizonte, capital de Minas, e despedindo-me de todos por este meio, visto não me ter sido possivel fazel-o pessoalmente, offereço-lhes meus prestimos naquella cidade.
> Ouro Preto, 9 de janeiro de 1898.—*Martinho Alexandre de Macedo.*

Pairou certa tristeza na cidade de Ouro Preto. E muito isolamento, a partir daí. Algumas instituições, irmandades, entidades, agora esvaziadas e em pouco tempo empobrecidas, passaram a viver um período de dificuldades. Pode-se fazer uma ideia de como andava o ânimo dos ouro-pretanos naqueles dias, quando da visita de Henrique Bernardelli.

O pintor, com sua presença e por seu especial interesse focado na grandeza do eleito Aleijadinho, empreendeu o resgate da dignidade e da importância dos monumentos erigidos na cidade desde os séculos anteriores. Exatamente quando o comportamento de muitos foi o de abandonar ao esquecimento e largar à ação do tempo todas as "velharias" da capital inviável, de construções arruinadas e edifícios ultrapassados – evidências de graves problemas urbanos que se avolumaram, e que em nada favoreceram a sua permanência como centro do poder de Minas Gerais no século que se aproximava. E, nesse cabo de força, estava bem firme do

---

[25] MINAS GERAES, p. 4, 19 dez. 1897; MINAS GERAES, p. 6, 11 jan. 1898.

lado oposto da corda esticada, o pensamento dos chamados "mudancistas", ostentando a máxima de que Minas Gerais, naquele momento, possuía a mais moderna capital do país – a novíssima cidade de Minas – erguida com determinação e com vistas no futuro. Novos ares, nova arquitetura, uma nova vida que se projetava em direção ao século XX.

Antes de adormecer, todavia, a cidade de Ouro Preto contou com o registro do artista completo que foi Henrique Bernardelli – artista que soube olhar, com olhos sensíveis de experiente conhecedor, para o passado de Minas. Convém lembrar, como o fez oportunamente Celita Vaccani, as palavras que o pintor anotou, à margem da derradeira frase do texto de Rodrigo José Ferreira Bretas, referindo-se a tudo que acabava de ler sobre o Aleijadinho, tendo em conta a fascinante obra que o arrebatara *in loco*: "meu profundo respeito e admiração. Mando aos pósteros o meu tributo ao gênio".

Referências

ALMANAQUE BRASILEIRO GARNIER, para o anno de 1903. Rio de Janeiro, anno I, s/d.

AZEVEDO, Arthur. Um artista mineiro. *Kósmos, Revista artística, scientifica e litteraria*, Rio de Janeiro, anno I, n. 2, fev. 1904.

BILAC, Olavo. Marilia. In: MACHADO, Ubiratan (Org.) *Melhores crônicas de Olavo Bilac*. São Paulo: Global, 2005.

BRETAS, Rodrigo José Ferreira. Traços biographicos relativos ao finado Antonio Francisco Lisboa, distincto esculptor mineiro, mais conhecido pelo appelido de – Aleijadinho. *Correio Official de Minas,* n. 169-170, 1858.

BRETAS, Rodrigo José Ferreira. Traços biographicos relativos ao finado Antonio Francisco Lisboa, distincto esculptor mineiro, mais conhecido pelo appelido de – Aleijadinho. *Revista do Archivo Publico Mineiro*, Ouro Preto, ano I, v. I, fasc. I; jan./mar. 1896.

BRETAS, Rodrigo José Ferreira. *Antônio Francisco Lisboa – o Aleijadinho*. Belo Horizonte: Itatiaia, 2002. p. 35-68. Introdução de Lúcio Costa, notas de Rodrigo Mello Franco de Andrade, Lúcio Costa e Judite Martins. Belo Horizonte: Itatiaia, 2002. Reedição de *Traços biographicos relativos ao finado Antonio Francisco Lisboa, distincto esculptor mineiro, mais conhecido pelo appelido de – Aleijadinho. Correio Official de Minas*, n. 169-170, 1858.

BURTON, Richard. *Viagem do Rio de Janeiro a Morro Velho*. Tradução de David Jardim Júnior. Belo Horizonte: Itatiaia; São Paulo: Ed. da USP, 1976.

CAMARATE, Alfredo. *Catalogo dos Quadros de Henrique Bernardelli* – Exposição de 1886. Contribuição de Camila Dazzi e Arthur Gomes Valle. Disponível em: <http://www.dezenovevinte.net/catalogos/catalogo_hb1886.htm>. Acesso em: 26 jun. 2009.

CATALOGO Geral dos Productos enviados a Exposição Nacional de 1908 pelo Estado de Minas Geraes. Rio de janeiro: Typ. do Jornal do Commercio, de Rodrigues & C., 1908.

DIMAS, Antonio (Org.). *Bilac, o Jornalista: Crônicas.* São Paulo: Imprensa Oficial do Estado de São Paulo/Ed. da USP/Ed. da Unicamp, 2006. v. 1.

DOM PEDRO II. Diário de Viagem do Imperador a Minas (1881). *Anuário do Museu Imperial*, Petrópolis, Ministério da Educação e Cultura, v. XVIII, p. 67-118, 1957.

DUQUE, Gonzaga. *Contemporaneos. Pintores e Escultores.* Rio de Janeiro: Typ. Benedicto de Souza, 1929.

DUQUE, Gonzaga. *A Arte Brasileira.* Introdução e notas de Tadeu Chiarelli. Campinas: Mercado de Letras, 1995 [1888].

DUTRA, Eliana de Freitas. *Rebeldes literários da República: história e identidade nacional no Almanaque Brasileiro Garnier (1903-1914).* Belo Horizonte: Ed. da UFMG, 2005.

FIGUEIREDO, Francisco Aurelio de. Impressões de Viagem. *Minas Geraes*, Ouro Preto, p. 4, 16 maio 1893.

GUIMARÃES, Bernardo. *O Seminarista.* São Paulo: FTD, 1994.

KÓSMOS: revista artística, scientifica e litteraria. Rio de Janeiro, anno I, n. 2, fev. 1904.

MAURICIO, Virgilio. Esculptura. In: _____. *Algumas Figuras.* Rio de Janeiro: Pimenta de Mello, 1918. p. 163-164.

MINAS GERAES. Ouro Preto, p. 4, 19 dez. 1897.

MINAS GERAES. Ouro Preto, p. 6, 11 jan. 1898.

MINAS GERAES. Ouro Preto, p. 4-5, 2 abr. 1898.

MINAS GERAES. Ouro Preto, p. 3, 3 abr. 1898

MINAS GERAES. Ouro Preto, p. 5, 13 abr. 1898.

PORTO-ALEGRE, Manoel de Araujo. Relatorio do Primeiro Secretario o Sr. Manoel de Araujo Porto Alegre. *Revista do Instituto Historico e Geographico Brasileiro*, Rio de Janeiro, p. 473-474, 1930 [1858].

VACCANI, Celita. Trabalho referente aos comentários sobre o Aleijadinho escritos por Henrique Bernardelli. *Arquivos da Escola Nacional de Belas Artes*, Rio de Janeiro, Universidade do Brasil, n. XI, p. 170-177, ago. 1965. Contribuição de Camila Dazzi e Arthur Gomes Valle. Disponível em: <http://www.dezenovevinte. net/txt_artistas/cv_hb.htm>. Acesso em: 26 jun. 2009.

VASCONCELLOS, Sylvio de. Pintura de Cavalete. In: _____. *Arquitetura no Brasil – Pintura Mineira e outros Temas.* Belo Horizonte: Edições Escola de Arquitetura, 1959.

VEIGA, José Pedro Xavier da. O Aleijadinho (Esboço biográfico). *Revista do Archivo Publico Mineiro*, Ouro Preto, ano I, v. I, fasc. I, p. 161, jan./mar. 1896.

Emilio Rouède:
Origine de l'art au pays de l'or

Não há uma pedra posta pela mão do homem no centro de suas cidades que não exprima uma ideia, que não represente uma letra do alfabeto da civilização.

Manuel de Araujo Porto-Alegre

No ano 1893 o governo do marechal Floriano Peixoto empreendeu severa perseguição aos seus críticos e opositores. Considerado perigoso conspirador político, o pintor e jornalista Emilio Rouède[1] esteve bem próximo de ser preso, ou mesmo morto, em um cerco policial à sua casa em Rodeio, localidade onde se incumbia dos negócios de uma granja.[2] Sem alternativas, terminou por se afastar definitivamente do Rio de Janeiro para se refugiar no sossego das montanhas de Minas Gerais.

No correr de 1894, durante sua permanência na cidade de Ouro Preto, entre as muitas atividades às quais se dedicava, Rouède manteve colaboração jornalística com o periódico *Le Brésil Républicain*, para o qual redigiu séries de artigos que se intitularam "Correspondance de Ouro Preto" e "Chronique de Minas".[3] [*Figura 6*] *Le Brésil* era um órgão de interesse francês, impresso no Rio de Janeiro, com edições regulares às quartas-feiras e aos sábados. Era seu correspondente e agente geral

---

[1] Emilio Rouède (Avignon, França, 1848 – Santos, SP, 1908).

[2] Em Rodeio construiu-se, na década de 1860, uma das estações da Linha do Centro da Estrada de Ferro Dom Pedro II. Em 1946, o então distrito de Vassouras passou a denominar-se Engenheiro Paulo de Frontin, em homenagem ao engenheiro Andre Augusto Paulo de Frontin (1860-1933).

[3] GRAVATÁ, 1977.

para o estado de Minas Gerais o artista Paul de Roquemaure, proprietário de uma vivenda conhecida como Pavillon Bellevue, à rua do Caminho Novo, nº 4, em Ouro Preto, sendo ele a pessoa responsável pela recepção e pelo encaminhamento de anúncios e assinaturas da publicação. Alguns artigos de Emilio Rouède veiculados no *Le Brésil Républicain* seriam traduzidos e publicados no ano seguinte, em janeiro de 1895, na coluna "Lettras" do jornal *Minas Geraes*, sob o título geral de "A Arte em Minas", versão utilizada no curso do presente trabalho.[4]

Por meio das referidas crônicas, Emilio Rouède procurou informar aos seus leitores de língua francesa o quanto se sentia estimulado em conhecer e estudar a arte colonial mineira, tida por ele, desde o primeiro momento, como verdadeiro tesouro. Fundamentado nos acontecimentos históricos da antiga capitania, buscava estabelecer as origens e influências dessa arte. Com este pensamento, na sequência dos artigos publicados, dirigiu especial atenção à capela de São João Batista, em Ouro Preto, e à igreja matriz de Nossa Senhora da Boa Viagem do arraial de Bello Horizonte, que encerravam, segundo suas impressões, testemunhos artísticos dos mais antigos e originais de Minas Gerais – bons exemplos arquitetônicos do que interpretou como um "gosto simples e severo", demonstrando, de pronto, sua sincera admiração.

Não lhe ocorrendo dispor de tempo suficiente para a necessária pesquisa sobre todo o acervo criativo e, principalmente, sabedor que era de seu peculiaríssimo temperamento dispersivo, pouco afeito às longas investigações em arquivos, Emilio deixou, afinal, uma sugestão endereçada a algum historiador especializado, que, a partir dali, tomasse a iniciativa de escrever o trabalho para o qual imaginou o título *Origine de l'art au pays de l'or*. Contudo, para adiantar o expediente de um eventual futuro estudioso, avançou um pouco nos assuntos sobre os quais se debruçava naqueles dias:

> Aquelle que, em melhores condições, quizesse dedicar seu tempo, sua actividade e sua intelligencia a uma obra tão util quanto agradavel, deveria vir a Minas installar seu gabinete de estudo e seu centro de informações no paiz dos thesouros. [...]
> Importante serviço prestaria a este bello paiz quem realizasse tal trabalho. Ouso affirmar, – e me perdoem a franqueza, – que é tempo já de se occupar dessa obra, porque documentos de valor desapparecem,

---

[4] ROUÈDE, 10, 11, 12, 13 jan. 1895.

> monumentos históricos ameaçam ruina, perdem-se admiraveis escu-
> plturas, quadros de merito deterioram; e, ainda mais, a morte vae
> levando a velhos de edade secular, cujos avós, chegados com as *ban-
> deiras paulistas*, trabalharam na construcção das primeiras egrejas
> e assistiram assim ao advento da arte nestas montanhas. [...]
> Aquelle que tal estudo emprehenda dedico estas paginas; [...]
> Si alguma de minhas observações facilitar-lhe a tarefa, [...] jul-
> garei meu trabalho largamente recompensado.[5]

Demonstrando preocupação, sugeriu algumas iniciativas fundamentais para que houvesse a preservação de bens artísticos e de documentos históricos; providências que – excetuando a criação do Arquivo Público Mineiro em 1895 – apenas muito mais tarde, já em meados do século XX, tiveram lugar, com os mais evidentes e lamentáveis prejuízos. Observou então, naquela época:

> Si, para cumulo da felicidade, eu obtivesse das auctoridades locaes
> um pouco de attenção para os objetos de arte, um pouco de cui-
> dado para os documentos sepultados nas secretarias, um pouco
> de respeito para os monumentos que se esboroam e, finalmente,
> a creação de archivos que conservassem as paginas preciosas dos
> seculos passados, a fundação de um museu para reunir moveis,
> armas, trages, tapeçarias, joias, bordados, quadros e estatuas que
> se perdem ou vão enriquecer collecções do Rio de Janeiro, eu me
> consideraria o mais feliz dos mortaes.[6]

Isto posto, Emilio Rouède resumiu, à guisa de introdução, um roteiro das aventuras dos paulistas, descobridores do ouro. Reconheceu que, do episódio da inicial ocupação do território das Minas, tinham restado significativas marcas. Principalmente no que diz respeito à dedicação do homem bandeirante à religião e aos seus valores.

> Esses homens valentes e fortes, de costumes e origens diversas,
> eram unidos, entretanto, por um laço poderoso: a crença em Deus.
> A religião era o seu codigo; e comprehender-se-ha facilmente que,
> sem uma lei sobrenatural e sem o temor de um castigo eterno,
> teria sido impossivel evitar as lutas terriveis, provocadas pela
> avidez que o ouro devia forçosamente gerar. Antes de aformosear

---

[5] ROUÈDE, 10 jan. 1895, p. 2.
[6] ROUÈDE, 10 jan. 1895, p. 2-3.

suas casas, os *bandeirantes* rendiam graças ao creador que lhes prodigalisava immensas riquezas.
Construiram templos no tope das mesmas montanhas, donde tiravam o ouro ás mãos cheias.
Essas egrejas, que muito logicamente seriam desprovidas de todo o sentimento artistico, pela condição humilde de seus constructores, tinham todavia o cunho accentuado do gosto europeu daquella época; e, o que é digno de nota e merece ser seriamente estudado, é que ellas apresentavam um aspecto de severa simplicidade, difficil de combinar com o gosto galante da architectura desse seculo.[...]
A influencia climaterica, o meio, a alliança com o elemento indigena produziam um novo typo de caracter nacional, serio, sobrio, valente, trabalhador, religioso.
Este caracter não mudou e constitue ainda hoje a base do caracter mineiro.
Os *bandeirantes* sentiam-se á vontade, em sua casa, no territorio que haviam descoberto. Por S. Paulo faziam-se as raras communicações, que tinham com a metropole.[7]

Note-se a oportuna menção a um tema de interesse – o caráter mineiro, a mineiridade –, lastro para a compreensão do inteiro valor de obras de arte surgidas de modo tão singular.

A partir da Guerra dos Emboabas, houve, de forma progressiva, maior controle português nas terras das Minas, segundo suas conclusões. Estes, os reinóis, tendo em vista a necessidade de domínio geral, estenderam sua cultura sobre o território, de maneira cada vez mais abrangente; introduziram seus costumes e usos; difundiram suas crenças, suas tradições e determinaram, então,

> [...] novas ordens de cousas. Apesar da viva opposição de S. Paulo, estabeleceram novas vias de communicação mais directas com a capital e crearam a capitania das *Minas,* independente das do Rio e São Paulo. A primeira phase artistica deste Estado termina nessa ephoca, phase que denomino dos *bandeirantes* para distinguil-a da segunda, que chamarei o período portuguez.[8]

Com o decorrer do tempo, na oportunidade de vagar pelos arrabaldes de Ouro Preto, Emilio conheceu a capela de São João Batista

---

[7] ROUÈDE, 10 jan. 1895, p. 3.
[8] ROUÈDE, 10 jan. 1895, p. 3.

do morro do Ouro Fino, primitivo arraial do Ouro Podre [*Figura 7*]. Segundo a tradição, mantida pelo historiador Diogo de Vasconcellos, seria o mais antigo templo erigido pelos bandeirantes naqueles lugares, nos derradeiros dias do século XVII. Em 1891, a capela havia passado por obras de pintura geral, reforma no altar-mor e edificação do coro musical, melhorias promovidas por mãos devotas. Rouède logo percebeu que a pequena casa, bem simples e acanhada, encerrava algo valioso para a história que almejava desvelar:

> No alto da montanha em que se encontram as minas de ouro, hoje abandonadas, do *Padre Faria*, os *bandeirantes* construíram a egreja de S. João.
>
> É a mais antiga das doze ou quinze que, com suas construcções bizarras, dão a Ouro Preto o aspecto artistico que o christianismo imprimiu em todos os tempos ás localidades em que adquiriu profundas raízes no povo.
>
> Essa egreja, pequenina, muito simples, muito pobre mesmo, encerra todavia verdadeiras riquezas, sob o ponto de vista da arte e da historia.
>
> As suas bem estabelecidas proporções, o gosto que revelam esses modestos ornamentos, tão em harmonia com o estilo geral, os encaixes do retabulo a que se encosta o altar mór, um crucifixo de marfim, de grande merito, e a combinação do conjunto demonstram á evidência que aquelle ou aquelles, que presidiram a erecção desse santuario, tinham perfeitos conhecimentos architectonicos e possuíam um gosto artistico notável.[9]

Em artigo publicado em 1956, "Cronologia das igrejas mineiras", o arquiteto Sylvio de Vasconcellos esclarece sobre incorretas datações com as quais conviveram muitos historiadores no século XX. No trabalho acham-se fixadas as datas primeiras e aquelas das subsequentes modificações de alguns templos de Minas. Observa-se que, ao longo dos anos, muitas igrejas foram sendo completadas, reformadas, ampliadas, alteradas. Sobre a capela de São João, especificamente, comenta:

> Outro engano que tem sido muito repetido por vários historiadores refere-se à data da construção da capela de São João do Ouro Podre de Ouro Preto. Diogo de Vasconcellos aponta-a como a primeira do lugar. Procura-se então encontrar na sua

[9] ROUÈDE, 10 jan. 1895, p. 3.

configuração atual muitas das explicações relativas à arquitetura religiosa local que, naturalmente, seria posterior àquela capela. Todavia, em documentação recentemente encontrada, verifica-se que a capela, como hoje se encontra, data de 1749, não sendo nem a primeira construção religiosa ainda existente na cidade, nem servindo, portanto, como ponto de referência ao que, na primeira metade do século, se fez em Ouro Preto.[10]

As historiadoras Cristina Ávila e Josanne Guerra Simões estabelecem a data da construção da capela de São João em época anterior a 17 de julho de 1743, e indicam o ano de 1761 para a ocasião em que o templo teve reedificadas as paredes da sacristia.[11] Emilio Rouède, evidentemente, não detinha um bom número de informações, baseadas em fontes documentais divulgadas somente em nossos dias. Ao sentir falta de melhores comprovações, manifestou, declaradamente, o improviso interpretativo que então experimentava:

> Onde os documentos historicos escasseiam (e em Minas são difficeis de encontrar), nos monumentos é que se devem ler os mysterios do passado.
> Observando-os com attenção é que se pode reconstruir a historia, porque elles revelam o gosto e o progresso da epoca, porque sempre conservam estampado o caracter daquella que os construiu. [...]
> Eis porque, estudando os monumentos artisticos que abundam em Minas Geraes, eu vou tentar sinão elucidar e resolver, ao menos estabelecer francamente certas questões, cuja elucidação se torna muito diffícil sem o subsidio de documentos, que faltam ou estão amontoados nos archivos das repartições do Estado ou nas sacristias das suas velhas egrejas.[12]

Nesse tipo de capela, de um modo geral, a fachada é simples, desprovida de elementos, tendo a planta o formato de retângulo. Ao discorrer sobre as transformações sofridas pelas igrejas de Minas, Sylvio de Vasconcellos, em certo momento, dedica novamente sua atenção à capela de São João, onde percebe elementos merecedores de serem assinalados. Assim como se pode notar comumente em outras capelas dos arrabaldes,

---

[10] VASCONCELLOS, Sylvio, 2006a, p. 62-64.
[11] ÁVILA; ÁVILA; SIMÕES, 2008, p. 91.
[12] ROUÈDE, 10 jan. 1895, p. 3.

São João prefere a sacristia ladeando a capela-mor, o que torna a planta assimétrica. Em sua nave veem-se marcantes "curvas que concordam suas ilhargas com o arco cruzeiro", no parecer de arquiteto.[13] No mesmo estudo, publicado em 1951, ao comentar sobre a singularidade do curvamento dessas paredes, Vasconcellos acrescenta:

> Esta rigidez proporcionada pela conformação retangular das plantas com o tempo amaciar-se-ia pela supressão dos seus vértices, chanfrados ou curvados (Santa Efigênia) e pela multiplicação de lados em polígonos (nave interna do Pilar) que terminaria por se transformar em curvas (Rosário).
> Esta tendência começa pela colocação de altares normais à bissetriz dos vértices da nave, junto ao arco cruzeiro a que corresponde à convexidade do coro. Na capela de São João, excepcionalmente, a supressão dos vértices citados interessou à própria parede da nave que se encurva quando da reconstrução do edifício em 1749. Parece ser esta a primeira tentativa de construção curvilínea que se tentou em Ouro Preto. É claro que este encurvamento só se tornou possível com a construção de alvenaria porquanto as anteriores, dependentes da madeira, seja na taipa de pilão ou no pau-a-pique, não facilitariam formas ou vigamentos que não fossem retos.[14]

Em resumo, pode-se assim descrever a planta da capela setecentista da região das Minas: compõe-se da nave, capela-mor e sacristia; fachada limpa, dispondo de bem proporcionado portal; duas janelas do coro abertas acima, em correto equilíbrio; frontão triangular onde se tem o óculo – que algumas vezes aparece rebaixado, entre as janelas, como em São João. Quando ausentes as torres laterais, ou mesmo inexistindo a única central, a sineira fica então estabelecida fora do corpo principal. Segundo a historiadora Suzy de Mello, concordam Paulo F. Santos e Sylvio de Vasconcellos na existência de um "'parentesco' dessas fachadas com as capelas e ermidas de gosto romântico, na Extremadura, na Beira-Alta e em regiões do norte de Portugal".[15] E sobre a ocorrência desses templos em Minas, Suzy de Mello comenta:

> Essas capelas desprovidas de torres corresponderam aos povoamentos iniciais que se tornaram estáveis pela fartura do ouro,

---

[13] VASCONCELLOS, Sylvio, 2006b, p. 50.

[14] VASCONCELLOS, Sylvio, 2006b, p. 50.

[15] MELLO, 1985, p. 134.

distribuindo-se em todas as áreas inicialmente desbravadas e que, primeiramente erguidas com materiais ainda precários, foram, em inúmeros casos, posteriormente reconstruídas com técnicas de maior solidez, mantendo, porém, suas características básicas de planta e fachada [...].[16]

A construção notadamente modesta e verdadeira de São João preencheu a imaginação de Emilio Rouède, que a ela prosseguiu dedicando outras investigações, em nova visita. Ocorre que, conhecendo o interior da capela, viu-se diante de uma nova questão. Em nada lhe agradavam as pinturas representando os doze apóstolos, estabelecidas em quadrinhos de madeira na base do retábulo, tão defeituosamente realizadas. Todavia, bem examinando, intuiu que umas camadas grosseiras de tintas haviam se sobreposto ao trabalho original, encobrindo-o e deturpando-o sobremaneira. Os quadros haviam sofrido, segundo suas apreciações, "a borradura" de um "curioso". Resolveu então prontamente dedicar-se à tarefa seguinte: restaurar a pintura do Santo André, que a ele se apresentava. Minucioso, conseguiu limpar a falsificação e refazer a original face do seu eleito santo apóstolo. Como resultado do procedimento, descobriu a obra de arte da lavra de um artista antigo. Bem ao seu estilo literário, Emilio descreveu o acontecimento:

> A crueza e a vivacidade do colorido indicavam-me que essas pinturas haviam sido restauradas (*risum teneatis*). A justeza das proporções e a correcção do desenho me mostravam que, sob aquellas extravagantes figuras, devia haver cabeças pintadas com arte.
> Não me enganava: uma pequena quantidade de essencia, que havia em minha caixa de tintas, me fez descobrir, depois de alguns momentos de fricção, o olhar agradecido e meigo de um Santo André, que parecia implorar-me o mesmo serviço para seus companheiros de mascarada, mostrando-se grato a mim que o tinha libertado daquelle fardo, muito adequado á face de um pai nobre de comedia, mas visivelmente deslocado na figura austera de um apostolo veneravel.
> O pouco que descobri revela que esses quadros são de um pintor de talento. O desenho é correto, o colorido, muito vigoroso.[17]

[16] MELLO, 1985, p. 134-135.

[17] ROUÈDE, 11 jan. 1895, p. 3.

Experiência única, certamente. Contudo, Rouède buscou obter algum dado biográfico do pintor dos doze apóstolos. Permanecendo incógnito seu nome, imaginou sanar as dúvidas, introduzindo, ao término do relato, questões aos leitores do jornal:

> Terminando, tomarei a liberdade de propor alguns quesitos aos leitores que residem em Minas ou, mais ou menos, lhe conheçam a historia, preferindo occupar-se com a solução de um problema histórico e util a decifrar os logogriphos, as charadas e os enigmas da terceira pagina dos jornaes:
> 1º Qual o nome do constructor da egreja de S. João?
> 2º Qual o pintor dos quadros que representam os doze apostolos?
> 3º Qual o do escultor do Cristo de marfim?
> 4º As obras de arte, que possue essa egreja, foram executadas aqui ou na Europa?
> 5º Qual a nacionalidade desses artistas e a época de seus trabalhos? Pede-se aos que se interessarem por esse genero de investigação que dirijam o resultado de seus estudos a E. R., rua do Caminho Novo n. 3, Ouro Preto, para onde deverá ser enviado tambem o endereço do remettente, afim de que se torne possivel dar-lhe agradecimentos e pedir-lhe, quando necessarias, informações mais amplas e desenvolvidas.[18]

Com relação à pintura dos santos apóstolos, na base do retábulo da capela de São João, Diogo de Vasconcellos, em "As obras de arte", capítulo da *Memoria Historica,* de 1911, reconheceu sua semelhança com quadros do forro de caixotões da capela de Santo Antonio do Pompéu, em Sabará, nos quais se acham representadas dez passagens da vida do padroeiro. Alude a possibilidade de se tratar do mesmo artista. E, ainda referente à pintura dos doze apóstolos da capela de São João, decorridos dezessete anos, da mesma forma que Emilio, Diogo de Vasconcellos também lamentou o péssimo serviço do tal restauro.[19]

Refletindo a respeito da divisão dos modos "bandeirante" e "português", Emilio Rouède teve oportunidade de estar em Sabará, de passagem, e, finalmente, em Belo Horizonte, arraial onde conheceu a matriz de Nossa Senhora da Boa Viagem.

---

[18] ROUÈDE, 11 jan. 1895, p. 3-4.
[19] VASCONCELLOS, Diogo, [1911?], p. 133-184.

Diante da antiga Villa Real, Rouède traçou sucintamente aquilo que observou com relação aos projetos arquitetônicos: "o bandeirante –, severo, simples, em que dominam a linha recta, o ornato grego e a pyramide; outro – o portuguez –, arredondado, barroco, pretensioso, composto especialmente de medalhões, folhagens e florões profusamente prodigalizados."[20] À igreja matriz de Belo Horizonte, consagrou o capítulo seguinte da coluna *Chronique de Minas*. Lembre-se que também à matriz, Rouède dedicou, na mesma oportunidade, um dos três quadros a óleo [*Figura 8*] que pintou por especial encomenda da Comissão Construtora da Nova Capital, tendo como destaque, exatamente, uma vista abrangendo todo o seu largo, tomada desde além da ponte do córrego do Acaba-Mundo. Assim avaliou a construção setecentista:

> O santuario da futura Capital de Minas Geraes apresenta, exteriormente, todos os traços caracteristicos dos edifficios construidos antes da elevação do territorio das Minas á cathegoria de capitania geral.
> Solida muralha quadrada, encimada por um florão coroado de uma cruz de fino gosto; aos lados uma torre terminando em pyramide; grande portal bem proporcionado, acima do qual se abrem duas janellas: eis o conjunto da fachada.
> É difficil encontrar-se cousa mais simples e mais modesta; entretanto, e talvez por isso mesmo, esta modestia e esta simplicidade inspiram real sentimento de respeitosa devoção e, involuntariamente, ideias melancolicas invadem a immaginação e o espirito do observador.
> Desejar-se-hia que os *bandeirantes* tivessem podido continuar o desenvolvimento de seu gosto artistico cheio de original simplicidade.[21]

Essas foram as palavras de Emilio diante da principal casa religiosa de um pequeno arraial, que, em sua formação e desenvolvimento, ao largo do século XVIII, não conheceu a riqueza promovida pelo brilho do metal, nem as asperezas patrocinadas pela aglomeração brusca da intensa mineração. Curral d'El-Rey, sem qualquer aventura mencionável, foi sempre o local reservado aos antigos pequenos fazendeiros de Minas,

---

[20] ROUÈDE, 11 jan. 1895, p. 4.
[21] ROUÈDE, 12 jan. 1895, p. 3.

às famílias numerosas e simples, às duradouras tradições. A igreja matriz – sua mais importante construção – manteve-se modesta. Erguida a partir de meados do setecentos, registra-se em sua história primitiva o fato de seus construtores, o Provedor e Irmãos do Santíssimo Sacramento, haverem decidido por erigi-la "à sua fantasia", desrespeitando a "Real Ordem" de Sua Majestade – que, em rigor, determinava, a partir de Portugal, sobre os projetos de igrejas matrizes.[22]

Naquele ano, 1894, permanecia a Boa Viagem com essa feição: frontispício tradicional composto pelo prático frontão triangular; óculo elevado, aqui bem desenhado; cimalhas e cunhais. As duas janelas do coro encimam e quase chegam a tocar, com algum desajeito, o robusto portal. Em ambas notam-se guarda-corpos de balaústres de madeira. Ao rosto de capela, de preliminar beleza, acrescentam-se as duas torres sineiras laterais, que se elevam eficientes, construídas com estrutura de madeira, conferindo vantajoso volume à matriz. Essas torres terminam "em pirâmide", como menciona Emilio. Repetindo um gosto discreto, bem comum pelo arraial afora, as quinas dos telhados se mostram com suas pontas levantadas, à chinesa. Nas laterais, os puxados de meia-água disfarçam seu corpo, nem tão grande assim.

O contraponto dar-se-á na sequência, na interpretação do cronista, ao transpor o exíguo cemitério fronteiro e adentrar o templo, para certificar:

> O interior da egreja de Bello Horizonte não me impressionou agradavelmente.
> Acreditando que iria encontrar alli o mesmo gosto simples e severo que havia observado no exterior, tendo o espirito ainda dominado pelo aspecto do pequeno cemiterio e a imaginação cheia de lembranças dos antigos tempos, senti um mal estar moral em presença do contraste que se apresentou a meus olhos. [...]
> Não me quedarei na descripção minuciosa do interior desta egreja, em que exclusivamente domina um estylo Luiz XV de mau gosto, como dá-se na mór parte dos monumentos construídos em Minas pelos portuguezes do seculo passado.[...]
> É innegavel que tenha havido uma interrupção na construcção deste templo. O evidente contraste entre o interior e sua parte externa faz-me crer que foi começado pelos *bandeirantes* e

---

[22] Cf. Menezes (2007, p. 178).

terminado por artistas portuguezes, vindos com os primeiros capitães generaes que governaram as Minas do Brazil.

As pinturas do tecto arqueado foram *restauradas* por um *curioso* e lá estão completamente estragadas; algumas cabeças, entretanto, que foram menos *trabalhadas* pelo *restaurador* demonstram que aquellas pinturas não eram destituídas de real merecimento.[23]

Recorre-se aos comentários sobre o interior da matriz da Boa Viagem feitos por Alfredo Camarate, em artigos publicados naquele mesmo ano, 1894, para constatar que divergem profundamente as opiniões dos dois cronistas: Camarate considera notáveis as obras de talha, principalmente em relação às duas primeiras capelas laterais, onde evidencia o "estilo", a "grande nitidez e originalidade da ornamentação, e certa liberdade no agrupamento das linhas."[24] Todavia, definitivamente não significavam para Emilio Rouède as exuberantes composições do novo estilo, que se somaram a cada momento nos interiores das igrejas:

> É bem possivel que eu esteja em desaccôrdo com eminentes apreciadores, nestes assumptos de arte; mas, no meu ponto de vista, para que uma obra d'arte seja completa, cumpre que desperte no observador o sentimento que animava o artista creador. [...]
> É devido a esta maneira de considerar as obras de arte que eu acho o exterior simples da egreja de Bello Horizonte mais sincero, mais christão, ainda que mais modesto, do que o interior desse santuario, que está mais de accôrdo com os conhecimentos do europeu no seculo findo.[25]

Mais do que apoiar-se na linguagem erudita das matrizes de Ouro Preto e de Antonio Dias, ou na profusão decorativa primorosa das igrejas dos Terceiros de Nossa Senhora do Carmo e de São Francisco de Assis, Emilio buscou na simplicidade da capela de São João sua peça de contemplação estética e paz de espírito. Da Boa Viagem guardaria sua imagem elevada, dominando com calma todo o largo do velho arraial.

---

[23] ROUÈDE, 13 jan. 1895, p. 5.
[24] CAMARATE, 1985, p. 37.
[25] ROUÈDE, 13 jan. 1894, p. 5.

Conclusões

Ao registrar em crônicas seu interesse pela arte religiosa da região das Minas, Emilio Rouède escolheu adotar a capela de São João e a matriz da Boa Viagem como exemplos arquitetônicos originais, resultados primeiros da invenção e da firmeza dos artistas que construíram aquele pedaço da Colônia. Dentro dessa concepção, com boa parcela de intuição, pôs corretamente em evidência aqueles que foram os "dois partidos fundamentais – o das capelas e o das matrizes –", que permaneceram básicos em Minas, e definiram "as duas etapas iniciais das construções religiosas", conforme Susy de Mello.[26] Na série de artigos do *Le Brésil* não foram contempladas as produções artísticas da terceira fase – compreendida em grande parte na segunda metade do século XVIII e início do XIX –, quando foram fabricadas as evoluídas igrejas das Ordens Terceiras e das Irmandades. É bem verdade que, durante o breve espaço de tempo em que esteve em Ouro Preto, não houve como aprofundar pesquisas que pudessem elucidar algumas questões. Não dispunha do material documental necessário. E, vale ressaltar, *Correspondance de Ouro Preto* e *Chronique de Minas* são textos jornalísticos que, por sua natureza, requerem certa concisão.

Emilio Rouède abordou ainda alguns outros assuntos concernentes ao acervo colonial, deixando bons conselhos na terra. Bem oportunamente evidenciou problemas fundamentais no que diz respeito à conservação e guarda do patrimônio artístico e cultural. Condenou intervenções indevidas de pretensos restauradores nas igrejas. Propôs mais aprofundada investigação histórica. Temeroso de não conseguir transmitir às futuras gerações todos aqueles valores, estimulou o imediato registro de memórias ainda correntes e de fontes primárias. E, por fim, tomou a iniciativa de fazer um discreto alerta para o problema do roubo das obras de arte, a desembarcarem com tranquilidade nas coleções do Rio de Janeiro.

Durante os primeiros anos da República, algumas outras matérias de cunho jornalístico, sempre muito breves, versando sobre a história de Minas e sobre sua arte religiosa, foram escritas, entre 1893 e 1894, por visitantes como Coelho Netto, Alfredo Camarate, Francisco Aurelio de

---

[26] MELLO, 1985, p. 141.

Figueiredo, Carlos de Laet, Olavo Bilac. Cerca de quatro anos mais tarde, em 1898, o pintor Henrique Bernardelli, por ocasião de sua estada em Ouro Preto, viria manifestar profundo interesse pela obra do escultor Antonio Francisco Lisboa, o Aleijadinho.[27]

Referências

ÁVILA, Affonso; ÁVILA, Cristina; SIMÕES, Josanne Guerra. *Imagens de Minas: Cidades Históricas – Ouro Preto*. Belo Horizonte: Neoplan, 2008.

CAMARATE, Alfredo. Por montes e vales. *Revista do Arquivo Público Mineiro*, Belo Horizonte, ano XXXVI, 1985.

GRAVATÁ, Hélio. Émile Rouède, A Arte Mineira e a Velha Matriz do Curral del-Rei. *Barroco*, Belo Horizonte, n. 9, p. 123-126, 1977. Anexo constando versão fac-similar de *Le Brésil Républicain*, páginas não numeradas: Émile Rouède. Correspondance de Ouro Preto (23 Mai; 2 Juin; 9 Juin. 1894); Chronique de Minas (8 Août; 29 Août; 3 Octobre 1894).

MELLO, Suzy de. *Barroco Mineiro*. São Paulo: Brasiliense, 1985.

MENEZES, Ivo Porto de. Os frontispícios na arquitetura religiosa em Minas Gerais. *Cadernos de Arquitetura e Urbanismo*, Belo Horizonte, v. 4, n. 15, p. 164-182, dez. 2007. Disponível em: <http://periodicos.pucminas.br/index.php/Arquiteturaeurbanismo/article/view/816/791>. Acesso em: 1 fev. 2010.

ROUÈDE, Émile. Correspondance de Ouro Preto. *Le Brésil Républicain*, Rio de Janeiro, 23 Mai; 2 Juin; 9 Juin. 1894.

ROUÈDE, Émile. Chronique de Minas. *Le Brésil Républicain*, Rio de Janeiro, 8 Août; 29 Août; 3 Octobre 1894.

ROUÈDE, Emilio. A Arte em Minas. *Minas Geraes*, Ouro Preto, 10, 11, 12 e 13 jan. 1895.

VASCONCELLOS, Diogo de. As obras de arte. In: *Bi-centenário de Ouro Preto 1711-1911: Memória Histórica*. Belo Horizonte: Imprensa Oficial do Estado de Minas Gerais, [1911?], p. 133-184.

VASCONCELLOS, Sylvio de. Cronologia das igrejas mineiras. In: LEMOS, Celina Borges (Org.). *Arquitetura, Arte e Cidade: textos reunidos*. Belo Horizonte: BDMG Cultural, 2006a. p. 61-64.

VASCONCELLOS, Sylvio de. Notas sobre a arquitetura religiosa mineira. In: LEMOS, Celina Borges (Org.). *Arquitetura, Arte e Cidade: textos reunidos*. Belo Horizonte: BDMG Cultural, 2006b. p. 49-55.

---

[27] Ver "Henrique Bernardelli em Ouro Preto", neste livro.

Comentário de Arminio de Mello Franco sobre a exposição de pinturas de Belmiro de Almeida

Introdução

O pintor, caricaturista e escultor mineiro Arminio de Mello Franco, irmão do escritor Affonso Arinos, contista de *Pelo Sertão,* nasceu em Bagagem, hoje Estrela do Sul, Minas Gerais, em meados dos anos 1870.[1] Sobre ele existem poucos dados biográficos divulgados, sendo hoje inteiramente desconhecida sua produção artística. Na juventude, todavia, contou com forte admiração do jornalista Alfredo Camarate e do pintor Emilio Rouède, ambos residentes, por certa época, em Ouro Preto, onde conheceram de perto seu trabalho. Conforme avaliação de Camarate, aliava-se Mello Franco ao gosto estético da nova geração. Tecnicamente, dominava bem o desenho, produzia peças em baixo-relevo, utilizava-se com sabedoria da aquarela.[2] Não havendo escola de Belas Artes em Minas Gerais, onde pudesse ter formação adequada, buscava no ambiente do Rio de Janeiro aprimorar os conhecimentos.

---

[1] Não foi possível, nos arquivos consultados, precisar a data de nascimento de Arminio de Mello Franco. Foi ele o terceiro filho do casal Virgilio Martins de Mello Franco e Ana Leopoldina Chrisostomo de Mello Franco. Seus dois irmãos mais velhos, Affonso Arinos de Mello Franco, nascido em 1º de maio de 1868, e Afranio de Mello Franco, nascido em 25 de fevereiro de 1870, eram naturais de Santo Antonio do Paracatu, província de Minas Gerais. O pai Virgilio Martins de Mello Franco foi magistrado durante o período monárquico, servindo em diversas comarcas, e tornou-se político a partir da República, quando se transferiu com a família para a então capital Ouro Preto.

[2] CAMARATE, 4 fev. 1894, p. 1-2.

Já em 1892, por ocasião dos preparativos que cercaram a criação da Faculdade Livre de Direito em Ouro Preto, instituto de ensino do qual tomaram parte, como professores e administradores, seu pai Virgilio Martins de Mello Franco e seus irmãos Affonso Arinos e Afranio, o jovem Arminio deu sua parcela de contribuição ao elaborar e executar o desenho do símbolo da Justiça que figurou em um conjunto decorativo no salão onde se realizou a festa de fundação da Faculdade Livre, no edifício da Câmara dos Deputados, a 10 de dezembro.[3]

Sobre Arminio, escreveu oportunamente Alfredo Camarate. Dedicou-lhe, por inteiro, a coluna "Collaboração", na edição de 4 de fevereiro de 1894 do jornal *Minas Geraes*, intitulando-a "Arminio de Mello Franco. De como se perde um gênio". Em tom de elogio ao seu talento criador, avalia Camarate aspectos das obras que recentemente conhecera em Ouro Preto, mencionando algumas delas. Em especial, dois desenhos que se viam expostos na sala de esgrima da *garçonnière* de Affonso Arinos à rua Paraná, representando cenas desse esporte, chamaram-lhe logo atenção pela perfeição e correção do modelado; um baixo-relevo, executado em cera, representando a cabeça de Minerva, do qual destaca a nitidez de contornos; inúmeras aquarelas cotidianas retratando a natureza, flores, pássaros; e, ainda, um bom número de desenhos geométricos, paisagens e pinturas de figura. A exposição inicial do artigo, marcada pelo entusiasmo, serviu a Camarate de introdução à questão que tinha por objetivo externar: concluía inaceitável – e utilizava-se desse exemplo – o fato de um artista como Arminio, que então se projetava em Minas, não poder contar com auxílio do governo estadual, por meio de verbas públicas, para a tão necessária pensão de estudos que o mantivesse por algum tempo em outros centros de ensino superior.[4]

Decorridos alguns anos, dando vasão ao seu particular interesse em conhecer diferentes lugares e culturas, Arminio publica artigos na revista *Kósmos*, no Rio de Janeiro: na edição de abril de 1908, matéria intitulada "Tiahuanacu",[5] escrita em La Paz, em 1907; e, na edição de novembro, "Um mysterioso Mediterraneo da America"[6] – dois breves

---

[3] MELLO FRANCO, Affonso Arinos, 1955, p. 238.
[4] CAMARATE, 4 fev. 1894, p. 1-2.
[5] MELLO FRANCO, Arminio, 1908a.
[6] MELLO FRANCO, Arminio, 1908b.

relatos de viagens, ilustrados por reproduções fotográficas, nos quais tece comentários sobre aspectos geográficos das regiões visitadas e sobre os costumes das sociedades locais.

De forma discreta, tem-se registro da participação de Arminio de Mello Franco na Segunda Exposição Geral de Belas Artes, em 1919, realizada no Conselho Deliberativo de Belo Horizonte. Essa edição da Exposição Geral foi promovida pela Sociedade Mineira de Belas Artes, entidade recém-fundada e dirigida por Anibal Mattos. Merecendo destaque por sua obra intitulada *Marinha*, Arminio de Mello Franco esteve ao lado de pintores atuantes na capital, entre os quais, Honorio Esteves, Frederico Steckel, José Jacinto das Neves, Orozio Belém, Amilcar Agretti, Celso Werneck, Francisco de Paula Rocha e do próprio Anibal Mattos.

Algumas breves menções à sua vida, feitas pelo sobrinho Affonso Arinos de Mello Franco, o recordaram em Ouro Preto, naquele final do século, como fiel amigo de boemia do escultor italiano Virgilio Cestari, o autor da estátua de Tiradentes, erigida, em 1894, na praça da Independência. Mais tarde, por meio da carreira diplomática, na qual ingressara, e de um impulso constante para a aventura, alcançou Arminio os continentes, andando por lugares como Quito, Haia, um longo período em Londres, Jerusalém, Panamá, Shangai. Affonso Arinos deixa entrever o fim de vida do seu tio na condição de interno de um sanatório de tuberculosos em Montana, na Suíça,[7] por um curto período, no início dos anos 1930, "risonho, alegre, as mãos nervosas envolvidas numas luvas espessas de lã, mettido numa cama de sanatório suisso, em quarto proximo ao meu, recitando de cór paginas de Eça de Queiroz".[8] Arminio de Mello Franco morreu pouco mais tarde em um hospital de Paris.

O artigo de Arminio de Mello Franco

"Noticias Artisticas – Belmiro de Almeida", artigo de Arminio de Mello Franco, foi publicado originalmente na coluna "Correspondencia" do jornal *Minas Geraes*, a 19 de setembro de 1894, em Ouro Preto.[9] O autor apresenta comentário sobre a exposição de pinturas de Belmiro

---

[7] MELLO FRANCO, Affonso Arinos, 1961, p. 270- 271.
[8] MELLO FRANCO, Affonso Arinos, 1937, p. 11.
[9] MELLO FRANCO, Arminio, 19 set. 1894, p. 5.

de Almeida[10] – um conjunto formado por vinte e sete telas –, aberta no dia 14 daquele mês, em uma das salas da Escola Nacional de Belas Artes do Rio de Janeiro. Trata-se de um texto que permaneceu esquecido nos arquivos da imprensa mineira.

A leitura do artigo de Mello Franco nos coloca em meio a um acontecimento histórico das artes brasileiras. Diante das apreciações do autor, compreende-se um pouco mais como foram recebidas no Rio de Janeiro as telas inovadoras de Belmiro, assim consideradas, que integraram a apresentação pública. Logo as linhas iniciais informam ter havido significativa movimentação em torno do evento, já de resto aguardado com expectativa. Perante a expressiva coleção, há que se destacar a maneira espontânea com a qual Mello Franco deixou clara sua opinião certeira:

> Belmiro de Almeida denunciou-nos o quanto elle sabe comprehender a natureza no que ella tem de verdadeiramente esthetico, revelou-nos toda a pujança do seu talento creador, nesses quadros feitos pelos processos mais difficeis da arte, essa nova pintura que tem feito a sua irrupção triunphalmente pelos dominios da arte academica, avassalando-a; mostrou-nos com elles o quanto elle é capaz de vencer.

Reconheça-se aquele momento como de transição, quando se almejava a sequência das reformas do ensino no âmbito da transformada Escola Nacional de Belas Artes. Os termos empregados nesse trecho do artigo motivam algumas indagações sobre o real significado da mencionada "irrupção" da nova pintura "pelos dominios da arte academica". Ainda, caberá investigar quais as influências e implicações daquela atuação de Belmiro, tão de pronto assimilada pelo articulista mineiro.

Na análise feita por Arminio, o pintor Puvis de Chavannes, por sua produção marcante, é lembrado como referência. O médico e professor francês Henri-Étienne Beaunis aparece citado por reconhecidos trabalhos científicos baseados em investigações no campo da apreciação estética e do conhecimento das sensações internas do espectador da arte.

A despeito da brevidade do texto jornalístico e, como consequência, de certa simplicidade em algumas abordagens, tem-se como ponto

---

[10] Belmiro Barbosa de Almeida Junior (Serro, MG, 1858 – Paris, França, 1935).

positivo a admiração do jovem Arminio pela pintura de Belmiro: "[...] sentimos com o artista, vemos a natureza reproduzida alli em toda a sua verdade, parece-nos que não se póde apanhar a vida, transportando-a para a téla de um modo differente daquelle". Observa-se aqui, bem definido, o entusiasmo de Arminio pelo modo com o qual o pintor se lançou naquelas obras recentes, concebidas durante sua estada na Itália.

Tendo em vista esses comentários, é oportuno lembrar que o historiador da arte José Maria dos Reis Júnior, ao referir-se ao conjunto de obras mostrado pelo artista no Rio de Janeiro, naquele ano de 1894, manifestou estranheza, ao constatar uma nula reação por parte do público e, sobremodo, pelo silêncio reinante entre os conceituados críticos de arte da época, denotando indiferença frente à novidade da pintura que se exibia:

> Quando regressou [da Europa] em 1887 trouxera-nos a lição do realismo com "Arrufos"; agora, em 1893, trazia-nos a técnica pontilhista. Assim, o Brasil tomava conhecimento dessa inovação quase simultaneamente com seu aparecimento na França, pois em 1894 exibia na Exposição Geral de Belas Artes pinturas realizadas nessa técnica. [...]
> Esse conjunto de obras, exemplares pela segurança da execução, do qual constava "Efeitos de Sol", pelo ineditismo da mensagem deveria ter causado alvoroço. Entretanto, tal não se deu. [...] Surpreende-nos, sim, causa-nos estranheza, o silêncio de Angelo Agostini e de Luiz Gonzaga Duque Estrada, sempre tão zelosos em registrar os nossos eventos artísticos.[11]

Em seu estudo, deve-se frisar, Reis Júnior não se referiu diretamente à Exposição de Belmiro do dia 14 de setembro, com as vinte e sete telas, noticiada por Mello Franco, e sim às obras do pintor que se tornaram conhecidas a partir da Exposição Geral de Belas Artes daquele ano.

A Exposição Geral de 1894 foi inaugurada a 1º de outubro – logo a seguir, portanto, à mostra de Belmiro. Nela figuraram nove quadros de Belmiro, números 34 a 42, conforme exemplar do catálogo consultado. Na sequência: nº 34 *Tagarella*, (propriedade da Escola); nº 35 *Bom Tempo*, (propriedade da Escola); nº 36 *Vendedora de phosphoros, costume Italiano*; nº 37 *Nuvens*, (propriedade do Exmo. Sr. Dr. Ferreira de Araujo); nº 38

[11] REIS JÚNIOR, 1984, p. 35-36.

Vaso com flôres, (propriedade da Escola); nº 39 *Depois da Patrôa, eu!*; nº 40 *Retrato de Mme. A.*; nº 41 *Effeito de sol*; nº 42 *Cabeça de Contadina*.[12]

Algumas dessas nove obras encontram-se hoje no acervo do Museu Nacional de Belas Artes do Rio de Janeiro: *Tagarella, Bom Tempo, Vaso com flôres* – que já se viam indicadas no Catálogo da Exposição Geral como de propriedade da Escola –, e, ainda, *Effeito de sol*. Manteve-se, assim, no Museu, parcial unidade na coleção. A tela *Vendedora de phosphoros, costume italiano* integra coleção privada. *Nuvens*, que pertencera ao jornalista Ferreira de Araújo, constou em recente Catálogo da Bolsa de Arte do Rio de Janeiro, Leilão de agosto de 2008, lote nº 127, com o título *Idílio* [*Figura 9*]. Essas seis obras receberam comentários de Mello Franco. Outras duas telas mencionadas em seu artigo não integraram a Exposição Geral: *Cabeça de ciociaro* e *Dia infeliz*.

Por meio da crônica "Noticias Artisticas", o jovem correspondente, como observador privilegiado, trouxe aos leitores mineiros, naquele mês de setembro de 1894, a informação do último acontecimento das artes do Rio de Janeiro, vale dizer, da estreia da nova pintura de Belmiro de Almeida no país. Em primeira mão.

CORRESPONDENCIA

NOTICIAS ARTISTICAS
BELMIRO DE ALMEIDA

Rio, 15 de setembro.

A exposição do Belmiro, que devia ter-se aberto ha um mez, o que não se deu por motivo de desaccôrdo entre o artista e o director interino da Escola de Bellas-Artes,[13] inaugurou-se hontem em uma das salas dessa Escola.

Logo que foi annunciada no dia 13, tudo quanto havia de mais puro, de mais fino no mundo artistico e litterario do Rio, affluiu para vel-a, o que

---

[12] CATALOGO da Exposição Geral de Bellas Artes, 1894, p. 7-8.

[13] A desavença, às vésperas da exposição, que deveria ter acontecido no mês de agosto, deu-se entre o diretor interino da instituição, Rodolpho Amoêdo, e Belmiro, então professor interino na vaga de Pedro Weingärtner, na aula de Desenho figurado da Escola Nacional de Belas Artes.

é para o Belmiro uma prova do bom conceito e da sympathia de que elle gosa e da anciedade com que era esperada a sua exposição.

São 27 esplendidas télas, todas executadas em Roma de 1892 a 1893, dispostas com arte, com sentimento, na sala artisticamente ornada de ricas tapeçarias, 27 bonitos trabalhos, com os quaes mostrou-nos o Belmiro que todas as esperanças que promettia o seu bello talento, já conhecido, não eram vãs, que elle era realmente um artista.

Com effeito, diante daquelas 27 télas, deante, por exemplo, daquelle *Effeito do sol* – uma bonita figura de contadina, de um desenho correctissimo, admiravelmente pousada numa paizagem serena, muito placida, opulentamente banhada de um sol de estio, vibrante, que beija lascivamente a sua face sadia, muito corada, sente-se um bem estar, uma impressão agradavel que só dá um quadro verdadeiramente bom.

Impressionaram-nos tambem dois outros quadros deliciosos – *Bom tempo* e *Nuvens*, este que foi adquirido pelo dr. Ferreira de Araújo, e aquelle pela Escola de Belas Artes.

Bom tempo e *Nuvens* são dois capitulos admiravelmente trabalhados de um mesmo romance muito simples: – o primeiro, em um jardim, em plena luz de um bello dia de sol, sentada á beira de um tanque uma graciosa camponezinha italiana sorri, enquanto seu namorado, o pastor, – um bello rapagão, que ella vira aproximar-se surrateiramente, sem que, por malicia, deixasse-lhe ver que o percebera, com um raminho faz-lhe cocegas titilando-a na nuca, fazendo-a rir de goso, voluptuosamente; o segundo – *Nuvens* – a mesma paizagem, mas na penumbra de uma manhã hibernal, nevoenta; o pastor assenta-se no segundo plano, á borda do mesmo tanque, meditativamente, olhando despeitado para a camponezinha que passeia arrufada, sem querer olhal-o, fazendo o seu *tricot*, affectando uns ares de indifferença, com que quer feril-o no coração de amante.

Estes dous quadros, no estylo de Puvis de Chavannes, feitos só de nuanças, dão-nos uma impressão de calma, de frescura, trabalhados com um perfeito apuro de observação e de sentimento e com uma correcção de linhas admiravel, com um esmerado estudo da distribuição de luz, do claro escuro, difficilimo naquelle genero.

Diz Beaunis, em seu livro sobre as sensações internas que um espectador que tenha verdadeiro sentimento artistico, quando se acha deante de um quadro ou de uma estatua não se contenta de examinal-o com um olhar imovel; não se contenta de receber nos olhos a simples *silhouette* dessa estatua ou a impressão em massa desse quadro; seus olhos seguem as curvas do corpo, as inflexões dos membros, o contorno do desenho, a cabeça inclina-se, levanta-se, abaixa-se, fazendo a cada instante variar o ponto de vista; suas mãos mesmo desenharam o contorno que o seduz;

refazemos por assim dizer essa estatua ou esse quadro, vasando nelle alguma cousa de nós mesmos, animando-o com o nosso sentimento e admirando-o cada vez mais ainda.[14]

É essa a sensação que se tem deante dessas duas télas magnificas, profundamente suggestivas; deante dellas sentimos com o artista, vemos a natureza reproduzida alli em toda a sua verdade, parece-nos que não se póde apanhar a vida, transportando-a para a téla de um modo differente daquelle.

Belmiro de Almeida denunciou-nos o quanto elle sabe comprehender a natureza no que ella tem de verdadeiramente esthetico, revelou-nos toda a pujança do seu talento creador, nesses quadros feitos pelos processos mais difficeis da arte, essa nova pintura que tem feito a sua irrupção triumphalmente pelos dominios da arte academica, avassalando-a; mostrou-nos com elles o quanto elle é capaz de vencer.

Agradam-nos tambem pelo modo por que são executados o *Vaso com flores*, a *Vendedora de phosphoros* (costume italiano), a *Tagarella*, a *Cabeça de Ciociaro*, uma bellissima cabeça de homem, dessa bella raça italiana, muito expressiva, tratada com muito esmero e com um estudo perfeito –, o *Dia infeliz*, um quadrinho poetico, muito suggestivo.

Agora tenho o orgulho de dizer que Belmiro de Almeida é mineiro, e mineiro genuino; sentindo que não houvesse ainda em nenhum ponto do vasto territorio de Minas um só trabalho seu.

Arminio de Mello Franco[15]

---

[14] BEAUNIS, 1889. Na época da publicação de *Les sensation internes*, H. Beaunis era professor de fisiologia na Faculdade de Medicina de Nancy e diretor do laboratório de psicologia fisiológica na Sorbonne (Hautes-Études). Os comentários de Arminio de Mello Franco estão baseados no parágrafo original seguinte, às páginas 140-141: "Quand on est devant une statue ou un groupe, on ne se contente pas de l'examiner d'un oeil immobile; on ne se contente pas de recevoir dans l'oeil la simple silhouette de cette statue ou de ce groupe, et pour s'en assurer, il n'y a qu'à regarder le premier amateur venu, je ne parle pas du spectateur banal qui jette un coup d'oeil et qui passe, mais du véritable connaisseur. Celui-ci ne reste pour ainsi dire pas un moment en place; ses yeux 'suivent' les courbes du corps, les inflexions des membres; la tête s'incline, s'élève, s'abaisse, faisant à chaque instant varier le point de vue; ses mains même dessineront dans l'espace le contour qui le séduit; c'est qu'en effet nous associons à la vue les sensations musculaires; nous ajoutons à l'élément visuel purement passif, l'élément actif, musculaire, qui nous appartiens, qui vient de nous-mêmes; nous refaisons pour ainsi dire cette statue, nous y mettons quelque chose de nous, nous animons ce marbre inerte et froid et nous l'en admirons davantage."

[15] MELLO FRANCO, Arminio, 19 set. 1894, p. 5.

Belmiro de Almeida em Minas Gerais

Ao concluir o artigo, lamentou Arminio de Mello Franco, com razão, não haver em Minas Gerais um só trabalho de Belmiro de Almeida. De fato, o pintor, nascido em 1858 na cidade do Serro, província de Minas, manteve, ao longo da vida, uma relação muito discreta com o meio artístico do estado natal. O que se nota em sua trajetória profissional são os constantes deslocamentos entre o Rio de Janeiro, onde estudou na Academia Imperial das Bellas Artes e se fez artista, e Paris, cidade na qual viveu e trabalhou por muitos anos e onde faleceu, em 1935. Diante dessa constatação, é de interesse relacionar, nestas breves notas, alguns trabalhos de autoria do pintor serrano que se referenciam, de forma direta ou mesmo indiretamente, a Minas Gerais.

Um dos trabalhos de Belmiro que se pode destacar, primeiramente, é seu conhecido *Autorretrato*, datado de 1883, óleo sobre tela, 60 x 48 cm. Consta na tela uma inscrição, localizada no lado superior direito, que a situa em Três Pontas, cidade sul-mineira, encimada pela dedicatória à sua mãe, senhora Palmyra de Almeida: "Á minha Mãi,/ Cidade de Tres Pontas (Minas Geraes)/ Janeiro 26, 1883./ Belmiro."

Ao realizar esse expressivo e bem realizado autorretrato, tinha o pintor idade de 24 anos. A pintura demonstra sua capacidade artística e excepcional domínio técnico, desvelando já o colorista inventivo e o desenhista perfeito que o caracterizaram. O quadro integrou a Coleção Gilberto Chateaubriand Bandeira de Melo, tendo sido objeto de doação feita pelo colecionador ao Museu Nacional de Belas Artes do Rio de Janeiro, em 1992, instituição que abriga conjunto significativo da sua produção.

Outro trabalho que merece destaque encontra-se vinculado a um artigo jornalístico do poeta Olavo Bilac. Trata-se de um texto, datado de 4 de janeiro de 1894, enviado de Ouro Preto para a *Gazeta de Noticias*, no Rio de Janeiro e logo publicado, em 10 de janeiro,[16] no qual o autor descreve com detalhes a estátua *Tiradentes*, que seria inaugurada logo a seguir, na data simbólica de 21 de abril, na praça da Independência, na capital mineira. O texto, redigido por um Olavo Bilac entusiasmado, apresenta sua apreciação estética da escultura.

---

[16] BILAC, 10 jan. 1894, p. 1.

Dá-lhe destaque, na primeira página da *Gazeta*, uma ilustração em zincografia de autoria de Belmiro de Almeida [*Figura 10*]. O desenho foi elaborado a partir de croqui da obra, realizado pelo próprio autor da escultura, o italiano Virgilio Cestari, e de uma fotografia da estátua do mártir, material reunido e remetido criteriosamente pelo jornalista Olavo Bilac para o Rio de Janeiro. Vale comentar, ainda, que, após amargar um mês sem circulação, por motivos políticos, a *Gazeta de Noticias* voltava a ser editada naqueles dias, oportunidade na qual se apresentava renovada graficamente. Com as alterações de composição, Belmiro ficou responsável, exatamente, pelas ilustrações a serem veiculadas na primeira página, utilizando-se do processo de zincografia. As impressões gráficas eram então realizadas em prelo rotativo, o que possibilitava a produção de milhares de exemplares em tempo reduzido. Ferreira de Araújo, Eça de Queiroz, Machado de Assis, Alfredo Camarate e Olavo Bilac, entre tantos outros nomes, assinavam artigos e matérias na *Gazeta* carioca.

Mais um detalhe será de interesse comentar: o quadro de Belmiro de Almeida, *Nuvens*, 1891, óleo sobre tela, 130 x 85 cm, exposto na Academia Imperial das Bellas Artes em 1894, conforme fez constar Arminio de Mello Franco em seu artigo, passou a figurar na coleção de Ferreira de Araújo, jornalista proprietário da *Gazeta de Notícias*, o que bem exemplifica as relações entre eles.

Em 1894, atendendo a uma encomenda da Câmara Municipal de Campanha, Belmiro pintou o retrato do Marechal Floriano Peixoto. A data escolhida pela Municipalidade para a solenidade de sua inauguração foi a da comemoração nacional de 13 de maio, tendo o quadro sido colocado na sala de sessões da Câmara. Residindo no Brasil, era imperioso cumprir compromissos como este: o artista mantinha-se ativo profissionalmente e garantia remuneração.

Em 17 de setembro de 1897, praticamente às vésperas da transferência oficial da capital do estado, Ouro Preto recebeu a exposição de uma tela de Belmiro de Almeida. Tratava-se de uma pintura realizada em Paris, intitulada *Má Noticia*, em 1897 [*Figura 11*], de inspiração bem próxima ao realismo da conhecida *Arrufos*, 1887, obra celebrada pelo crítico Gonzaga Duque e recebida com efusivos aplausos quando da sua primeira exposição na casa L. de Wilde, no Rio de Janeiro.

Inaugurada a mostra em Ouro Preto, *Má Noticia* permaneceu exposta até o dia 10 de outubro, no salão do Lyceu de Artes e Officios de Ouro Preto, tendo causado muita repercussão, considerando-se as opiniões críticas que em torno dela se fizeram e a frequência do público que a visitou:

> Conforme havíamos previsto, affluiram, hontem, ao salão do Lyceu de Artes e Officios, numerosos representantes das mais distinctas classes da sociedade ouropretana, attrahidos todos pela exposição alli organizada pelo laureado pintor, sr. Belmiro de Almeida, cujo elevado merecimento artístico já se sabia consagrado definitivamente pela critica auctorizada e competente.
> O referido salão tornou-se, pois, durante o dia, o ponto convergência de quantos, interessando-se por questões de arte, haviam sido informados de que lhes seria proporcionada a deliciosa contemplação de um d'esses trabalhos de mestre, opulentos de expressão e de verdade, ante os quaes permanecemos durante horas, encontrando bellezas novas, descobrindo meticulosidades de acessórios, examinando-os, emfim, com olhos de exigente e severo analysta.[17]

A exposição era constituída apenas pela tela *Má Noticia* e por um croqui, tendo este por motivo um episódio da história do Brasil. Diante do sucesso obtido, e dando segmento aos entendimentos que provavelmente vinha mantendo na capital mineira, Belmiro de Almeida redigiu, em 30 de setembro, uma longa carta aberta, veiculada na imprensa, matéria intitulada *Pela Arte em Minas*, dirigida diretamente ao presidente Chrispim Jacques Bias Fortes, na qual argumentava ser dever do Estado zelar pelo desenvolvimento das artes em Minas Gerais.[18] De maneira franca, oferecia seus serviços de artista profissional e clamava para si, afinal, um filho de Minas, maior proteção das instituições governamentais. De fato, percebe-se terem surtido efeito seus argumentos: em 14 de outubro, a tela *Má Noticia* foi adquirida pelo governo estadual, por 10:000$000. Na sequência, o quadro foi transportado para a cidade de Minas, a nova capital que se inaugurava em 12 de dezembro, e então instalado no Palácio Presidencial.[19]

Na recém-inaugurada capital mineira, no salão nobre da Secretaria do Interior, situada na praça da Liberdade, passou a figurar também

---

[17] MINAS GERAES, p. 6, 18 set. 1897.
[18] ALMEIDA, 30 set. 1897, p. 2-3.
[19] A tela integra hoje o acervo do Museu Mineiro.

outra obra de Belmiro de Almeida, ofertada pelo artista ao governo de Minas, em dezembro de 1897, intitulada *Apoteose* [ou *Aurora*] *de 15 de Novembro*. O escritor e jornalista Arthur Azevedo, na oportunidade de sua primeira visita à capital mineira, em 1901, ao se referir a esta obra, e também à tela *Má Notícia,* que acabava de conhecer exposta no Palácio, considerou-as, em uma de suas crônicas jornalísticas da série "Passeio a Minas", muito pouco representativas, em confrontação com a alta qualidade da produção artística do pintor serrano, assim se expressando: "Nem essa tela [*Má Notícia*], nem a *Aurora de 15 de Novembro*, [...] dão em Belo Horizonte uma ideia exata do incontestável talento de Belmiro."[20]

Em setembro de 1899, Belmiro de Almeida chega à cidade de Minas, onde expõe no edifício do Senado a tela intitulada *Os descobridores*. Em 9 de novembro, com a presença do presidente Silviano Brandão, expõe esboço do quadro que tinha como projeto executar, *Affonso Ribeyro*, abordando uma passagem literária da carta de Pero Vaz de Caminha.

Pertence ao acervo do Museu Mariano Procópio, Juiz de Fora, o quadro *Amuada*, *circa* 1905-1906, óleo sobre madeira, 41x33 cm. A obra participou da Exposição Geral de Belas Artes do Rio de Janeiro de 1906. O trabalho, de pequenas dimensões, leve, contido, silencioso, é executado de forma minuciosa pelo pintor. Individualizadas em múltiplos toques de pincel, as cores tênues favorecem toda a composição.

Em abril de 1909, o presidente de Minas Gerais Wenceslau Braz inaugurou, em festiva solenidade, a tela de Belmiro de Almeida intitulada *Barbara Heliodora*, estabelecida no *plafond* do salão nobre do Palácio Presidencial, ambiente ornado por trabalhos de Frederico Steckel. A obra, que fora encomendada a Belmiro bem anteriormente, ainda pelo governo de Silviano Brandão, período entre 1898 a 1902, introduzia no interior palaciano forte apelo à memória de um episódio histórico de Minas. Conforme descrito à época, representava uma cena na qual a esposa do inconfidente Alvarenga Peixoto, isolada em seu retiro no sul de Minas, encontrava-se abatida pela imensa saudade que terminaria por levá-la à loucura. Comentário de Nelson de Senna sobre o trabalho de Belmiro indica que se achavam inscritos na tela os conhecidos versos, em oitava rimada, do poeta Alvarenga, "Barbara bella,/ Do norte estrella,/ Que o

---

[20] AZEVEDO, 1982, p. 192.

meo destino/ Sabes guiar; [...]", consagrados à esposa.[21] Com o passar do tempo, em 1925, a obra de Belmiro de Almeida viu-se destruída, sendo então substituída pela pintura alegórica de Antonio Parreiras.

Datado de abril de 1909, o pequeníssimo *Retrato de Antonio Augusto de Lima*, óleo sobre madeira, 21 x 13 cm, acha-se dedicado por Belmiro ao retratado. Encontra-se hoje na coleção de Luiz Octávio Augusto de Lima, residente em São Paulo, e está reproduzido na *Revista do Arquivo Público Mineiro*.[22] É provável que seja esse o quadro que, por ocasião da inauguração da tela *Barbara Heliodora* no Palácio Presidencial – ato presenciado por Augusto de Lima –, esteve em exposição na Casa Colombo na capital. Por um lapso, foi atribuída sua autoria ao pintor Alberto Delpino, um engano que foi logo desfeito.

Referências

AZEVEDO, Arthur. Passeio a Minas. *Revista do Arquivo Público Mineiro*, Belo Horizonte, anno XXXIII, p. 179-211, 1982.

ALMEIDA, Belmiro de. Pela Arte em Minas. *Minas Geraes*, Ouro Preto, p. 2-3, 30 set. 1897.

BEAUNIS, Henri-Étienne. *Les sensations internes*. Bibliothèque Scientifique Internationale, v. LXVII. Publiée sous la direction de M. Émile Alglave. Paris: Félix Alcan, 1889.

BILAC, Olavo. A estátua de Tiradentes em Ouro Preto. *Gazeta de Noticias,* Rio de Janeiro, p. 1, 10 jan. 1894.

CAMARATE, Alfredo. Arminio de Mello Franco. De como e perde um genio. Collaboração. *Minas Geraes,* Ouro Preto, p. 1-2, 4 fev. 1894.

CATALOGO da Exposição Geral de Bellas Artes, 1894. Rio de Janeiro: Escola Nacional de Bellas Artes, 1894.

MELLO FRANCO, Arminio de. Noticias Artisticas – Belmiro de Almeida. Correspondencia. *Minas Geraes,* Ouro Preto, p. 5, 19 set. 1894.

MELLO FRANCO, Arminio de. Tiahuanacu. *Kósmos, revista artística, scientifica e litteraria*, Rio de Janeiro, anno V, n. 4, 1908a.

MELLO FRANCO, Arminio de. Um mysterioso Mediterraneo da America. *Kósmos, revista artística, scientifica e litteraria*, Rio de Janeiro, anno V, n. 11, 1908b.

---

[21] SENNA, 1911, p. 364.
[22] REVISTA DO ARQUIVO PÚBLICO MINEIRO, p. 64, jan./jul. 2007.

MELLO FRANCO, Affonso Arinos de. *Roteiro Lyrico de Ouro Preto*. Rio de Janeiro: Sociedade Felippe D'Oliveira, 1937.

MELLO FRANCO, Affonso Arinos de. *Um estadista da República*: Afrânio de Melo Franco e seu tempo. Rio de Janeiro: Livraria José Olympio Editora, 1955. v. 1: Fase provincial.

MELLO FRANCO, Affonso Arinos de. *A alma do tempo*: memórias (formação e mocidade). Rio de Janeiro: Livraria José Olympio, 1961.

MINAS GERAES. Ouro Preto, p. 6, 18 set. 1897.

REIS JÚNIOR, José Maria dos. *Belmiro de Almeida (1858-1935)*. Rio de Janeiro: Pinakotheke, 1984.

REVISTA DO ARQUIVO PÚBLICO MINEIRO. Belo Horizonte, ano XLIII, n. 1, jan./jul. 2007.

SENNA, Nelson de. *Annuario de Minas Geraes*, Bello Horizonte, anno IV, 1911.

Em defesa do patrimônio artístico de Ouro Preto: lembrando as ações do pintor Honorio Esteves

Introdução

Nos estudos sobre arte brasileira datados de meados do século XX em diante, encontra-se comumente estabelecido que o interesse de artistas e historiadores pela arte de Minas Gerais do período colonial deu-se a partir das viagens realizadas por intelectuais paulistas a diversas cidades históricas do estado, na década de 1920, com destaque para a presença orientadora do escritor Mário de Andrade, entre aqueles que integraram a chamada *caravana*. Ao longo dos anos que se sucederam, nos desdobramentos do movimento modernista, é certo que surgiram investigações históricas e análises interpretativas abrangentes sobre a produção artística setecentista da região das minas. Efetivaram-se, outrossim, já no contexto político do Estado Novo, as necessárias e urgentes medidas legais de preservação daquele acervo.

Contudo, pouco espaço foi destinado, em meio à numerosa abordagem, para leitura de matérias literárias e para apreciação de obras de arte produzidas por outros visitantes que, com o mesmo propósito de conhecimento, estiveram em Minas Gerais, ainda nos derradeiros anos do século XIX e logo nas primeiras décadas do século XX.[1] Cabe

---

[1] Há historiadores vinculados ao pensamento do movimento modernista brasileiro que ignoram qualquer abordagem de artistas e intelectuais do final do século XIX em relação à arte do período colonial mineiro. Outros autores reconhecem a mencionada aproximação, mas negam sua relevância. Alguns, ainda, tornam extremadas suas opiniões e adotam a postura de rejeitar quaisquer manifestações e textos produzidos no período final do século XIX e início do XX, como se percebe no seguinte trecho extraído de um ensaio do historiador Francisco Iglésias: "O modernismo foi mais construtor que destruidor [...]. De

mencionar que, no curso dos anos 1890, a cidade de Ouro Preto recebeu, entre outros, os pintores Francisco Aurelio de Figueiredo (1893 e 1894); Emilio Rouède (1893 e 1894); Henrique Bernardelli (1898); o jornalista Alfredo Camarate (1893 e 1894); o escritor Coelho Netto (1893); o poeta Olavo Bilac (nos últimos meses de 1893 até início de 1894). Ao lado destes, atuando na mesma época, encontravam-se os nomes locais do escritor Affonso Arinos, natural de Paracatu de Minas; dos historiadores Diogo de Vasconcellos, nascido em Mariana, e José Pedro Xavier da Veiga, nascido em Campanha, sul de Minas; e do artista ouro-pretano Honorio Esteves.[2] É necessário reconhecer que todos eles se viram tocados de maneira especial pelo extraordinário conjunto arquitetônico colonial, pela força da arte barroca e pela história da antiga Villa Rica, tendo deixado, cada um ao modo próprio, significativa manifestação.

Da larga carreira do pintor e educador Honorio Esteves, cumprida na virada dos séculos XIX e XX, recorta-se o assunto do presente texto: o tema da preservação e conservação do patrimônio artístico. Imbuído de um franco espírito público, demonstrando respeito aos artistas do passado e especial cuidado com sua cidade, o pintor colocou-se sempre atuante, de forma por vezes solitária, no sentido de estender proteção à arte setecentista mineira. Valendo-se de seus conhecimentos, obtidos nas classes curriculares da Academia Imperial das Belas Artes do Rio de Janeiro, procurou chamar a atenção dos cidadãos e dos governantes para a importância fundamental de se resguardar a integridade das igrejas e dos monumentos coloniais.

Três artigos de Honorio Esteves

Eram aqueles os primeiros anos de Honorio Esteves em Ouro Preto, após o longo período de estudos no Rio de Janeiro. Mantivera-se na Corte

---

fato, seus seguidores é que descobriram o passado artístico do país. O barroco mineiro, por exemplo, até então era desconsiderado, como o barroco no mundo (o reconhecimento de suas realizações é recente). Os modernistas é que visitaram Minas, como se viu com Mário antes de 1920 e depois, em 1924, com a caravana de escritores, como foram à Amazônia, ao Nordeste, ao Sul. Eles – Mário sobretudo – é que perceberam a riqueza artística do que se fizera no fim do século XVIII e fora visto como aberração ou excentricidade ao longo do século XIX; Bilac, que viveu forçado algum tempo em Ouro Preto, nada percebeu, passando indiferente ante igrejas e estátuas que não tinham forma clássica" (IGLÉSIAS, 2009, p. 238).

[2] Honorio Esteves do Sacramento (Arraial do Leite, MG, 1860 – Mariana, MG, 1933).

como beneficiário de uma pensão de responsabilidade da Província de Minas Gerais, com abrangência de quatro anos, estabelecida pela Lei nº 2.892, de 6 de novembro de 1882, concedida pelo presidente Antonio Gonçalves Chaves.[3] Integrou a última geração de estudantes da Academia Imperial das Belas Artes: aquela na qual figuraram Elyseu Visconti, João Baptista da Costa, Eduardo de Sá, Fiuza Guimarães e Rosalvo Ribeiro, entre outros.

No período em que permaneceu no Rio de Janeiro, entre 1883 e 1890, Honorio não se afastou inteiramente, todavia, dos assuntos da sua terra. Em algumas épocas do ano, quando pôde estar por temporadas em Ouro Preto, lecionou desenho no Lyceu de Artes e Officios. Deve-se à sua criação o desenho do tapa-vento da Igreja Matriz de Nossa Senhora da Conceição de Antonio Dias. A instalação desse portal finalizou-se em 1885, tendo o trabalho de execução ficado a cargo do atuante entalhador e marceneiro Miguel Antonio Tregellas, oficial responsável por muitas obras na cidade, diretor e um dos fundadores do Lyceu.

Em dezembro de 1887, ao lado do colega João Caetano, Honorio lançou no Rio de Janeiro a revista ilustrada intitulada *O Itacolomy*, publicação que se definia como "caricata e litteraria", tendo como proposta manter uma frequência quinzenal.[4] O número inaugural estampou em primeira página um desenho de sua autoria retratando o influente religioso e político provincial, conselheiro cônego Joaquim José de Sant'Anna, cujo jubileu sacerdotal dera-se em 30 de novembro de 1887, um feito comemorado por meio de solenÍssima cerimônia que mobilizou toda a população de Ouro Preto. O segundo número da revista trouxe na primeira página o retrato do conselheiro Affonso Celso.

Somente em março de 1890, logo após, portanto, à instalação da República, Honorio Esteves voltou a residir em Ouro Preto, junto aos familiares, onde passaria a maior parte da vida. Em fevereiro do ano seguinte, foi nomeado professor de Desenho da Escola Normal, dirigida por Thomaz Brandão. Manteve ateliê de pintura de retratos a óleo, situado

---

[3] Dados constantes nos documentos do Acervo arquivístico do Museu D. João VI EBA / UFRJ; Notação 4219: Carta do presidente Antonio Gonçalves Chaves dirigida ao diretor da AIBA, Antonio Nicoláo Tolentino, 16 ago. 1883; Notação 4270: Requerimento de Honorio Esteves do Sacramento, 12 nov. 1887.

[4] O ITACOLOMY, 1887.

à rua do Tiradentes nº 28, alcançando produção considerável. Conquista notoriedade em face dessa especialização e executa *portraits* dos primeiros presidentes de Minas Gerais, Cesario Alvim, Affonso Penna, Chrispim Jacques Bias Fortes e Silviano Brandão – telas que passam a compor o acervo do Palácio. O pintor retrata também inúmeras pessoas da sociedade ouro-pretana, como o cônego Sant'Anna, o coronel Amaro Francisco de Moura, o comandante geral da Brigada Policial do Estado coronel Felippe de Mello, o comendador Mattos Gonçalves, o historiador e político José Pedro Xavier da Veiga (retrato póstumo datado de 1903), o deputado e secretário de governo Henrique Diniz, as irmãs Violeta de Mello Franco e Dália de Mello Franco, as senhoritas Ritinha Soares e Yaya Magalhães, e sua esposa, Leopoldina Esteves. Torna-se, igualmente, a partir dos anos 90, um reconhecido pintor de paisagem, elegendo como principais motivos aspectos da cidade de Ouro Preto, seus arrabaldes e outras regiões mineiras. Nesse gênero, merecem destaque as grandes vistas de cidades: *Panorama da freguezia de Antonio Dias*, 1893 – tela pertencente ao conselheiro Francisco de Paula Mayrink; *Panorama da cidade de Juiz de Fora*, 1907; e *Panorama de Ouro Preto*, de 1908 – tela oferecida, em 1909, ao presidente do Estado Julio Bueno Brandão.[5] Igualmente relevantes, podem ser mencionados: a série de quadros nos quais registrou aspectos do arraial de Bello Horizonte, datados de janeiro e fevereiro de 1894, e o quadro *Curtume de João Vidal em 1907*, ofertado aos reis da Bélgica por ocasião da visita ao Brasil, em 1920. Manteve certa regularidade em sua produção, marcada, em muitos exemplos, por uma fatura precisa e acabada. Atingindo, assim, um alto patamar de correção e qualidade técnica, a obra de Honorio Esteves consolida-se como a mais significativa expressão da pintura moderna de Minas Gerais.

Para lembrança das ações empreendidas pelo pintor em defesa do patrimônio artístico da sua cidade, serão reproduzidas e comentadas, a seguir, quatro matérias jornalísticas: três artigos de autoria de Honorio Esteves e uma crônica de Azeredo Netto.

O fato é que, em janeiro de 1895, movido por um sentimento de indignação, diante do que testemunhara ao visitar casualmente o interior da capela

---

[5] A tela *Panorama de Ouro Preto* integrou o acervo da Prefeitura Municipal de Belo Horizonte e posteriormente, em 10 de março de 1943, foi transferida para o Museu Histórico de Belo Horizonte, hoje Museu Histórico Abílio Barreto, em Belo Horizonte.

do Padre Faria, Honorio resolveu tomar uma atitude firme, consubstanciada em um artigo que redigiu e enviou ao jornal *Minas Geraes*. Desse modo, estabelecia Honorio um gesto pioneiro no ambiente cultural de Minas. Ao tornar pública sua opinião, por meio de uma crítica segura e abalizada, procurava incutir nos cidadãos a devida tomada de consciência e, afinal, estimular o respeito e a consideração para com o trabalho dos artistas do passado de Ouro Preto. Tendo como argumento a autoridade de seus conhecimentos profissionais, Honorio questionou diretamente aqueles que de maneira leviana tencionavam descaracterizar o acervo da capela. Complementará sua exposição, mantido o interesse especial pelas obras de pintura, mencionando cada uma das principais casas religiosas da cidade. Deixa entrever, nesse momento, em que estado de conservação se achavam, realizando assim uma espécie de inventário de desmazelos. Como bem expressaria mais tarde o jornalista Azeredo Netto: "Padre Faria [...] foi o campo de acção onde Honorio Esteves iniciou sua campanha em pról da perpetuidade dos inegualaveis legados que a cidade recebera de seus fundadores".

A seguir, a primeira manifestação de Honorio, o artigo intitulado "Padre Faria", publicado no jornal *Minas Geraes* a 22 de janeiro de 1895:

PADRE FARIA

Escreve-nos o sr. Honorio Esteves:
Na vespera do Natal, á tarde, passeiavamos pela estrada que se dirige a Marianna.

Quando chegamos em frente á ex-matriz erecta no pittoresco bairro que conserva o nome do – Padre Faria, seu antigo parocho, cuja sepultura acha-se no atrio da egreja sob uma grande cruz, de 3 braças de pedra, tendo na base inscripta a data da morte do velho vigario – 1754 ouvimos soar Ave Marias, ao mesmo tempo que das janellas da pequenina egreja sahia uma claridade viva, indicando que áquella hora ali se celebrava a festividade do Menino Deus.

A parte externa do templo nada tem de importante; é simples, constando apenas de tres telhados, sendo o maior o do corpo principal, o menor o da capella-mór, e um terceiro menor, do lado esquerdo, que é o da sacristia. [*Figura 12*]

Ninguém, ao vêr a singellesa do exterior, dirá que a parte interna constitue uma verdadeira obra prima, não só relativamente ás pinturas, como á architectura e aos ornatos, todos talhados de madeira de cedro.

Ao entrar-se pela porta principal recebe-se a impressão de quem penetra numa gruta, em cujo fundo encontra-se três altares esculpidos em rocha de ouro do melhor quilate,⁶ cercados de quatro ricos paineis, já ennegrecidos pelo fumo das luzes, que ha duzentos annos ali brilham.⁷ [*Figura 13*]

As pinturas, entre aquele ouro, dão-nos a illusão do oxido e do limo de riquissima gruta.

Ao entrarmos, avistámos um homem em constante movimento. Observámos também que no centro da nave elevava-se até o tecto uma armação de páos a pique, ora pregados, ora amarrados com cipós, tomando todo o espaço entre as quatro paredes.

Áquelle homem, que é o sr. José de Paula, um dos mezarios actuaes e dos mais zelosos talvez, indaguei qual a utilidade de um andaime tão alto.

É para olear-se de branco o tecto e a cimalha, respondeu-me elle.

E accrescentou:

Sim senhor, está muito suja!...

O sr. não está vendo que aquella pintura já não é pintura nem coisa que com isso se pareça?

Lamentavel selvageria!

O tecto grande, realmente, estava estragado, não pela má qualidade de tintas applicadas á cóla, mas pelo desleixo de quem trata da egreja, deixando a agua das chuvas penetrar pelas frinchas do tecto durante muitas dezenas de annos, dando isso logar a que se formassem debaixo das pinturas manchas de uma combinação de agua e poeira, e em certos logares descobrindo a madeira e oxidando os pregos.

Ainda assim, comprehende-se perfeitamente o que está representado na pintura carcomida.

Vê-se ainda como são lindissimas a concepção e execução do desenho e a belleza das tintas!

Na capella-mór ha quatro paineis que, apesar de ennegrecidos, ainda revelam a correcção do desenho e do colorido!

No tecto da mesma capella attrahe egualmente a attenção, o gosto que denota a fórma abaulada em que o pintor executou balaustradas e platibandas ornadas com figuras de expressões naturais. [*Figura 14*]

---

⁶ Em 1911, Diogo de Vasconcellos (1934, p. 25) escolheria palavras bem semelhantes para descrever o altar-mor da capela: "Não é mentira dizer que o altar-mor desta Capela é a jóia mais rica da cidade, para não me levarem em conta do exagerado compará-lo á uma chapa de ouro aberta por anjos em maravilhas de talha".

⁷ No estudo já referido, Diogo de Vasconcellos (1934, p. 27) menciona os quatro painéis, lamentando o estado de conservação: "Estes painéis em número de quatro representam os episódios capitais da vida jubilosa da Virgem [...]. Lástima é que tão mal tratados se achem esses quatro mimos artísticos [...]".

Ao redor dos paineis existem muitos arabescos e algumas paizagens sacras, cuja beleza primorosa só o olhar affeito á contemplação de cousas artisticas pode bem apreciar.

O altar-mór entalhado é de uma architectura de ordem corinthia combinada com outras de ordens descendentes; mas que combinação e que harmonia![8]

O interior do throno, de baixo relevo, os degráos de uma entalhadura excellente, enfim, os dois altares lateraes collocados em forma de cantaneira, são também admiraveis.

No tecto grande a que já alludimos, destaca-se, no centro, a *Ascenção de Nossa Senhora*, apresentando o desenho alguma correcção.

I

Ora, em vista desta exposição, aliás muito rapida, pergunto:
É justo que se retoquem estas pinturas? É justo que façam desapparecer os seculos que estão representados naquella pequenina capella?

II

Visto que todas as obras antigas vão sendo destruídas por mãos profanas, parece me que o governo ou a municipalidade deveria chamar a si a conservação dessas preciosas relíquias que encontram-se em quasi todas as egrejas desta velha Capital.

A Capella do Alto das Cabeças já foi retocada, isto é, estragada com os retoques dos quadros; o pincel ou antes "brocha" foi passada sem dó por cima dos dois quadros que representam a *Ceia e a Crucificação*.

Na egreja do Rosario acha-se tambem a pintura bem suja, mas vê-se que foi um trabalho provisorio; não foi terminada a pintura dos altares, ainda assim, não deixa de ter seu valor artistico os quatro paineis do tecto da sacristia.

A egreja de S. José nada offerece de antiguidade por ser deste seculo, a sua construcção.

Ainda assim ha ahi um béllo quadro – *o casamento de Nossa Senhora*, que está acima do côro e que foi retirado do tecto da capella-mór, sendo substituido por um estuque moderno...

Na matriz de Ouro Preto, tambem só resta o dourado das entalhaduras; todo *borrado* de tinta branca e amarella; com uma pequena raspadura, em

---

[8] Novamente compara-se a interpretação de Vasconcellos com a que foi estabelecida por Honorio Esteves no artigo de 1895. Comentou assim o historiador: "As colunas da ordem corintia com todo o aparato exigido em molduras, em ornatos, em mútulos, creio mesmo que apresentam nesta Capéla uma forma toda singular, devida ao valôr das dimensões estudadas no recinto" (p. 26).

qualquer ponto das tintas apparece logo um dourado brilhante e resistente por baixo; os paineis tambem foram retocados, é verdade; ainda assim percebe-se em alguns pontos o cunho primitivo do desenho e do colorido todos alpicado de tintas novas que não harmonisam de fórma alguma com o antigo.

Na capella do Carmo, á excepção da pintura do tecto da sacristia, pintura viva e com muitas incorreções, nada há de notável que possa nos transpor ao seculo de 1600.

O mesmo não se dá com a capella de S. Francisco de Assis, que tem uma bellissima pintura no grande tecto, onde a perspectiva domina em toda sua plenitude pelo gosto da ordem architectonica e dimensões tendo ao centro um grande quadro representando a Ascenção de Nossa Senhora.

É um trabalho que merece ser conservado tambem, apesar de que, já houve, não ha muito tempo, quem se propuzesse a caiar o tecto!!!

Os paineis da capella-mór são bem regulares.

É notável a architectura da egreja, é toda construida de pedra, comprehendida a abobada.

Exceptuando o altar, a pintura desta capella ainda poderá ser conservada, se não houver mãos profanas que ouse a retocal-a.

Na matriz de Antônio Dias?

Os paineis do campo grande são máus, não pela concepção, desenho e colorido, mas pelos retoques!...

A capella-mor já perdeu quanto possuia de antiguidade.

Na egreja de Santa Ephigenia resta apenas o trabalho de talha; a pintura e o dourado desapareceram quando, entretanto, remontavam a 1765.

Bem; onde poderemos encontrar uma obra que represente esta cidade no XVII seculo, a não ser na capellinha do Padre Faria, que parece ter sido respeitada até hoje, graças á Providencia Divina, sendo ella a primeira construída naquele tempo nas fraldas destas montanhas de Ouro Preto.

III

O sr. José de Paula, depois de dizer-lhe eu que realmente seria lamentavel a sua tentativa de olear de branco o tecto, e que era preferível com o dinheiro forrar de taboas o tecto da sacristia, pois que o retoque da pintura importaria em 3:000$000, e iria tirar-lhe todo o valor primitivo, replicou-me:

Tenho um parente que se propõe a retocar as pinturas por 150$000!

Que retoque!

E para que?[9]

---

[9] ESTEVES, 22 jan. 1895, p. 5.

Naquela mesma época, o pintor Emilio Rouède, residindo em Ouro Preto desde final de 1893, já propagava a importância da preservação e o senso de não interferência nas obras de arte das igrejas, fazendo-o por intermédio de notas críticas que publicava, no correr de 1894, no periódico *Le Brésil Républicain*. Em especial, breve trecho de um dos artigos da série "Correspondance de Ouro Preto", publicado a 2 de junho, foi traduzido e imediatamente veiculado nas páginas do *Minas Geraes*, a 6 de junho, com o título "A capella de S. João". Por meio de um comentário de Rouède, aliás, fica-se sabendo sobre a prática costumeira do furto de peças da arte sacra, tendo como destino coleções do Rio de Janeiro, já naquela época. Algumas crônicas de Rouède, aquelas que versavam especialmente sobre as origens históricas da arte em Minas Gerais, foram mais tarde traduzidas e publicadas no *Minas Geraes*, nos dias 10, 11, 12 e 13 de janeiro de 1895, sob o título geral "A Arte em Minas".[10] Essas datas antecedem, como se observa, em apenas alguns dias, a publicação o artigo de Honorio Esteves sobre a capela do Padre Faria, estampado no dia 22.

Houve, portanto, essa mobilização por parte dos dois artistas. Mas, poucos anos mais tarde, a partir da efetiva mudança da sede do governo estadual, a 12 de dezembro de 1897, Ouro Preto sofreria a dura realidade do esvaziamento populacional e de certa estagnação econômica, tendo em vista a forçosa transferência de órgãos públicos, funcionários, entidades e escritórios, para a nova capital. Agravou-se a situação, restou o descuido geral. Nessas circunstâncias, diante do esquecimento de todos das antigas tradições de Ouro Preto, Honorio se viu obrigado a intervir novamente, frente às atitudes por ele nomeadas como "atos de vandalismo", desta feita tendo como palco a igreja da Ordem Terceira de São Francisco de Assis. Recorreu o artista novamente à imprensa, fazendo publicar, a 27 de março de 1898, no mesmo jornal *Minas Geraes*, o artigo "Egreja de S. Francisco de Assis":

EGREJA DE S. FRANCISCO DE ASSIS

Em 1894, quando a digna administração da Capella do Padre Faria, sita no primeiro núcleo da povoação que se estabeleceu nesta cidade, tratava de proceder a limpeza da mesma capella, tive occasião de escrever

---

[10] Ver "Emilio Rouède: *Origine de l'art au pays de l'or*", neste livro.

um ligeiro artigo nesta folha, pugnando pela conservação dos trabalhos artísticos, que alli existem, ameaçados, então, pela brocha irreverente de indivíduos absolutamente destituidos de conhecimentos profissionais.

Tive a ventura de ser attendido, não se levando avante o sacrilégio, que estava premeditado.

Vejo-me de novo obrigado a tratar agora de assumpto identico, tendo, porém, a certeza de não obter o mesmo resultado, visto que se acham quasi terminados os trabalhos, que chamaram a minha attenção.

Este artigo não passará, pois, de um protesto ante um facto consumado, podendo apenas servir para evitar que se reproduzam em outros logares os graves inconvenientes que o determinaram.

Refiro-me aos trabalhos de *limpeza*, que estão sendo feitos na egreja de S. Francisco de Assis, a cuja mesa administrativa peço desculpas pelas observações que passo a externar, devidas ao zelo e ao interesse com que sou obrigado a velar pelo respeito ás artes da pintura e da esculptura, a primeira das quais constitue a minha profissão.

Estou certo de que a digna mesa administrativa está animada dos melhores intuitos, em relação ao magestoso templo confiado á sua guarda, sendo para lamentar que circumstancias de ordem economica a tenham obrigado a contractar com incompetentes um serviço, que deveria ser feito sob a direcção de um profissional idoneo.

Nas condições, porém, em que está sendo feito o serviço, só os indiferentes em matéria de arte não se sentirão indignados contra os actos de vandalismo que têm sido praticados, destruindo-se trabalhos artisticos que deveriam ser respeitados e conservados como verdadeiras reliquias.

O referido templo necessitava de uma limpeza, tanto interna quanto externamente, mas limpeza intelligentemente feita, que não atacasse os bellissimos trabalhos alli existentes, mascarando-os com camadas de cal e de tintas feias e grosseiras.

Para que os leitores reconheçam a justiça e a verdade do que acima fica dito, passo a dar-lhes uma informação sobre o estado em que se acha o abominavel serviço de *limpeza*.

As cupolas das torres estão oleadas de azul claro, tendo sido pintadas de cinzento escuro as respectivas settas de cantaria!

Não teria sido melhor conservar-se a côr natural da pedra, ainda mesmo ennegrecida pelo tempo, limitando-se a passar uma camada de cal branca no reboco da parte de alvenaria?

Os irreverentes *limpadores* ignoram, de certo, que o sol e as chuvas destroem em pouco tempo a liga do oleo, que apenas serve de vehiculo á tinta, não se podendo distinguir, no fim de alguns annos, si o trabalho foi feito a cal ou a oleo.

A caiação, ao contrario, é mais duradora e mais propria, sendo o azulejo o único que serve para cupolas de torres, por conter o vidro na superficie, sendo, portanto, de maior duração e tendo, além d'isso, a vantagem de evitar a infiltração das chuvas.

Fizessem esse trabalho, ainda mesmo com sacrifícios, que seriam compensados por sua duração e constante belleza.

Passemos adeante.

Abaixo do entablamento superior da fachada e em forma circular, medindo pelo menos 2 metros de diametro, existe um magnifico relevo executado, em pedra de sabão, pelo famoso Aleijadinho, que até hoje é citado por suas obras de talha em madeira e pedra, espalhadas em varias localidades deste Estado. [*Figura 15*]

Pois este bello relevo e juntamente os que ornam a porta principal, bem como a imagem de N. S. da Conceição collocada no meio de anjos e symbolos da Confraria, foram sepultados sob grossas camadas de cal preta!!!

Agora, difficilmente se póde distinguir se os referidos trabalhos, que davam tanto realce á fachada do templo, são feitos de pedra, de gesso ou de reboco!

Que horror e que barbaridade!

A conservação de um templo, que é um verdadeiro monumento artistico, deve ser feita de modo a impedir-se a prejudicial infiltração das aguas, limitando-se os demais reparos ás partes de alvenaria ou claros, não se caiando a cantaria, mas limpando-a com vassoura de arame apropriada ou, na falta desta, com areia grossa e agua.

Entretanto, muita gente ha que acha feia a pedra ennegrecida, o que é um erro, visto que o valor do trabalho não desapparece.

Uma joia ou imagem de ouro perderia inteiramente o seu merecimento si fosse pintada ou encarnada.

O mesmo succede com os trabalhos de escultura mil vezes mais valiosos, sob os pontos de vista artistico e pecuniários, do que os de ceramica actualmente empregados nas construcções modernas.

Passando-se ao interior do templo, vê-se o entablamento da grande nave, ou corpo, todo rabiscado de tinta, semelhando immensa teia de aranha, que alli está para imitar pedra!

Sendo esse entablamento a moldura que guarnece a primorosa pintura de admiraveis concepção, desenho e colorido, devidos ao deputado Athayde, é de lamentavel effeito a formidavel teia de aranha.

As portaladas de cantaria estão oleadas e os dous arcos sobrepostos, por baixo e por cima do coro, tambem foram pintados à imitação de pedra!

O arco do cruzeiro, que separa as duas naves, foi pintado pelos antigos, naturalmente a contragosto do constructor, sendo, entretanto, para ficar em harmonia com o altar-mór, tendo sido, porém, conservada a cor natural dos pulpitos, que são de pedra, encravados no citado arco.

Os paineis que guarnecem as paredes lateraes foram emoldurados de preto bem vivo, o que concorre para que fiquem supplantadas as cores já esmaecidas das figuras.

O presbiterio, que tambem é de cantaria, foi, ha tempos, inconvenientemente pintado, sendo-o de novo agora e com um vermelho de telha, que está a doer na vista do observador.

Finalmente, em duas imagens, que existem na sachristia, representando o descendimento da cruz por S. Francisco recebendo as chagas, foi passada uma camada de verniz tão lustroso, que lhes dá a aparência de serem de vidro!

Na cimalha do tecto da mesma sachristia foram pintados uns filetes vivos de pessimo effeito.

Eu poderia fazer ainda mais observações sobre outros estragos, mas faço ponto aqui, limitando-me a pedir a todos que em nosso Estado tiverem a seu cargo egrejas e capellas antigas que respeitem os trabalhos antigos, que constituem a nossa tradição artistica desde 1600 até o principio do presente seculo.

Conservem os templos com o maior zelo e escrupulo, não deixando a agua invadil-os e estragar-lhes as paredes, e fazendo nelles sómente a limpeza que for absolutamente imprescindivel, tal como caiação e outros serviços simples, visto que nem sempre ha os necessários recursos pecuniarios para occorrer as despesas com a conveniente decoração das paredes interiores.

Em diversas capitaes europeas, nomeadamente em Pariz, onde a Arte conta grande numero de cultores, não se fazem certos trabalhos em templos e outros edificios, sem prévio exame dos projectos respectivos por parte de uma commissão artistica nomeada pelo governo. Se entre os muitos usos que importamos do estrangeiro fosse incluido este, eu não teria, por certo, occasião de lavrar o protesto, que fica exarado neste tosco artigo.

Honorio Esteves
Ouro Preto, 24-3-98.[11]

No decorrer dessa mesma semana do mês de março, quando foi publicado o artigo de Honorio Esteves, encontrava-se em Ouro Preto, em visita de estudos, o pintor Henrique Bernardelli. Em especial, dedicava Bernardelli sua atenção exatamente à Igreja de São Francisco de Assis e à

---

[11] ESTEVES, 27 mar. 1898, p. 3.

obra de Aleijadinho. Durante os poucos dias que ali permaneceu, elaborou, entre outros trabalhos de paisagem da cidade, o quadro intitulado *O Aleijadinho em Villa-Rica*, mostrando uma cena imaginária no interior da igreja, com destaque para a figura do escultor. Na ocasião, quando esteve ao lado de Honorio Esteves, fez Bernardelli a anotação seguinte: "me revoltei com o vandalismo que faziam à obra do Aleijadinho e para protestar por tamanha injúria dediquei-lhe o quadro que compus".[12]

Decorridos outros quatro anos, a 18 de março de 1902, nova preocupação de Honorio envolvendo a mesma igreja de São Francisco motiva mais um artigo, veiculado desta feita na coluna "A Pedidos" do jornal *A Cidade*, de Ouro Preto:

A CAPELLA DE S. FRANCISCO DE ASSIS DE OURO PRETO

Approximava-se o fim do seculo 18 quando em uma manhã cor de ouro o sol subia na sua marcha lenta, como o rei que è de todo o Universo. Espargia-se raios scintillantes sobre um grupo de operarios comandado por um Mestre – o tradicional architecto, apelidado Aleijadinho. Achavam-se presentes a corporação da Ordem Seraphica de S. Francisco de Assis e pessoas do povo incluidas no grupo, para assistirem as primeiras demarcações de obra prima de que abaixo vou falar.

Toda esta scena encantadora passava-se em uma collina que partia do plano da Praça onde hoje esta a Cadeia e ia se perder á beira do rio Funil a Ponta da Barra, por todos nós conhecida nesta cidade.

O pouco que me refiro da collina é onde está hoje o imponente marco da Religião Christã apontando para o azul do firmamento qual sentinela secular o caminho por onde devemos seguir para chegarmos a Côrte d'aquelle que nos deu vida e poder de admirarmos a sua Obra infinita!

Vou falar portanto da Capella de S. Francisco de Assis. É esta a que chamo de marco e que se impõe á admiração de todas as almas que sejam e que se curvam extasiadas diante d'aquella imensa e gigantesca obra.

A architectura deste templo, se transportarmos a cem anos para traz, não é para deixar nada a desejar, pois devemos calcular as dificuldades de tudo e tudo em um paiz escravo, para bem dizer, onde a liberdade era tolhida por outros poderes de além mar.

---

[12] Cf. Vaccani (1965). Ver neste livro: "Henrique Bernadelli em Ouro Preto".

Agora que estamos livres e mais que independentes é que tudo se dificultou em relação a construções de templos e reina predominante o máu gosto.

Chamo a attenção para o muro ou sapata de gradil, com que a actual Mesa Administrativa d'aquella Ordem pretende cercar o templo.

Para que?

Quando esta cidade era movimentada e no atrio os animaes dos tropeiros iam se agrupar, descançando das pernadas; quando se fazia todo o despejo de lixo immundo e mais outras tantas cousas que o decôro manda calar é que se lembraram de se fechar o adro, necessitando a Capella de reparos interiores.

É agora que esta cidade esta a exhalar-se é que vemos fechar o adro!

Infelizmente, hoje, os mesarios de qualquer Ordem ou Irmandade (longe de querer offendel-os) não têm uma lei ou artigo nos seus estatutos que prohiba qualquer deliberação sobre melhoramentos nos templos, sem um prévio e acurado estudo, se convem ou não fazer qualquer obra, seja qual for.

Devia haver um impedimento. Nunca ha má intenção dos mesários, mas deviam ou devem primeiro consultar aos entendidos e reunir-se então a maioria de Irmãos para a approvação; ao contrario isto irá de mal a peior e o que os antigos nos legaram irá desapparendo para sempre.

Na matriz de Antonio Dias, retocaram, ha anos, todos os paineis que alli existiam e onde hoje sò existem figuras irrisorias nos quadros que lá estão para quem quiser vel-as.

A matriz de Ouro Preto, tambem retocaram, mas não ficaram tão prejudicados; ainda se ve qualquer cousa de antigo e que não é má, mas quanto ao dourado, perdeu-se horrivelmente!

Em qualquer claro entre o ouro, mormente na Capella Mór, raspando-se, encontra-se o dourado brilhante ainda, e que foi encoberto com tinta, diziam que era para clarear porque o ouro por si só escurecia! E esta?

A Capella do Rosario tambem foi prejudicada ao tecto do corpo grande; havia pintura não era muito artística, mas convinha que, quando não a podessem retocar deixassem-n'a ficar, pois nós não respeitamos tanto os velhos e principalmente as pessoas queridas?

Porque não respeitaremos as obras antigas de tradicções?

O adro da Capella de S. Francisco é vasto e é isto que mais realce dá ao templo, porém, com o cerco transversal que estão fazendo mata-se completamente a belleza architectonica; e calculem em occasião de festa que encommodo não causará uma divisão no meio do povo!

Na minha fraca opinião, é que, se collocassem um gradil artístico, mais ou menos como aquelle do cemiterio do Saramenha, no lageado que está feito em forma de semi-circulo na frente da fachada; este ao em vez de prejudicar, mais esplendor daria á admiravel fachada.

Tendo cursado a Academia das Bellas Artes e á expensas da ex-Provincia de Minas, e sendo ainda mais, filho deste logar, não me recusarei, por certo, logo que chamado, a dar uma opinião, de accordo mais ou menos com quem entender de arte, sem levar por isto remuneração alguma; farei apenas por patriotismo e mesmo porque sou religioso.

Portanto, d'ora em diante estarei prompto a qualquer consulta das Ordens e Irmandades existentes nesta cidade, sobre trabalhos que tenham que executar e que hajam relação com a arte que professo.

Com mais vagar falarei das bellezas interiores da Capella, de que hoje me occupo não para aquelles que já a conhecem, mas sim para os que nunca a visitaram.

OURO PRETO, 10 DE MARÇO DE 1902.
Honorio Esteves do Sacramento[13]

A inquietação de Honorio Esteves se volta agora para a preservação do sítio onde está erigida a igreja da Ordem Terceira de São Francisco de Assis. O artista pede respeito à obra arquitetônica atribuída ao Aleijadinho, prestes a ser aviltada, e implora igual atenção para que se mantenha preservado o generoso largo que até então manteve franqueada a contemplação do templo.[14] Não deixa passar a oportunidade de manifestar um renovado e veemente protesto geral, ao inventariar a série de maus tratos facultados às obras de arte religiosa da cidade. Denuncia, sem meias palavras, os detestáveis "retoques" praticados nas pinturas das matrizes de Antonio Dias e de Ouro Preto e aquelas intervenções na "prejudicada" capela do Rosário. Por fim, indaga: "Porque [sic] não respeitaremos as obras antigas de tradicções?".

---

[13] ESTEVES, 18 mar. 1902, p. 3-4.

[14] Duas imagens iconográficas merecem menção por permitirem visualizar melhor o terreno livre fronteiriço à igreja de São Francisco, conforme descrito por Honorio Esteves em seu artigo: a) Quadro de Armand Julien Pallière (1784-1862), *Villa-Rica*, 1822; óleo sobre tela, 36,5 x 96,8 cm; no qual a vista tomada desde o paredão das Lages retrata um aspecto primitivo, assim como esteve ordenado no período colonial. O quadro pertence ao acervo do Museu da Inconfidência, Ouro Preto; b) Fotografia de autoria de Marc Ferrez, *O mercado e a igreja da Ordem Terceira de São Francisco de Assis*, c. 1880, apresentando o espaço público que precede ao templo, exatamente como Honorio Esteves se habituou a ver e frequentar, com o fervilhante mercado, local onde transitavam e "descançavam das pernadas" os animais de carga e montaria. Esta fotografia pertence ao acervo do Instituto Moreira Salles.

Durante os próximos anos Honorio permanecerá morando em Ouro Preto, ao lado da sua família. Dedica-se ao ensino de desenho em instituições de ensino, à criação e à manufatura de seus inventos, ao exercício de pintura de retratos e às excursões que empreendia regularmente para fazer o registro em tela da paisagem da cidade, de seus arrabaldes e de outras regiões mineiras. Participa das Exposições Gerais de Belas Artes do Rio de Janeiro em 1904 e 1906. Na Exposição Universal de Saint Louis, nos Estados Unidos, em 1904, dentre as 46 obras por ele apresentadas, constam oito quadros que retratam a sua estimada Ouro Preto: *Amanhecer em Ouro Preto; Jazida de argila para tinta; Ladeira de São José em Ouro Preto; Chafariz da rua da Casa dos Contos e do Lyceu de Artes e Offícios; Miniatura da cidade de Ouro Preto, mostrando a igreja de Nossa Senhora do Rosário; Antigo Palacio do Governo do Estado de Minas Geraes; Casa onde os Revolucionarios de Minas se reuniam em 1790; Procissão de São José.*[15] Em 1918, Honorio Esteves deixa Ouro Preto e passa a residir em Belo Horizonte, mantendo-se sempre no magistério, ao ocupar a cadeira de professor de Desenho da Escola Normal da capital.

Alguns anos mais tarde, em janeiro de 1923, tem-se descrição de alguns aspectos de Ouro Preto em um testemunho escrito pelo pintor Antonio Parreiras, que então visitava a cidade no intuito de ali captar, no cenário original do antigo arraial do Padre Faria, as impressões e os ambientes adequados para compor um trabalho de pintura histórica. Recebera do presidente Raul Soares encomenda de uma grande tela: "Felippe dos Santos, Revolta Mineira em 1720". Buscando conhecer a região histórica, Parreiras percorreu o "abandonado arraial de Padre Faria", fazendo registros em caderno de notas. A descrição que deixou sobre a conservação da capela não foi das melhores. Encontrou-a, segundo suas palavras, em total abandono, fechada, esburacada e enegrecida; o adro invadido pelo mato; a ponte se desfazendo.[16] Uma triste paisagem.

A crônica de Azeredo Netto

O quarto momento deste texto reserva-se para uma crônica do jornalista Azeredo Netto, com publicação em 26 de janeiro de 1929. Ao

---

[15] Ver "Artistas de Minas Gerais na Exposição Universal de Saint Louis de 1904", neste livro.
[16] PARREIRAS, 1943, p. 121-125.

elaborar um retrospecto das atuações de Honorio Esteves, na coluna "Novas e velhas" do jornal *Minas Geraes,* mencionou, em especial, os dois artigos – "Padre Faria", de 1895, e "Egreja de S. Francisco de Assis", de 1898. Por meio dessa crônica de Azeredo, pôde o pintor ouro-pretano, finalmente, na altura já dos seus 68 anos de idade, ver reconhecida a importância das atitudes que tomara em defesa da história de sua cidade.

NOVAS E VELHAS

Estão jubilosos os cultores do passado em Minas, ante o nobre gesto do actual governo, promovendo a conservação das antigas obras d'arte existentes nos custosos templos e edificios publicos das velhas cidades montanhezas.[17]

Entre elles se destaca o vulto veneravel de Honorio Esteves, que, tendo visto o entendimento se manifestar na contemplação das bellezas architectonicas das majestosas egrejas da terra natal, a legendaria Ouro Preto, de taes maravilhas se fez admirador desde a infancia descuidada e veiu sendo pela vida afóra um destemido cultor das mesmas.

Enquanto residiu naquella cidade, procurou salvar da destruição as preciosidades de suas casas de oração: representadas por obras primas de imenso valor, não só de vulto, com imagens de impressionante belleza, como quadros e ornamentação em pintura de alto e baixo relevo.

A egreja de Padre-Faria, a primeira fundada num dos valles dos tres montes em que se divide Villa Rica, como sejam o Alto da Cruz, da Praça e das Cabeças, nome este dado ao local onde se dava a exposição das cabeças dos infelizes supliccados na fôrca, o patibulo infamante, que, felizmente, a geração actual desconhece e jámais sera para a gloria da civilização nacional restaurado no solo patrio, foi o campo de acção onde Honorio Esteves iniciou sua campanha em pról da perpetuidade dos inegualaveis legados que a cidade recebera de seus fundadores.

Pretendiam substituir a bellissima decoração do tecto da capella mór pela cal, afim [*ilegível*] clarear o templo, no que não consentiu aquelle artista, protestando com toda energia.

Conquistou desaffectos com a nobreza de seu gesto, mas conseguiu ver salva a obra prima, que pinceis sacrilegos pretendiam destruir.

---

[17] Governo do presidente Antonio Carlos. As obras de restauração dos monumentos, mencionadas por Azeredo Netto no artigo, contaram com especial consultoria e acompanhamento de Gustavo Barroso, diretor do Museu Histórico Nacional.

Não ficou sem o seu energico protesto o crime perpetrado na egreja de São Francisco de Assis com a pintura a oleo do medalhão principal do Aleijadinho.

O mesmo aconteceu com os relevos da porta principal da egreja de Nosso Senhor Bom Jesus de Matosinhos, nas Cabeças, com as labaredas do inferno com amarello e vermelho e as almas representadas em corpos humanos completamente nús, como se fossem bonecos de *biscuit*.

Não foi inutil o protesto do ouro-pretano dedicado às relíquias do amado torrão.

Reconhecendo o erro em que havia cahido, a mesa administrativa da irmandade mandou raspar as tintas e lavar a pedra, afim de chamar a côr natural da mesma.

Combateu com vehemencia a caiação das obras de cantaria dos edifícios da Penitenciaria e da casa dos Contos, no que foi, felizmente, ouvido.

Innumeros outros trabalhos de arte foram salvos de destruição por parte dos respectivos mesários, em Ouro Preto, devido a intervenção de Honorio Esteves, que se tornou assim um benemerito da cidade que o viu nascer e viver até os primordios da velhice, que ora passa em Bello Horizonte, cercado pela estima a que faz jús pelo seu talento, gosto artistico e bondade de coração.

Cultor intemerato do passado, sente-se a gente bem em palestrar com elle, que se enthusiasma por tudo que diz respeito a cousas d'antanho.

É um visionário do bello antigo que cultiva com carinho, deixando transparecer o jubilo que lhe vae n'alma, ante o gesto da administração vigente, não permitindo que se destruam, mas se conservem com esmero os legados dos antepassados: templos e edifícios, imagens e ornatos de immenso valor, que se perderiam de todo, si não tivessem encontrado espiritos conservadores como o de Honorio Esteves e outros, bem raros, é verdade, mas propensos sempre á prática do bem, no que este tem de mais elevado: o culto ao passado distante, de que não se pode esquecer.

Ao encontro desses destemidos defensores de taes preciosidades veiu o actual governo, que abriu os necessários creditos para a conservação dos monumentos de arte antiga e confiou os respectivos serviços a pessôas idoneas, capazes de ainda salvar muitas cousas prestes a desapparecer pelo indiffertismo do povo de cada localidade, em zelar pelo que é seu.

Bem haja Honorio Esteves no seu amor ao passado, tão cheio de glorias em terra mineira, onde em cada localidade se encontram vestigios do culto que os seus primitivos habitantes tiveram pelas artes.

São estas as reveladoras directas da civilização de uma nacionalidade: é pela literatura, musica e pintura, que se conhece a delicadeza de gosto dos povos, que não se deixam materializar por completo, mas vivem do seu ideal: a grandeza moral, espiritual e artistica.

Honorio ha de sentir-se bem quando se recordar que muitas obras primas não se perderam na sua terra natal, por causa da sua teimosia em protestar contra a sua destruição.

Todos deviam ser assim: guardas incançaveis das preciosidades artisticas que foram legadas á actual geração pela que a precedeu, na luta pela vida, na conquista do ideal santo: o amor ao bello e ao puro, no que estes têm de mais elevado – as artes.

Azeredo Netto[18]

Por meio do conhecimento e da convivência estreita que manteve com as antigas obras de arte da sua cidade, Honorio Esteves soube ver além do seu tempo. Mostrou-se sempre participativo e atuante, almejando a preservação daqueles que são os marcos criativos das gerações passadas. Na breve crônica de Azeredo Netto, acha-se firmada a relevância das suas ações pioneiras, de três décadas passadas, tendo o jornalista avaliado como fundamental a presença do pintor na vida cultural da cidade.

O reconhecimento da arte colonial mineira

> *Vir a Minas é vir ao coração do Brasil. Ouro Preto, amantelada nas suas montanhas verdes, é como o reducto ultimo da nossa nacionalidade. Nas suas casas velhas, que cambaleiam collinas abaixo, apoiando-se umas ás outras em prodígios de equilíbrio; nas suas velhas igrejas, em cujas esculpturas vive perpetuo o genio do Aleijadinho e cuja ornamentação relembra o fausto religioso da opulenta Villa Rica; e, mais que tudo, nas suas ruinas venerandas, alicerces colossaes de pedra bruta, pilastras quebradas que as heras mordem, porticos esboroados, cujos destroços se acolchoam de lichens, – perdura religiosamente conservada a tradição dos primeiros brasileiros.*

Olavo Bilac, 3 de novembro de 1893.

Para concluir, lembramos os nomes de alguns autores, enquadrados no último decênio do século XIX e no início do XX, que manifestaram

---

[18] AZEREDO NETTO, 26 jan. 1929, p. 5-6.

franco reconhecimento à importância da arte colonial mineira. A inclusão como epígrafe de um trecho de uma crônica de Olavo Bilac[19] é oportuna, por renovar, a cada leitura, o sentimento daquele tão singular instante de poesia que experimentaram, e experimentam ainda hoje, tantos outros viajantes, ao lançarem suas vistas pela vez primeira em direção à cidade colonial, dando curso a uma certeza plena de descoberta da arte brasileira.

A partir da última década do século XIX e nos primeiros anos do novo século, apreciações e comentários sobre a arte religiosa de Minas e, em especial, sobre Aleijadinho, aparecem nos textos de Coelho Netto, Aurelio de Figueiredo, Emilio Rouède, Olavo Bilac, José Pedro Xavier da Veiga, Arthur Azevedo e Gustavo Penna. O período não vê surgir, todavia, estudo aprofundado sobre a matéria. Em 1907 assinala-se em Ouro Preto a presença do poeta e jornalista Manuel Bernárdez, de *El Diario* de Buenos Aires, cabendo a Augusto de Lima o ensejo de revelar-lhe a cidade. Da viagem que Bernárdez empreendeu a várias regiões do país resultou, a seguir, a publicação do volume *El Brasil, su vida, su trabajo, su futuro*, de 1908,[20] no qual expõe, no capítulo intitulado "El Passado de Minas Geraes / Breve intermezzo espiritual", impressões e narrativas sobre a ex-capital mineira, no esteio do antigo sentimento do poeta Olavo Bilac, "magico evocador del passado de Minas", a quem é dedicado o capítulo. Bernárdez deixa claro sua percepção de grande abandono da cidade e clama por sua preservação.

Por ocasião da Exposição Nacional de 1908, no Rio de Janeiro, o entalhador e especialista em altares e ornamentos sacros, Ignacio Costa Buena Flor, de Leopoldina, expõe, na Secção de Belas Artes do Pavilhão do Estado de Minas Gerais, dois desenhos de altar-mor feitos por Aleijadinho. O expositor redigiu nota na qual fornece dados biográficos do escultor e complementa com a informação de que constam, nos cantos de cada desenho, selos que demonstram a autenticidade. No Pavilhão mineiro foram também apresentados quadros de Honorio Esteves retratando igrejas, aspectos e panoramas de Ouro Preto; dois quadros de

---

[19] BILAC, 7 nov. 1893, p. 1.

[20] BERNÁRDEZ, 1908. Em 1922, em uma edição brasileira, Bernárdez refunde seus artigos sobre Minas Gerais no volume intitulado *O Coração do Brasil (Chronicas de Minas Geraes)*. Ainda sobre a visita de Manuel Bernárdez em Ouro Preto, cf. Santos (20 fev. 2010, p. 6).

Modesto Brocos y Gomes, localizados em Diamantina e datados de 1894 – mesmo ano em que o artista apresentou na Exposição Geral de Belas Artes do Rio de Janeiro as obras da mesma série do sertão mineiro: *O Crepúsculo, O garimpeiro, Vista da Cidade de Diamantina e Paisagem*. Integrantes do acervo da Prefeitura de Belo Horizonte, foram expostos os três quadros históricos de Emilio Rouède pintados no arraial de Belo Horizonte, em 1894; e, finalmente, apresentadas duas pinturas de Henrique Bernardelli, que mereceram o seguinte texto explicativo: "Um quadro representando uma visita de D. João VI ao celebre esculptor Antonio Francisco Lisboa, o Aleijadinho. Um quadro representando a aparição de Marilia de Dirceu a Gonzaga, quando estava no cárcere".[21]

Em 1911, ano comemorativo do bicentenário de Ouro Preto, são publicados dois estudos fundamentais: "As obras de arte", de Diogo de Vasconcellos, e "A religião em Ouro Preto", de Joaquim Furtado de Menezes. Este autor, ao assinalar a admiração que Honorio Esteves dedicava à arte setecentista mineira, lembrou um episódio que remonta à época em que o pintor exercera a função de secretário da Irmandade do Arcanjo São Miguel e Almas, quando, na oportunidade de poder observar com detalhes a singular decoração artística do *Livro de Compromisso*, de 1736, arrebatado pela beleza do trabalho que examinava, fez constar a seguinte anotação no verso da primeira página: "Este livro tem enorme valor artístico e estimativo, pela sua antiguidade. Todo o trabalho de desenho e de caligrafia é feito à mão, folha por folha. A Irmandade deve conservá-lo como jóia de valor. É com fraco conhecimento que assim se exprime quem abaixo assina. Ouro Preto, 5 de fevereiro de 1908. Honorio Esteves do Sacramento (Secretario da Irmandade)".[22]

Em 1916, Alceu Amoroso Lima publica o artigo intitulado "Pelo passado nacional", motivado por sua viagem à cidade histórica. Argeu Guimarães, em 1918, no volume *Historia das Artes Plasticas no Brasil*, ao discorrer sobre o período colonial brasileiro, destaca a produção artística de Aleijadinho e refere-se a ela como "centro de uma escola de escultura".[23] Nas coletâneas *Algumas Figuras*, de 1918,[24] e *Outras Figuras*,

---

[21] Ver "Henrique Bernardelli em Ouro Preto", neste livro.
[22] MENEZES, 1975, p. 76.
[23] GUIMARÃES, 1918, p. 160-163.
[24] MAURICIO, 1918, p. 164.

de 1925,[25] o pintor Virgilio Mauricio insere artigos nos quais tece breves comentários sobre Aleijadinho, cuja obra conhecera em 1911. Mário de Andrade esteve em Mariana e Ouro Preto, pouco antes de 1920, e publicou, a seguir, matérias sobre arte religiosa.

Aspectos da cidade de Ouro Preto e de sua arquitetura foram fixados em tela, na década de 1890, pelos pintores visitantes anteriormente mencionados – Francisco Aurelio de Figueiredo, Rouède e Bernardelli – e, de forma numerosa, ao longo do tempo, por Honorio Esteves. Concernente às primeiras três décadas do século XX, Ouro Preto e outras cidades coloniais mineiras foram também retratadas por alguns pintores que devem aqui ter seus nomes citados: Alberto Delpino, Francisco de Paula Rocha, José Jacintho das Neves, Antonio Parreiras, Paulo Claudio Rossi Osir, José Marques Campão, Túlio Mugnaini, Lopes de Leão, Giuseppe Perissinotto, Anibal Mattos, Genesco Murta, Renato de Lima, Eugenio Latour, Lucilio de Albuquerque e Funchal Garcia. Em 1921, Alfredo Norfini produz a maioria das aquarelas e desenhos que compõem a importante coleção de documentos iconográficos de cidades coloniais brasileiras, sobretudo de Minas – Diamantina, Congonhas do Campo, Serro, Santa Bárbara, São João do Morro Grande (Barão de Cocais), Caeté, Sabará, Mariana, Ouro Preto, Tiradentes, São João d'El-Rey e Santa Luzia –, coleção posteriormente adquirida pelo Museu Histórico Nacional.[26] De especial valor será também o exaustivo registro realizado por José Wasth Rodrigues, voltado para a arquitetura civil, inserido no volume *Documentário Arquitetônico*.[27] Em 1925, o pintor Edgard Parreiras permanece por algum tempo em Ouro Preto e executa uma série de quadros e estudos dedicados à paisagem da cidade.

Ao longo dos anos 1920, Ricardo Severo, José Marianno Filho e Lúcio Costa empreendem relevantes debates e ensaios sobre arquitetura colonial brasileira. Marianno estimula alunos de arquitetura a realizarem viagens de estudo a São João d'El-Rey, Ouro Preto e Diamantina. Em 1924, algumas cidades históricas mineiras recebem a visita da caravana dos modernistas paulistas; de volta a São Paulo seus integrantes buscam criar uma sociedade para proteção das igrejas de Ouro Preto, sem sucesso, todavia. Em

---

[25] MAURICIO, 1925, p. 115-122.
[26] NORFINI; BARROSO, 1953.
[27] RODRIGUES, 1979.

1925, no jornal carioca *Correio da Manhã*, Djalma Andrade publica artigo intitulado "As tradições de Minas",[28] denunciando o furto de obras sacras e o comércio vil de valiosas peças, louças e móveis pertencentes a fazendas coloniais mineiras; em especial, o autor centraliza sua denúncia no descaso com o qual são tratadas as obras do Santuário de Congonhas do Campo.

Ainda na década de 1920, Gustavo Barroso, diretor do Museu Histórico Nacional, conhece Ouro Preto e mantém, a partir daí, intensa ligação profissional com a cidade.[29] Algumas intervenções de restauro e de conservação foram feitas pelo governo estadual na gestão de Fernando de Mello Vianna (1924-1926) e, principalmente, no período do presidente Antonio Carlos Ribeiro de Andrada (1926-1930), com orientação de Gustavo Barroso. Em 1930, firmando a importância de Aleijadinho na história da arte brasileira, o pintor Antonio Parreiras realiza palestra na Academia Fluminense de Letras.[30]

Em 1931 é criado o Instituto Histórico de Ouro Preto, sob direção de Vicente de Andrade Racioppi. Em dois decretos municipais, em 1931 e 1932, o prefeito João Batista Ferreira Velloso disciplina construções e reformas em imóveis (fachadas, telhados, cimalhas, etc), visando manter a feição colonial da cidade. Proíbe-se a pintura, e obriga-se sua retirada, nos trabalhos em pedras existentes externamente em portais, peitoris, colunas e quaisquer outros. No mesmo mês do falecimento de Honorio Esteves, ocorrido em Mariana a 5 de junho de 1933, fundou-se na cidade a Sociedade dos Amigos de Ouro Preto, que pode ser compreendida como uma iniciativa local com a manifesta preocupação de conservação dos acervos artístico e arquitetônico. Tinha à frente, como entusiasta divulgador, o pintor capixaba Levino Fanzeres. No mês seguinte, o Decreto Federal nº 22.928, de 12 de julho, erigiu em Monumento Nacional a cidade de Ouro Preto.

Anibal Mattos, no prefácio que escreveu para a reedição de *As obras de arte*, de Diogo de Vasconcellos, em 1934, lamenta não haver ainda um órgão oficial com o encargo de defesa do patrimônio artístico.[31] Protesta contra o constante desaparecimento criminoso das obras de arte e do mobiliário colonial, diante da total indiferença dos poderes públicos.

---

[28] ANDRADE, 27 set. 1925, p. 3.
[29] Cf. Magalhães (2004).
[30] PARREIRAS, 1943, p. 189-196.
[31] MATTOS, 1934, p. 5-16.

Em termos mais efetivos, em 1934, com o surgimento da Inspetoria dos Monumentos Nacionais, departamento do Museu Histórico Nacional, dirigido por Gustavo Barroso, começam a ser executadas, a partir de 1935, obras de restauração nas igrejas, pontes e chafarizes da cidade, sob a direção do engenheiro Epaminondas de Macedo. Tem-se, então, na sequência, a criação do Serviço do Patrimônio Histórico e Artístico Nacional (SPHAN) em 1937, quando passam a ter proteção legal mais abrangente todos os principais monumentos históricos, arquitetônicos e religiosos.

Referências

ANDRADE, Djalma. As tradições de Minas. *Correio da Manhã*, Rio de Janeiro, p. 3, 25 set. 1925.

AZEREDO NETTO. Novas e velhas. *Minas Geraes*, Belo Horizonte, p. 5-6, 26 jan. 1929.

BERNÁRDEZ, Manuel. *El Brasil, su vida, su trabajo, su futuro. Itinerario Periodístico*. Buenos Aires, Argentina: [s.n.], 1908.

BERNÁRDEZ, Manuel. *O Coração do Brasil (Chronicas de Minas Geraes)*. Rio de Janeiro: Leite Ribeiro, 1922.

BILAC, Olavo. Chronica Livre. Ouro Preto, 3 de novembro. *Gazeta de Noticias*, Rio de Janeiro, anno XIX, n. 310, p. 1, 7 nov. 1893.

ESTEVES, Honorio. Padre Faria. *Minas Geraes*, Ouro Preto, p. 5, 22 jan. 1895.

ESTEVES, Honorio. Egreja de S. Francisco de Assis. *Minas Geraes*, Ouro Preto, p. 3, 27 mar. 1898.

ESTEVES, Honorio. A Capella de S. Francisco de Assis de Ouro Preto. *A Cidade*, Ouro Preto, p. 3-4, 18 mar. 1902.

GUIMARÃES, Argeu. *Historia das Artes Plasticas no Brasil*. Rio de Janeiro: Typ. do Jornal do Commercio, de Rodrigues, 1918.

IGLÉSIAS, Francisco. Modernismo: Uma Reverificação da Inteligência Nacional. In: PAULA, João Antonio de. (Org.). *História e Literatura: Ensaios para uma História das Ideias no Brasil*. PAULA, João Antonio de. (Org.) São Paulo: Perspectiva; Belo Horizonte: Cedeplar-FACE-UFMG, 2009. p. 233-258.

MAGALHÃES, Aline Montenegro. *Colecionando relíquias: Um estudo sobre a Inspetoria de Monumentos Nacionais (1934-1937)*. Dissertação (Mestrado em: História Social) – Programa de Pós-Graduação em História Social, Instituto de Filosofia e Ciências Sociais, Universidade Federal do Rio de Janeiro, Rio de Janeiro, 2004. Disponível em: <http://www.dominiopublico.gov.br/download/texto/cp000017.pdf>. Acesso em: 19 mar. 2011.

MATTOS, Anibal. Prefacio. In: VASCONCELLOS, Diogo de. *A Arte em Ouro Preto*. Bello Horizonte: Academia Mineira de Letras, 1934. p. 5-16.

MAURICIO, Virgilio. Esculptura. *Algumas Figuras*. Rio de Janeiro: Pimenta de Mello, 1918.

MAURICIO, Virgilio. O Aleijadinho. In: _____. *Outras Figuras*. Rio de Janeiro: Papelaria Venus, 1925.

MENEZES, Joaquim Furtado de. *Igrejas e Irmandades de Ouro Preto*. Belo Horizonte: Instituto Estadual do Patrimônio Histórico e Artístico de Minas Gerais, 1975. Reedição de *A religião em Ouro Preto*, publicado originalmente em *Bi-centenario de Ouro Preto, Memoria Historica, 1711-1911*. Bello Horizonte: Imprensa Official do Estado de Minas Geraes, [1911?].

NORFINI, Alfredo; BARROSO, Gustavo. Documentário iconográfico de cidades e monumentos do Brasil. *Anais do Museu Histórico Nacional*, Rio de Janeiro, Ministério da Educação e Cultura, v. VII, 1953.

O ITACOLOMY: revista caricata e litteraria. Rio de Janeiro, dez. 1887.

PARREIRAS, Antonio. *História de um Pintor contada por ele mesmo*. Brasil-França (1881-1936). 2. ed. Niterói: Diário Oficial, 1943.

RODRIGUES, José Wasth. *Documento arquitetônico relativo à antiga construção civil no Brasil*. 4. ed. Belo Horizonte: Itatiaia; São Paulo: Ed. da USP, 1979.

SANTOS, Angelo Oswaldo de Araújo. Pioneiros da Memória. *Estado de Minas/ Pensar*, Belo Horizonte, p. 6, 20 fev. 2010.

VACCANI, Celita. Trabalho referente aos comentários sobre Aleijadinho, escritos por Henrique Bernardelli. *Arquivos da Escola Nacional de Belas Artes*. Rio de Janeiro: Universidade do Brasil, n. XI, p. 170-177, ago. 1965. Contribuição de Camila Dazzi e Arthur Gomes Valle. Disponível em: <http://www.dezenovevinte.net/txt_artistas/cv_hb.htm>. Acesso em: 26 jun. 2009.

VASCONCELLOS, Diogo de. *A Arte em Ouro Preto*. Bello Horizonte: Academia Mineira de Letras, 1934. Reedição de *As obras de arte*, publicado originalmente em *Bi-centenário de Ouro Preto, Memoria Historica, 1711-1911*. Bello Horizonte: Imprensa Official do Estado de Minas Geraes, [1911?].

O ensino de Desenho elementar e a lição artística moderna em Ouro Preto no final do século XIX

Introdução

Na última década do século XIX, houve, na cidade de Ouro Preto, ainda na condição de sede do governo de Minas Gerais, duas experiências paralelas na área do ensino. Por um lado, a cidade voltava a contar com a presença do pintor Honorio Esteves, após seis anos e meio de estudos no Rio de Janeiro, e beneficiava-se com seu ingresso, em fevereiro de 1891, no quadro docente da Escola Normal, como professor de Desenho. De outro lado, em fins de 1893, a capital mineira abria suas portas para acolher o pintor Emilio Rouède, refugiado das perseguições policiais deflagradas no Rio de Janeiro pelo regime do marechal Floriano Peixoto. Nos primeiros meses de 1894, Rouède criou e dirigiu a Escola de Desenho e Pintura, instalando-a em espaço adaptado no ambiente do ateliê. Logo se formaram as classes, que chegaram a somar mais de duas dezenas de alunos. Um acontecimento que, certamente, permitia vislumbrar resultados efetivos, se mantidos os cursos por alguns anos com frequência regular.

Aluno de Victor Meirelles, Pedro Americo, João Zeferino da Costa e Rodolpho Amoêdo, Honorio Esteves trazia da Academia Imperial a compenetrada formação artística e valia-se, sobretudo, da experiência de ter estado à frente das turmas de alunos do Curso Profissional do Lyceu de Artes e Officios do Rio de Janeiro, onde lecionou Desenho elementar por três anos.

Emilio Rouède, tendo sido também professor do Lyceu de Artes e Officios do Rio de Janeiro, não atuou diretamente na Academia Imperial, tampouco na renovada Escola Nacional de Belas Artes. Todavia, participou ativamente – ao lado de Rodolpho e Henrique Bernardelli, Rodolpho

Amoêdo, Decio Villares, Aurelio de Figueiredo, Manoel Teixeira da Rocha, Francisco Ribeiro, Giovanni Castagneto e de outros artistas –, no correr do primeiro ano de implantação do regime político republicano, dos debates que objetivavam promover substancial reforma do ensino das artes no Rio de Janeiro, a qual se consolidou na reestruturação da Academia Imperial, transformada em Escola Nacional de Belas Artes, sob a direção de Rodolpho Bernardelli. Dotado de espírito franco e criativo, e inteiramente descompromissado do rigor do ensino formal, Rouède buscava inovar no conteúdo das lições no ateliê ouro-pretano. Aos alunos, demonstrava, com proveito, como entender e interpretar, do natural, o objeto de estudo, partindo daí o aprendizado: a "grande diferença entre *olhar* e *ver*", segundo observação do jornalista e amigo Alfredo Camarate.[1]

Honorio Esteves, professor de Desenho da Escola Normal de Ouro Preto

Desde muito jovem, correndo os anos 1870 em Ouro Preto, Honorio Esteves dedica-se com especial interesse ao estudo de desenho, devendo sua primeira formação aos professores locais. Aos 11 anos, em maio de 1871, tem as primeiras aulas de desenho com o professor Chenot; com a mesma idade, por iniciativa própria, passa a trabalhar como ajudante moedor de tintas do pintor Cardoso de Rezende; aos 12, em janeiro de 1873, foi matriculado na aula de desenho do Lyceu Mineiro; aos 15, em maio de 1875, recebe lições de desenho com o professor Bernardino de Brito. Honorio Esteves, em suas notas biográficas,[2] lembrou com detalhes as datas e os nomes de seus professores, em reconhecimento, certamente, às eficazes orientações recebidas naquela etapa inicial do aprendizado artístico.

Pensionado pela Província de Minas pelo prazo de quatro anos, ingressou, em agosto 1883, na Academia Imperial das Belas Artes do Rio de Janeiro, ainda como amador, na aula de Desenho figurado, sendo efetivada sua matrícula oficial em fevereiro de 1884. Cursou no primeiro ano as classes de Desenho geométrico, Desenho figurado, Matemáticas

---

[1] CAMARATE, 1985, p. 125.

[2] ESTEVES, Honorio, 1906. *Notas biográficas*. Manuscrito. Cópia xerográfica, arquivo da Biblioteca do Museu Mineiro, Belo Horizonte.

aplicadas e, na qualidade de amador, a aula de Modelo vivo. Cumpriu essas etapas com sucesso, vindo a conquistar as seguintes medalhas nos primeiros anos de Academia: em 1884, duas Medalhas de Prata nas aulas de Desenho figurado e Desenho geométrico; em 1885, Medalha de Ouro em Desenho figurado; e, em 1886, Medalha de Prata em Pintura histórica.

Durante o período de estudos no Rio de Janeiro, Honorio tornou-se professor efetivo da aula de Desenho elementar do Curso Profissional do Lyceu de Artes e Officios, então estabelecido da rua da Guarda Velha nº 3 e nº 5, nos anos 1886, 1887 e 1888, de acordo com os Relatórios do Lyceu de Artes e Officios [*Figura 16*]. A classe de Honorio era destinada ao sexo masculino, com aulas diárias, das 18h30 às 20h30.[3] O Curso Profissional do Lyceu, no que tange, especificamente, ao Desenho, compreendia: Desenho elementar, de figura, de ornatos, linear, geométrico, de máquinas e de Arquitetura Civil. Alvaro Paes de Barros, no livro que escreveu sobre a instituição,[4] registra ter ocorrido, em 25 de junho de 1885, na sessão da congregação do Lyceu, proposta e aceitação da integração, como professores extranumerários da aula de Desenho elementar, dos nomes de Honorio Esteves, Raphael Frederico, João Caetano de Oliveira Fraga, José Luiz Ribeiro, José Fiuza Guimarães e Abelardo Alvarez. Na mesma oportunidade, para a aula de Desenho de ornatos, houve a indicação e aceitação do pintor Estevão Silva.

Nas edições do *Almanak Laemmert*, correspondentes aos anos em que Honorio lecionou no Lyceu, 1886, 1887 e 1888, constam como professores efetivos da matéria Desenho, nesse período, os nomes de Antonio Alves do Valle de Souza Pinto, Angelo Agostini, Augusto Petit, Belmiro Barbosa de Almeida Júnior, Augusto Rodrigues Duarte, Giovanni Castagneto, José Maria de Medeiros, Manoel Teixeira da Rocha, Oscar Pereira da Silva, Pedro José Pinto Peres, Victor Meirelles de Lima.[5] Outros artistas lecionaram no Lyceu, em diferentes épocas, e devem ser mencionados: Emilio Rouède em 1885, Hyppolito Boaventura Caron

---

[3] BIELINSKI, Alba Carneiro. Pesquisa e informações sobre o Lyceu de Artes e Officios do Rio de Janeiro. Relatórios do Lyceu de Artes e Officios de 1886, 1887, 1888. (Relato pessoal ao autor em 20 mar. 2007).

[4] BARROS, 1956.

[5] ALMANAK LAEMMERT, 1886: Parte IV: 1628; ALMANAK LAEMMERT, 1887: Parte IV: 1623; ALMANAK LAEMMERT, 1888: IV: 1638.

em 1885, Eliseu Visconti em 1889, Rodolpho Amoêdo em 1889, Decio Villares e Sebastião Vieira Fernandes.[6]

Nos períodos de férias da Academia Imperial, quando Honorio pôde permanecer por temporadas em Ouro Preto, lecionou Desenho no Lyceu de Artes e Officios de Ouro Preto, entidade de ensino dirigida pelo entalhador e marceneiro Miguel Antonio Tregellas.

Encerrado o período de estudos no Rio de Janeiro, em março de 1890, e decorrido o primeiro ano desde o seu retorno a Minas Gerais, Honorio Esteves foi nomeado professor de Desenho e Caligrafia da Escola Normal de Ouro Preto. Então dirigida por Thomaz da Silva Brandão, a Escola era o estabelecimento modelo para Minas Gerais. Mantinha a frequência de 275 estudantes, contando a classe de Desenho com 17 alunas, em números aproximados. O ano letivo estendia-se de 15 de fevereiro a 14 de novembro. Para admissão no 1º ano da Escola Normal, exigia-se da candidata a apresentação da certidão de conclusão das matérias do curso elementar das escolas de 1º grau, ou aprovação em exames das mesmas disciplinas, prestados na Escola. Alunas e alunos tinham que comprovar idades mínimas de 12 e 14 anos, respectivamente.

Conforme anotações lançadas nos diários de classe utilizados por Honorio Esteves referentes ao ano letivo de 1896, as aulas de Caligrafia, 1º e 2º anos, e de Desenho, 3º e 4º anos, tinham frequência de uma aula por semana. [*Figura 17*] [*Figura 18*] Constam nos diários de classe registros dos objetos de cada Lição, a saber:

a) A Lição de Desenho geométrico do 3º Ano compreendia: Exposição sobre desenho; Retângulos e Linhas retas; Ângulos e Triângulos; Losango e Hexágono; Espirais de 2 e 3 centros; Linhas convergentes, Quadrado, Linhas divergentes.

b) A Lição de Desenho geométrico rigoroso do 3º ano compreendia: Cópia de modelos; Cópia de estampas geométricas.

c) A Lição de Desenho figurado do 4º ano compreendia: Cópia de modelos de estampas; Desenho de figuras – cópia de estampas; Perspectiva – explicações sobre a matéria.[7]

---

[6] ALMANAK LAEMMERT, 1885: Parte IV: 1294; 1889: Parte IV.

[7] ESTEVES, Honorio. Diario de Classe de Calligraphia 1º e 2º Annos da Escola Norma de Ouro Preto, 1896, Notação: SI 1005; Diario de Classe de Desenho 3º e 4º Annos da Escola Normal de Ouro Preto, 1896, Notação: SI 1006. Belo Horizonte, Arquivo Público Mineiro.

Honorio Esteves organizou, em janeiro de 1893, em uma das salas da Escola Normal, uma exposição de desenhos de suas alunas, procedimento que pretendia avaliar os resultados alcançados pela classe. O acontecimento, dentro da sua simplicidade, teve repercussão na cidade e mereceu notícia na imprensa. Um pouco além dessa época, em março do ano seguinte, o professor finalizava a redação de um método de ensino da matéria, encaminhado ao prelo com o título *Compendio Elementar de Desenho Geometrico e Linear*. O autor visava sua aplicação nos programas das escolas de instrução primária e, posteriormente, ampliando seu alcance, nas Escolas Normais de Minas Gerais. A publicação desse *Compendio* merece ser aqui registrada, mesmo que não tenha sido localizado um exemplar durante esta pesquisa.

Diante de tal vazio, resta-nos uma linha de pensamento de feitio especulativo. Considerando a grande influência que por certo exerceu o professor sobre seus alunos, ocorre lembrar que, em certa época, no Lyceu de Artes e Officios do Rio de Janeiro, esteve sob sua responsabilidade a organização de um método de ensino que favorecesse o aprendizado dos alunos, contemplando os princípios elementares do desenho. Para tanto, incumbiu-se Meirelles de desenhar, ele próprio, as diversas estampas a serem utilizadas em classe.[8] Visando a um melhor entendimento do assunto, recorre-se ao artigo intitulado "O ensino de desenho no Lycêo de Artes e Officios", de autoria de Frederico da Silva, publicado em 1911 em *O Brazil Artistico. Revista da Sociedade Propagadora das Bellas-Artes do Rio de Janeiro (Nova Phase)*,[9] no qual o autor detalhou e comentou o conteúdo de cada uma das dez pranchas, ali reproduzidas, desenhadas originalmente por Meirelles e litografadas por Antonio Alves do Valle:

> São dez as estampas; – a primeira ensina a traçar a linha vertical, a linha horizontal, a obliqua, as linhas paralelas, os angulos agudo, reto e obtuso; – a segunda desenha um triangulo, um quadrado, um retangulo, um parallelogrammo, um lozango e um hexágono; – a terceira ensina a desenhar as curvas, o circulo, a ellipse e o

---

[8] O historiador Carlos Rubens, biógrafo de Meirelles, comenta brevemente sobre o sistema de ensino que então colocava em prática, em nada semelhante ao que se utilizava nas escolas europeias, conforme relato do professor Frederico da Silva transcrito parcialmente. Cf. Rubens (1945, p. 100-101). Sobre o assunto, a historiadora Alba Carneiro Bielinski (2009), em artigo publicado recentemente, examina com acuidade e de forma mais completa a atuação do professor Meirelles no Lyceu e as questões concernentes ao ensino da matéria.

[9] SILVA, 1911.

oval no qual já vêm ligeiramente demarcadas as linhas da cabeça humana;[10] – a quarta esboça os olhos, o nariz, as orelhas e a boca humana; – a quinta ensina a dividir a cabeça humana, em quatro partes, e mostra duas cabeças humanas, uma de perfil e outra de frente; – a sexta apresenta um perfil da cabeça inclinada para baixo e outra de frente tambem voltada para mesma direcção; – a setima estampa occupa-se ainda da cabeça humana, tendo uma olhando para cima e vista de frente e outra na mesma direcção mas vista de perfil; – a oitava estampa é uma escala chromatica de claro-escuro, applicada ás figuras rectilineas; – a nona expõe suavemente a theoria das das sombras, applicada aos solidos compostos de superficies planas; – a decima estampa, finalmente, applica a theoria das sombras aos corpos formados por uma ou mais superficies curvas. Um cylindro, uma esphera e um cône, illuminados por uma luz convencional, habituam o alumno a reproduzir os effeitos de luz que, por si só, elle não poderia bem interpretar.[11]

Moldava Victor Meirelles, por esse meio, uma série controlada e progressiva de exercícios, que, afinal, transmitiam ao aluno o conhecimento das principais regras de desenho.

Honorio Esteves conheceu de perto o sistema de aulas de Meirelles – seja na Academia, seja no Lyceu – e, certamente, pôde acompanhar a aplicação e o aproveitamento do método nas classes de aulas. Considerando seu grande interesse em criar novas propostas de ensino da matéria, será legítimo supor que na redação do seu *Compendio Elementar de Desenho Geometrico e Linear* tenha elaborado algo semelhante, já como professor de Desenho da Escola Normal de Ouro Preto, apoiando-se agora na sua particular concepção e na experiência profissional que em poucos anos vinha somando.

Honorio Esteves desligou-se da Escola Normal em 1899, de acordo com o que deixou registrado em suas *Notas biográficas*.[12] O Arquivo Público Mineiro guarda no acervo documental uma coleção numerosa de exercícios das classes de Desenho da Escola Normal de Ouro Preto, relativos, em sua maioria, ao ano letivo de 1901. Um dos desenhos encontra-se datado de 31 de outubro de 1895, época em que Honorio lecionava na Escola. [*Figura 19*]

---

[10] A actual quarta estampa foi desenhada pelo artista Sr. Valle. (Nota de Frederico da Silva.)
[11] SILVA, 1911, p. 277-278.
[12] ESTEVES, 1906.

Os demais desenhos apresentam como tarefas de aula, cópias de gravuras de origem europeia, sem muitas variações.[13] [*Figura 20*] [*Figura 21*]

No transcorrer dos anos 1890, além da Escola Normal, a cidade de Ouro Preto contava com outras instituições de ensino que devem ser destacadas: as tradicionais Escolas de Pharmacia e de Minas; o Lyceu de Artes e Officios; a recém-criada Faculdade Livre de Direito; o Gymnasio Mineiro, no qual, até 1891, o fotógrafo Valerio Vieira lecionou Desenho; o Collegio Mineiro, curso preparatório, fundado em 1888, e dirigido pelo doutor José Januário Carneiro. Estimava-se em torno de mil, o número de alunos frequentando os diversos estabelecimentos de ensino.

Honorio tornou-se também professor de Desenho do Gymnasio Ouro-Pretano, estabelecimento particular fundado por Egydio Soares que adotava o ensino modelado pelo Gymnasio Nacional, conforme decreto federal de 1891, com a finalidade de preparação de alunos para os exames de suficiência, exames finais e de madureza. Os programas de ensino eram os mesmos do Gymnasio Mineiro. Em 1897, funcionou o Gymnasio Ouro-Pretano na rua de São José, nº 38 A, e contou no seu quadro de professores com os nomes de Leônidas Damásio, Gabriel Rabello, Alcides Medrado, cônego Antonio Cyrillo, Gomes Michaeli, Francisco de Paula, Nelson de Senna, Levindo Coelho, Rogério Fajardo, Amédée Péret, Diogo de Vasconcellos, Donato da Fonseca, Rodolpho Simch, Arthur Mourão Benjamim Flores, Machado de Castro e o fundador Egydio Soares. As aulas de Desenho, Música e Ginástica eram conduzidas, respectivamente, por Honorio Esteves, Domingos Monteiro e Martiniano Ferreira.[14] Em 1909, Honorio foi professor técnico do recém-criado Colégio Pedro II de Ouro Preto.[15]

Entre as ocupações às quais se dedicou Honorio Esteves ao longo da vida, há destaque para a atividade de inventor. No rol das suas criações, as diversas formas de ensino, cuidadosamente investigadas e praticadas, foram sempre privilegiadas. Toma-se como exemplo o conjunto de quatro *Apparelhos*, a que chamou *Ensino Primario Intuitivo – Systema mechanisado para o ensino intuitivo e pratico dos rudimentos de Arithmetica nas escolas primarias*. [*Figura 22*] Concernente ao ensino de Desenho Geométrico, criou,

---

[13] Notação: SI 4/2 Cx: 09 PC: 14. Belo Horizonte, Arquivo Público Mineiro.
[14] O ESTADO DE MINAS, p. 4, 6 out. 1897.
[15] MINAS GERAES, p. 5, 21 abr. 1909.

em 1914, a coleção didática intitulada *Rudimentos de linhas, superfícies e solidos. Tres collecções para o ensino da geometria nas escolas primarias e collegios*, composta por peças de figuras lineares moldadas de arame e por conjuntos de sólidos e planos feitos de madeira.[16] [*Figura 23*]

Honorio mantinha como prática manufaturar seus inventos na própria oficina, uma atividade que se prolongou mesmo após sua transferência para Belo Horizonte, em 1918, como professor de Desenho da Escola Normal Modelo. Consta no folheto impresso que acompanha o estojo *Rudimentos de linhas, superfícies e solidos*, 3ª série, de 1929, uma breve nota por ele redigida, com instruções e sugestões dirigidas aos professores, sintetizando a concepção desse ensino em proveito do aprendizado da matéria:

> NOTA – (3ª Serie) Anno 1929 – A gravura é para os alumnos copiarem as figuras com arame de zinco. – As *Planas* deverão ser copiadas com cartão e os solidos com argila ou outra pasta qualquer. – É conveniente que a criança pegue as figuras, pois o tacto é o complemento do sentido da vista e da attenção dada pelo orgam visual. É uma lei da natureza que não se deve contrariar.[17]

O invento didático de Honorio Esteves mais conhecido foi o *Alphabeto Chromatico*, com registro de patente oficializado em 1896. Reconhecida sua criatividade e eficácia, com o nome *Apparatus for Teaching Reading, Chromatic Alphabet*, a peça mereceu Medalha de Bronze na Exposição Universal de Saint Louis, EUA, em 1904, tendo integrado o *Department of Education, Group 8, Special Forms of Education*. Assim como em relação às demais invenções de Honorio, nenhum exemplar desse aparelho tem localização conhecida.

A aula de Desenho e Pintura de Emilio Rouède: "uma grande diferença entre *olhar* e *ver*"

Residindo em Ouro Preto a partir do final de 1893, logo em abril do ano seguinte Emilio Rouède criou, em seu ateliê, na rua do Caminho Novo, a Escola de Desenho e Pintura. O lançamento do curso mereceu especial divulgação na imprensa. [*Figura 24*] Com destaque, na composição do texto do anúncio estampado nos jornais da cidade, Rouède fez questão de ressaltar o fato de ter sido professor do Lyceu de Artes e Officios do Rio de Janeiro.

---

[16] ESTEVES, 1916.
[17] ESTEVES, 1929.

O professor Rouède implantou, com sucesso, seu sistema de aulas. Para maior proveito, optou por organizar as turmas limitadas em dez alunos, com frequência de três vezes por semana. As turmas eram divididas em sexo masculino e feminino.

No mês de agosto de 1894, em visita pessoal ao amigo em Ouro Preto, o jornalista Alfredo Camarate teve oportunidade de conhecer o ambiente do ateliê de Rouède, repleto de alunos. Ato contínuo, em sua crônica no jornal *Minas Geraes*, descreveu com interesse aquilo que observara. Despejou largos elogios à didática do professor e à eficácia do método, comprovada pelos resultados que os alunos vinham obtendo, decorridos tão-somente alguns meses de trabalho:

> Descidos uns degraus em caracol e aberta uma porta modesta na largura, achei-me, de repente, mergulhado num oceano de papel branco, riscado a carvão, assombreado a esfuminho, coberto de tinta a óleo; mas este oceano afigurava-se-me que subia do chão, lambendo as paredes até o teto; um verdadeiro inferno de claro-escuro; muito pior do que aqueles que pintou Dante e que, para os pecadores endurecidos como eu não deixa de ter um certo número de atrativos e encantos.
>
> Mas, quando a análise substituiu a síntese, quando comecei a detalhar desenho por desenho, vi, com satisfação, que não estava contemplando estas sacramentais *habilidades*, com que a complacência e cegueira dos pais me tem atormentado, exibindo e encarecendo as monstruosidades artísticas da lavra de seus amados filhos.
>
> A aula de Emilio Rouède não é uma academia, felizmente para ele e sobretudo para os seus discípulos e discípulas; mas é uma escola de desenho absolutamente vazada nos princípios moderníssimos da arte.
>
> Ali já não copiam as litografias de Julien, nem aparecem como originais, paisagens de Herbert ou de Ferogio; os discípulos já não dispendem todo o seu talento e atividade cobrindo extensas superfícies de papel com tracinhos de gravador, que, na sua miudeza e igualdade, faziam constituir outrora o maior mérito e a prova de melhor aplicação do discípulo.
>
> Desde a primeira lição, foi o natural o único modelo e, como ele seja o único mestre dos artistas modernos, os discípulos de Emilio Rouède não perderam tempo, não se extraviaram pelos atalhos da trilha ou da especulação mercantil do professor; galgaram, com extraordinária velocidade, os primeiros passos da arte, sempre os mais difíceis e diante dos quais as academias e os academicistas fazem encalhar e desistir todos os talentos nascentes e até mesmo as mais decididas vocações.

> Desta acertada aplicação dos bons e lógicos processos de ensino artístico, resultou uma coisa: é que em pouco mais de dois meses, todos os discípulos de Emilio Rouède sabiam olhar para o natural, coisa que para os profanos parece muito fácil, esquecendo-se que existe uma grande diferença, entre *olhar* e *ver*!
> Nas belas-artes, acabaram-se atualmente as especialidades, e até mesmo a pintura e a escultura já têm vida independente e não são mais do que artes subsidiárias da arquitetura, a que acompanharam como simples artes decorativas.
> E, nesta unificação das belas-artes a pintura teve também que estender o campo de suas operações, reunindo numa só especialidade – a pintura, todas as outras que se dividiam e separavam, com milhares de títulos e viviam arrumadas cada uma em sua prateleira, devidamente etiquetadas.
> Acabaram-se os pintores históricos, os paisagistas, os pintores de gênero, os pintores de marinhas, os de interiores, os de natureza morta etc.
> Agora só há pintores... de pintura do natural.[18]

Trata-se de um raro relato sobre o ambiente e o funcionamento dos cursos de Rouède em Ouro Preto. Em sua posição crítica sobre o assunto, Camarate nomeava acadêmicos aqueles artistas que se mantinham atrelados ao sistema de compartimentar o ensino da arte; considerava, por outro lado, moderníssimos os princípios do ensino de pintura do natural. De fato, o cronista percebeu no ateliê de Rouède os bons resultados alcançados na aplicação do método:

> Na aula de Emilio Rouède vi sólidos muito bem entendidos e copiados; paisagens em que, por entre a entonação do claro-escuro, já se divisam notáveis tendências para o colorido; desenhos de gesso para ensoberbecer mestre e discípulo; finalmente uma aula tanto de acordo com o que durante vinte anos tenho sustentado, que desvaneceria, não em ser seu mestre, mas em ser seu aluno! [...]
> Emilio Rouède não tem sido só um bom mestre, mas um desvelado amigo dos seus discípulos. Ele próprio constrói os cavaletes, mói as tintas, prepara os cartões; é, finalmente, um verdadeiro Faz-Tudo; o que, para uma cidade ainda desprovida de certos recursos, é uma mina de valor incalculável.[19]

---

[18] CAMARATE, 1985, p. 125-126.

[19] CAMARATE, 1985, p. 126-127.

Contudo, não foi longa a permanência de Rouède em Ouro Preto. E, a partir do seu afastamento da cidade, uma vez extintos os cursos e dispersos os alunos – apenas iniciado o longo percurso do aprendizado –, a memória daquela experiência didática não foi preservada. Desse modo, ganha maior importância o testemunho de Camarate, aqui transcrito, mesmo se tratando tão-somente de uma crônica jornalística.

Logo, abreviando suas atuações na capital mineira, Emilio Rouède seguirá, em 1895, para Itabira do Matto Dentro, agora investido na condição de administrador do Gymnasio Santa Rita Durão, no qual também conduziu as classes de Desenho, Pintura a Aquarela, Pintura a Óleo, Música e Esgrima. A instituição, dirigida por José Soares da Cunha e Costa, estava voltada para a preparação de estudantes que visavam ao ingresso em estabelecimentos de ensino superior e, especialmente, a admissão no Instituto Agronômico de Itabira do Matto Dentro.

Ainda algumas questões sobre o estudo de desenho no Brasil

As experiências verificadas em Ouro Preto no final do século XIX, expostas neste texto, conduzem-nos a algumas reflexões sobre o ensino de desenho no Brasil. Certas questões inerentes à disciplina vinham sendo abordadas ao longo do Segundo Império[20] e prosseguiram como objeto de discussões durante o período republicano. Efetivas modificações no conteúdo das aulas de desenho, somente foram praticadas já decorridas as primeiras décadas do século XX.

Pode-se ressaltar que o próprio Alfredo Camarate, em outra crônica publicada no mesmo ano de 1894 no *Minas Geraes*, apresentou suas posições sobre a necessidade de evolução no ensino de Desenho nos países que se industrializavam. Para melhor compor seus argumentos, tomou como exemplo o desenvolvimento marcante observado na área do ensino de Desenho Industrial na Inglaterra. Camarate atribui à iniciativa da implantação em Londres do *South Kensington Museum* a responsabilidade pela eficácia das transformações operadas no setor. Confirma, de maneira direta, sua opinião sobre o assunto:

---

[20] Atribuindo-lhe importância fundamental, o deputado Ruy Barbosa destacou o ensino da disciplina de Desenho na proposta da Reforma do Ensino Secundário e Superior apresentada à Câmara em 1882.

> Figurara a Inglaterra numa das exposições de Paris, com as suas prodigiosas e colossais máquinas, e o júri francês, [...], notou-lhe que [...] a fabricação ressentia-se da falta de instrução dos seus operários, na parte que respeita ao desenho. [...]
> O governo inglês considerou razoável a observação consignada no relatório que publicaram os franceses e tratou logo de instituir o *South Kensington Museum* e que, pelo impulso do governo e também da iniciativa particular, se tornou o museu de arte industrial maia importante, que se conhece na Europa. [...]
> Os operários ingleses, que tinham quinhão na reprimenda francesa, começaram a estudar, no tal museu, os trabalhos industriais das outras nações e sentiram, com o proverbial bom senso britânico, que careciam de aulas de desenho e o governo da Inglaterra foi ao encontro dos seus desejos, criando também cursos públicos de desenho e liceus de artes e ofícios.
> A lição foi tão proveitosamente dada e recebida que, doze anos depois, quando a Inglaterra concorreu a novo certame de indústria francesa, as máquinas inglesas foram consideradas, por todos os entendidos, como superiores às de todas as demais nações, não só pela sua solidez, simplicidade e novidade de invento, como pelo seu *puro e correttíssimo desenho!*[21]

No Brasil, para além da época vivida por Camarate e Rouède, nas primeiras décadas do século XX, as propostas para o ensino de desenho continuavam em pauta, sem a devida aplicação. Em 1933, dá-se a publicação do texto *Retórica dos Pintores,* do professor e pintor Modesto Brocos y Gomes. No Capítulo VIII desse trabalho, o autor analisa diferentes aspectos da condução do estudo da matéria e comenta sobre sua importância fundamental:

> É de absoluta necessidade ministrar o desenho ao povo, paralelamente ao ensino das primeiras letras. Já disse em outra parte: "A questão do ensino de Belas Artes": "O ensino do desenho é de uma atualidade palpitante, a necessidade entre nós cresce, de dia para dia, a nossa povoação aumenta e com ela aumentam tambem as aspirações do povo. Este ensino não serve somente aos que querem seguir uma profissão liberal; é um ensino prático que póde servir a todos, pois não ha uma só categoria da população que não possa tirar proveito". Será, pois necessario, não sómente ampliar este estudo, mas aperfeiçoa-lo na Escola Normal, dando-lhe outra orientação de que atualmente carece.[22]

---

[21] CAMARATE, 1985, p. 147-148.

[22] BROCOS, 1933, p. 80.

Quanto ao tema do ensino e da prática de pintura do natural, diante do modelo, na consideração de Modesto Brocos, somente após três anos de estudos de pintura decorativa, com todos os seus elementos aprendidos, estaria o aluno adequadamente preparado para ingressar na aula de pintura. Modesto Brocos não prescreverá, portanto, a adoção de imediato do estudo do natural, aplicado ao principiante de pintura: "Terminado este curso de pintura decorativa, continuavam a praticar a aula de pintura, mas pintando sem partido algum de interpretação, porque o aluno que começa a estudar o natural, si quer interpretar, se desviará do caminho reto [...]".[23]

Demonstrada sua preocupação com a matéria, no Apêndice do livro, o professor Modesto Brocos estabelece uma proposta bastante rigorosa para a habilitação do professor de Desenho:

> A respeito do titulo de professor de desenho, digo naquele folheto, que os aspirantes a tal titulo, depois de terminados os cursos de pintura, escultura, gravura e arquitetura, precisarão frequentar dois anos a aula de pintura decorativa e depois deste estudo terminado satisfazer as seguintes provas:
> 1º - Um desenho de ornato, cópia do relevo.
> 2º - Um desenho (academia), cópia da estatua.
> 3º - Uma academia, cópia do modelo vivo.
> 4º - Uma composição ornamental sobre um assunto dado: painel, fonte, tarja, vaso, etc., onde o emprego da figura humana seja obrigatório.
> 5º - Provas orais, com demonstrações no quadro, sobre anatomia dos pintores e perspectiva.
> 6º - Depois destas provas, precisa fazer a principal (que naquêle tratado falta), que consiste em corrigir dois desenhos mal feitos perante o tribunal e o publico, explicando os defeitos a corrigir, e os meios de evitar os tais defeitos.[24]

Toda essa sequência de etapas que, após muitos estudos, deveria ser vencida pelos candidatos a professor de Desenho deixa patente a relevância fundamental que Modesto Brocos atribui à disciplina.

---

[23] BROCOS, 1933, p. 82.

[24] No texto do Apêndice, Brocos (1933, p. 140) faz menção a um pequeno livro de sua autoria intitulado *A questão do ensino de Belas-Artes*, publicado em 1915, e dele extrai alguns conceitos.

Referências

ALMANAK LAEMMERT: *Almanack Mercantil e Industrial do Rio de Janeiro*. Rio de Janeiro: Typographia Universal, 1885, 1886, 1887, 1888, 1889.

BARROS, Alvaro Paes de. *O Liceu de Artes e Ofícios e seu fundador: depoimento histórico no primeiro centenário da grande instituição*. Rio de Janeiro: [s/n], 1956.

BIELINSKI, Alba Carneiro. O "senhor do desenho" no Liceu de Artes e Ofícios do Rio de Janeiro. In: TURAZZI, Maria Inez (Org.); ROSSETTO, Lourdes (Coord.). *Victor Meirelles: novas leituras*. Florianópolis: Museu Victor Meirelles/IBRAM/MinC; São Paulo: Stúdio Nobel, 2009. p. 79-93.

BROCOS, Modesto. *Retórica dos Pintores*. Rio de Janeiro: Typ. d'A Industria do Livro, 1933. p. 80. Organização de Camila Dazzi. Disponível em: <http://www.dezenovevinte.net/txt_artistas/brocos_retorica.pdf>. Acesso em: 3 abr. 2012.

CAMARATE, Alfredo. Por Montes e Vales. *Revista do Arquivo Público Mineiro*, Belo Horizonte, ano XXXVI, 1985.

ESTEVES, Honorio. Ensino Primario Intuitivo. *A Vida de Minas*, Bello Horizonte, anno II, n. 15, mar. 1916.

ESTEVES, Honorio. *Rudimentos de Linhas, Superficies e Solidos*, 3ª Serie, 1929. (Folheto integrante da caixa com três coleções reunidas).

MINAS GERAES. Bello Horizonte, p. 5, 21 abr. 1909.

O ESTADO DE MINAS. Ouro Preto, p. 4, 6 out. 1897.

RUBENS, Carlos. *Vítor Meireles*: Sua vida e sua obra. Rio de Janeiro: Imprensa Nacional, 1945.

SILVA, Frederico da. O ensino de desenho no Lycêo de Artes e Officios. O Brazil Artistico. *Revista da Sociedade Propagadora das Bellas Artes (Nova Phase)*. Rio de Janeiro: Typ. Leuzinger, 1911. p. 277-278. Disponível em: <http://www.brasiliana.usp.br/bbd/handle/1918/06004900#page/8/mode/1up> Acesso em: 31 out. 2014.

Frederico Steckel:
Artista do Império e da República

Introdução

A presença do nome do artista alemão Frederico Antonio Steckel na história da arte brasileira do século XIX e início do século XX se deve, essencialmente, aos notáveis trabalhos ornamentais, de acabamento e de pintura decorativa que realizou, ao longo de cerca de sessenta anos, em palácios, prédios, igrejas e residências do Rio de Janeiro e de Belo Horizonte.

Contudo, nota-se com muita frequência a omissão do seu nome na literatura que versa sobre o assunto. Quando mencionado, nem sempre de forma precisa, a ele é destinado tão-somente o breve espaço de um verbete. Não tem merecido o artista o reconhecimento a que sua obra faz jus. É o que se pode constatar, considerando-se as atividades que desenvolveu durante o largo espaço de tempo em que viveu na Corte imperial, a partir dos anos 1860: a marcante atuação como promotor cultural no âmbito da sua galeria de arte e do seu estabelecimento comercial especializado e, sobretudo, o muito que alcançou realizar no setor da arte decorativa, intervindo nos ambientes de prédios públicos e particulares.

Deve-se reconhecer, todavia, que, na cidade do Rio de Janeiro, a percepção do trabalho do artista se apresenta, hoje, imensamente prejudicada. Isso se deve às poucas referências documentais existentes sobre as obras realizadas, à sequência de alterações físicas nas edificações que as receberam, sobrepondo-se umas às outras ao longo dos anos, e, finalmente, ao eventual desaparecimento das obras por motivo de demolição dos prédios.

Quanto à produção artística de Frederico Steckel realizada em Belo Horizonte a partir de 1897, a ela se deve lançar um olhar ainda mais atento, já que, reconhecidamente, veio interferir de forma decisiva no caráter e na fisionomia da nova capital mineira, contribuindo para materializar o pensamento dos membros da Comissão Construtora da Nova Capital, representantes governamentais republicanos: a opção pela arrojada concepção de engenharia urbanística e a consequente implantação da arquitetura moderna.

Um artista alemão na Corte brasileira

Natural da Alemanha, Frederico Antonio Steckel[1] transferiu-se para o Brasil em meados do século XIX. Adota-se o ano 1834 para seu nascimento[2] e a cidade de Dresden, capital da Saxônia, para sua origem e da sua família, sem que, contudo, tenham sido divulgados com exatidão esses dados da sua biografia.[3]

Restam imprecisas, ainda, informações concernentes à sua formação artística na Europa, bem como a data e as circunstâncias que motivaram a mudança da sua família para o Brasil. Acompanhando outros historiadores, Raul Tassini também estabeleceu 1834 como o ano de nascimento do pintor; afirma, contudo, ter ocorrido sua transferência para o Brasil em 1846, "já diplomado pela Escola de Belas Artes de Berlim, com seus pais e irmãos".[4] Desse modo, teria o jovem Steckel concluído o curso na Escola de Belas Artes alemã com idade inferior a 12 anos, o que torna absolutamente questionável a conjugação dos fatos e das referidas datas.

O certo é que Frederico Steckel e seus familiares já se encontram estabelecidos no Brasil em data próxima ao ano 1860. Tal afirmativa

---

[1] Originalmente, Friedrich Anton Steckel. A tradução do prenome composto, Frederico Antonio, foi adotada em todas as referências a ele feitas, sejam elas em anúncios veiculados na imprensa, noticiários, impressos comerciais, almanaques, contratos, publicações diversas e, sobretudo, ao se confrontar a própria assinatura do artista em documentos, nos quais fez uso, comumente, da forma abreviada, Frederico Antº Steckel.

[2] De acordo com notas sociais veiculadas na imprensa brasileira, nas quais era ocasionalmente noticiado o aniversário de Steckel, o dia do seu nascimento é 5 de março.

[3] Consulta que realizamos no Stadtarchiv de Dresden, em 1º de outubro de 2009, obteve resposta negativa em relação ao seu nome e sua data de nascimento nos registros da cidade.

[4] TASSINI, [1947?], p. 137-138.

encontra respaldo em referências esparsas encontradas em jornais, como, por exemplo, nas colunas que noticiam movimentos de chegada e saída de vapores nos portos: em abril de 1860, registra-se a saída "[d']o alemão Guilherme Erano Steckel", pelo vapor *Cecilia*, no porto de Mangaratiba; em junho de 1861, entrada "[d']o alemão Frederico Guilherme Steckel e 2 escravos a entregar", pelo vapor *Marambaia*, no porto de Mangaratiba.[5]

Quanto à atuação profissional da família Steckel, verifica-se a inclusão de seus nomes nas edições do anuário *Almanak Laemmert* a partir dos anos 1860, referentes ao município de Mangaratiba e ao Rio de Janeiro, com destaque para os nomes dos pintores Guilherme Steckel e Frederico Antonio Steckel e do funileiro lampista, Antonio Guilherme Steckel. Por cerca de três décadas, viveram e trabalharam ativamente na Corte os membros da família Steckel, tendo a arte decorativa e a pintura como principais especialidades profissionais.[6] [*Figura 25*]

No curso da história das artes no Brasil registra-se, durante o período monárquico, a presença, temporária ou definitiva, de um número considerável de pintores, decoradores, fotógrafos e gravadores de origem alemã, os quais, em muitos aspectos, influenciaram de maneira notável o meio artístico local, sobretudo no Rio de Janeiro. Para citar alguns nomes: Karl Wilhelm von Theremin (1784-1852), natural de Berlim, um dos primeiros artistas alemães que se estabeleceram no país; Johann Moritz Rugendas (1802-1858), nascido em Augsburg; Ferdinand Krumholtz

---

[5] MOVIMENTO DO PORTO. *Correio da Tarde*, p. 3, 25 abr. 1860; REGISTROS DO PORTO, *Correio Mercantil do Rio de Janeiro*, p. 4, 10 jun. 1861.

[6] Nas edições do anuário *Almanak Laemmert*, há sucessivas indicações comerciais a membros da família Steckel e, em particular, ao próprio Frederico Antonio. Algumas dessas indicações tiveram variações em seus dizeres: "Frederico Guilherme Steckel, r. das Marrecas, 3"; essa referência aparece nas seguintes edições: *Laemmert*, 1863, p. 672; *Laemmert*, 1864, p. 686; *Laemmert*, 1865, p. 667; *Laemmert*, 1866, p. 645; *Laemmert*, 1867, p. 646, todas elas constantes na seção "Pintores de casas, seges, taloletas, letreiros, e Forradores de papel". Nas edições *Laemmert*, 1867, p. 646 e *Laemmert*, 1870, p. 674, consta também a referência: "F. A. Steckel, r. do Lavradio, 16", na seção "Pintores scenographicos e de decoração". Na edição *Laemmert*, 1875, p. 925, as indicações "Frederico Antonio Steckel & Irmão, r. do Lavradio, 16" e "Guilherme Steckel, r. Evaristo da Veiga, 52", constam nas seções: "Pintores scenographicos e de decoração" e "Pintores e Decoradores de casas, navios, seges, taboletas, firmas, letreiros, e Forradores de papel". As mesmas indicações constam nas seções "Pintores, Decoradores e Forradores de papel" e "Pintores scenographicos e de decoração", edições *Laemmert*, 1886, p. 918, 919; *Laemmert*, 1888, p. 935, 936, 938.

(1810-1878), nascido em Hof; Friedrich Hagedorn (1814-1889), nascido em Alt Damm, paisagista; August Müller (1815-c.1883), natural de Baden, paisagista e retratista, aluno de Debret na Academia Imperial; Eduard Hildebrandt (1818-1869), natural de Danzig; Emil Bauch (1823-c.1890), natural de Hamburgo, pintor e professor, com atuações em Pernambuco e no Rio de Janeiro; Karl Linde (c.1830-1873), o caricaturista Henrique Fleiuss (Colônia, 1824-1882) e Karl Fleiuss, pintores e gravadores, fundadores do Imperial Instituto Artístico; Karl Ernst Papf (1833-1910), natural de Dresden, pintor e fotógrafo; August Off (1838-1883), nascido em Berlim, retratista e professor; o bávaro Johann Georg Grimm (1846-1887), nascido em Immenstadt, pintor paisagista, professor interino da Aula de Paisagem, Flores e Animais na Academia Imperial das Bellas Artes do Rio de Janeiro, constituindo, posteriormente, o chamado grupo Grimm, em Niterói, com a participação de alguns de seus alunos da classe de Paisagem da Academia; Thomas Georg Driendl (1849-1916), nascido em Munique, pintor, decorador, que esteve ao lado de Grimm e integrou o grupo de pintores em Niterói; Bernard Wiegandt (1851-1918), nascido em Colônia, pintor, aquarelista e ilustrador, tendo vivido em Belém, Vitória e Rio de Janeiro, retornando mais tarde para a Alemanha; Benno Treidler (1857-1931), nascido em Berlim, pintor, aquarelista e professor.

Em breve parêntese, lembremo-nos que, próximo ao término do século XIX, artistas brasileiros, alguns deles de descendência alemã, cumpriram parte de seus estudos artísticos na Alemanha. Como exemplo, o pintor rio-grandense-do-sul Pedro Weingärtner (Porto Alegre, 1853 – Porto Alegre, 1929), Helios Seelinger (Rio de Janeiro, 1878 – Rio de Janeiro, 1965), José Fiuza Guimarães (ca. 1868 – Rio de Janeiro, 1948) e o jovem mineiro Antonio de Souza Vianna (Itajubá, 1871 – Soledade de Minas, 1904). Os dois últimos, ex-alunos da Escola Nacional de Belas Artes, prêmios de viagem respectivamente de 1895 e 1896, tendo sido enviados como pensionistas para estudos em Munique.[7]

Nos anos 1860, Frederico Steckel principia por firmar seu nome na cidade do Rio de Janeiro como um dos mais requisitados na profissão da arte decorativa. Em 1870, formaliza contrato da sociedade denominada Frederico Antonio Steckel & C. junto ao Tribunal do Comercio, tendo como sócio Helgo Neustadt; constituindo objeto social a atuação

---

[7] Cf. Valle (2011).

no ramo de comércio de pinturas; sede à rua do Lavradio nº 16; capital social de 4:276$140.[8]

Em 1873, integra como expositor a 3ª Exposição Nacional, no Rio de Janeiro, recebendo por sua participação a Menção Honrosa, 3ª Classe, tendo sido agraciada a firma Steckel & Heidtmann com a Medalha de Prata, 1ª Classe.[9]

Steckel contava já, portanto, algum tempo nessa atividade, quando o pintor George Grimm chegou ao país, em 1877, estabelecendo-se na Corte. Durante certo período, naqueles anos iniciais, Grimm trabalhou na firma de Steckel na execução de trabalhos de pintura decorativa.

Concomitante aos seus compromissos artísticos e aqueles de comerciante, Frederico Steckel, de espírito marcadamente empreendedor, aventurou-se também em outras atividades e, por um tempo, assumiu a exploração de uma concessão de estrada de ferro na província do Rio de Janeiro, tendo então criado a Empreza Ferro Carril e Navegação Santa Cruz. Em outubro de 1882, por meio do Decreto nº 3.711, em atenção a um requerimento formulado pelas partes, o Governo Imperial concedeu a Frederico Antonio Steckel e a José Teixeira Pires Vilella, pelo prazo de trinta anos, o direito de construírem e explorarem a linha de ferro entre a estação de Santa Cruz, da Estrada de ferro D. Pedro II, e o porto de Sepetiba. A via era destinada ao transporte de passageiros e de cargas, realizado por meio de carros de transporte idênticos aos utilizados pela companhia de carris urbanos. Uma cláusula contratual obrigava que os concessionários mantivessem também uma linha regular de pequenos vapores para viagens diárias entre Sepetiba e o porto da cidade de Paraty, tocando em portos intermediários. E, ainda, construírem, em Santa Cruz e Sepetiba, duas estações ferroviárias com instalações adequadas. O preço da passagem não poderia exceder a 100 réis. Muitos outros encargos foram estabelecidos como de responsabilidade dos concessionários e talvez todas essas imposições fossem um tanto pesadas. Sabe-se, por notícia veiculada na imprensa, ter sido problemática a sequência do empreendimento, chegando-se a comentar que Frederico Steckel, finalmente, perdera no negócio todas suas economias de muitos anos de trabalho.[10]

---

[8] DIARIO DO RIO DE JANEIRO, p. 2, 8 jun. 1870.

[9] EXPOSIÇÃO NACIONAL. *Diario do Rio de Janeiro*, p. 3, 12 jan. 1875.

[10] MINAS GERAES, p. 6, 8 jan. 1921.

Ainda outro aspecto será importante salientar: a significativa influência exercida por Frederico Steckel na vida cultural do Rio de Janeiro, exemplarmente notada ao se verificar a expressiva coleção de pintura europeia que chegou a possuir, em 1878, no acervo da sua galeria à rua do Lavradio nº 15, conjunto que seria exibido, no ano seguinte, na Exposição Geral das Belas Artes, na Academia Imperial.

A Galeria Steckel veiculava, de forma frequente, anúncios nos jornais do Rio de Janeiro, como por exemplo, na *Gazeta de Noticias* e no *O Cruzeiro*.[11] Alguns desses reclames eram redigidos de forma detalhada, com um particular senso comercial, e visavam chamar atenção de artistas e amadores cariocas para o sortimento de quadros filiados às diferentes escolas nacionais europeias representadas na coleção, bem como para os variados gêneros de pintura. Omitiam, contudo, os nomes dos pintores:

GALERIA STECKEL
15 RUA DO LAVRADIO 15

Frederico Steckel tem a satisfação de participar aos amadores das bellas artes, que, domingo 20 do corrente, abrirá á sua galeria de quadros a oleo ; expondo apreciação dos entendidos as mais bella collecções de pinturas de todas as escalas : italianas, hollandeza, franceza e allemã, sobre todos os assumptos ; sacros, historicos, generos, paisagens, marinha etc., etc., executados pelos melhores pintores europeus.[11]

A PINTURA
FREDERICO STECKEL

convida ao respeitavel publico a visitar a importantissima collecção de quadros que expoz na rua do Lavradio n. 15, garantindo ser a mais rica e interessante que da Europa tem vindo ao Brasil. O artista, o amador, o curioso, encontrarão nesta immensa exposição tudo quanto a imaginação póde conceber de bello e delicado em paisagens marinhas, animaes, bustos, assumptos religiosos etc., trabalhos estes originaes na quasi sua totalidade ; vê tambem cópias dos quadros que immortalisaram os grandes pintores como Raphael, Morillo e outros, que elevam e encantam pela fidelidade com que foram reproduzidos.

Emfim, não ha na galeria um unico quadro sem valor artistico.

Os preços da venda são modicos em extremo, significam mais a tentativa de desenvolver em maior escala o gosto pela pintura do que o interesse do proprietarios. Todos os quadros estão guarnecidos de bellissimas molduras.

Recebe-se tambem encommendas de quadros originaes e cópias de qualquer assumpto que seja, bem assim de retratos de famílias copiados por photographias.

15 RUA DO LAVRADIO 15

---

[11] GAZETA DE NOTICIAS, p. 4, 19 jan. 1878; A PINTURA. *O Cruzeiro*, p. 5, 18 abr. 1878.

Em 2 de junho, o resenhista G. S. publica breve nota no jornal *O Cruzeiro* na qual pontua suas impressões sobre a galeria e sobre a coleção europeia, destinando à matéria o título de: "O museu de pintura da rua do Lavradio". Em julho seguinte, no intuito de explorar mais uma área de atuação da galeria, Steckel organizou e levou a efeito uma sequência de leilões, cujas propagandas foram igualmente veiculadas com ênfase na imprensa, por meio de anúncios destacados, os quais se viam intitulados "Esplendido Leilão de Quadros a Oleo – Galeria Frederico Steckel":[12]

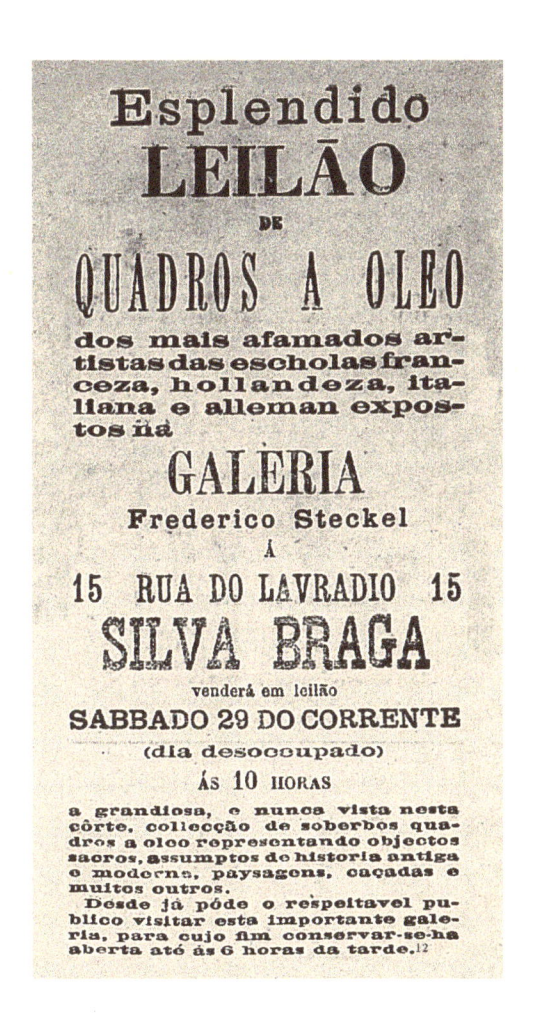

> **Esplendido**
> **LEILÃO**
> DE
> **QUADROS A OLEO**
> dos mais afamados artistas das escholas franceza, hollandeza, italiana e alleman expostos na
> **GALERIA**
> Frederico Steckel
> à
> **15 RUA DO LAVRADIO 15**
> **SILVA BRAGA**
> venderá em leilão
> **SABBADO 29 DO CORRENTE**
> (dia desoccupado)
> ÁS 10 HORAS
> a grandiosa, e nunca vista nesta côrte, collecção de soberbos quadros a oleo representando objectos sacros, assumptos de historia antiga e moderna, paysagens, caçadas e muitos outros.
> Desde já póde o respeitavel publico visitar esta importante galeria, para cujo fim conservar-se-ha aberta até ás 6 horas da tarde.[12]

---

[12] ESPLENDIDO LEILÃO. *O Cruzeiro*, p. 3, 16 jun. 1878.

Em 1879, por certo pautado no pensamento de "desenvolver em maior escala o gosto pela pintura", Steckel destinou expressivo número de quadros da sua coleção para a Exposição Geral das Belas Artes, aberta em 15 de março, formando um conjunto ao qual se deu o título *Collecção de quadros modernos, pertencentes ao Sr. Frederico Antonio Steckel*, exibido no certame ao lado das coleções particulares dos senhores Gerard e E. Callado.[13]

Pintores estrangeiros, todos, eram esses os nomes que integraram a Coleção Steckel: A. Delbert (dois quadros), Anton Pick (um quadro), B. Weber (um quadro), Burgaritzhy (um quadro), Canone (três quadros), Dalberg (um quadro), Dietrich (um quadro), Franz Barbarini (quatro quadros), Henri Nicolas Vinet (dois quadros), Jacopo da Conti (um quadro), Jankofski (dois quadros), Klande (um quadro), Marastini (três quadros), Marchand (quatro quadros), Mattoni (dez quadros), Menotti (um quadro), Miguel Algaier (três quadros), Molin (quatro quadros), Neurath (um quadro), Otto Richard (quatro quadros), Pastilio (dois quadros), Roman (um quadro), Rosa Bonheur (dois quadros), Rossi (três quadros), Sanderson (um quadro), Schaeffer (quatro quadros), anônimo (três quadros), Tavernais (três quadros), Tiboni (dois quadros), Veroni (dois quadros).[14]

A despeito da expressiva exposição da pinacoteca de Steckel no âmbito da Exposição Geral das Belas Artes da Academia Imperial daquele ano de 1879, o certame – o 25º dessa natureza – ficará marcado, e será sempre lembrado, pela polêmica de imenso vulto criada em torno da exibição das grandes pinturas históricas de Pedro Americo e de Victor Meirelles: *A Batalha do Avahy* e a *Primeira Batalha dos Guararapes*.

Em contraponto às mostras das coleções estrangeiras e ao embate particular entre os partidários de cada uma das *Batalhas*, merece a Exposição de 1879 especial menção por terem seus organizadores idealizado e promovido, em espaço próprio, uma significativa reunião de oitenta e três quadros integrantes da pinacoteca formada pela Academia, da autoria de dezoito artistas, consagrando a essa coleção o conceito de "Escola brasileira", conforme o título que a distinguiu: *Collecção de quadros nacionaes formando a Escola Brasileira (Na Pinacotheca).*[15]

---

[13] CATALOGO, 1879.

[14] LEVY, 1990, p. 235-255.

[15] Integraram a *Collecção de Quadros Nacionaes* obras dos seguintes artistas, relacionados cronologicamente no *Catalogo* (1879): Oliveira Brasiliense, Antonio Alves, Henrique José da

A Exposição Geral de 1879 contou com um total de 396 peças, entre pintura, escultura, arquitetura e fotografia, superando, neste aspecto, todas as vinte e quatro exposições anteriores. Outros registros surpreendem: a produção de cerca de oitenta artigos sobre a Exposição Geral, publicados em jornais e revistas durante os sessenta e dois dias em que se manteve aberta;[16] e o número de visitantes que acolheu: 292.286 pessoas, segundo registros constantes no *Relatorio do Imperio de 1885*.[17]

Particularizando, a coleção de Steckel exemplifica a vigorosa atuação da sua galeria no mercado de arte do Rio de Janeiro, naquele momento, demonstrado, ainda, sua capacidade econômica como comerciante. A arte europeia trazida por Steckel, ao ser incluída no âmbito da Exposição Geral, não escapou, contudo, aos comentários ligeiros e mordazes da *Revista Illustrada* (Ano IV, n. 155, p. 2, 1879), de Angelo Agostini, em 22 de março de 1879, logo em seguida ao ato de inauguração do evento:

> Esta aberta a nossa exposição de bellas-artes, annunciada como a mais rica de todas as que temos tido, cujo catalogo assim promette e cumpre para aquelles que ainda não conheciam a collecção do Sr. Steckel, a do Sr. Callado, etc, e algumas velharias que alli figuram como novidades da ultima fornada.
>
> Ha n'este fingimento de riqueza um desejo e até louvavel de possuir trabalhos artisticos, fingimento tanto assim mais louvavel quanto a visita á exposição se torna mais recreativa e agradavel, desde que encontramos alli a par de producções dos artistas nacionaes, muitos quadros de valor, embora importados do estrangeiro.
>
> A qualificação de exposição nacional fica, é certo, prejudicada; mas resta-nos o prazer ou desprazer da comparação, meio seguro de avaliar o quanto cumpre fazer em bem das bellas-artes no Brazil.

*

Silva, Felix Emilio Taunay, Manoel d'Araujo Porto-Alegre, Manoel Joaquim de Mello Corte-Real, José Corrêa de Lima, Joaquim Lopes de Barros Cabral, Augusto Muller, Francisco Antonio Nery, Agostinho José da Motta, João Maximiano Mafra, Leão Pallière Grandjean Ferreira, Arsenio da Silva, Victor Meirelles de Lima, Pedro Americo de Figueiredo e Mello, João Zeferino da Costa, José Maria de Medeiros.

[16] Cf. livro inteiramente dedicado ao estudo da Exposição de 1879 de autoria da historiadora Leticia Squeff (2012, p. 38).

[17] Quanto aos visitantes da Exposição, há números divergentes em outras fontes documentais. Cf. Squeff (2012, p. 32).

> Raras excepções feitas, os trabalhos dos artistas nacionaes desapparecem, por assim dizer, supplantados pelas producções dos artistas estrangeiros, embora entre estes não se contem nomes celebres, como se nos procura fazer acreditar. [...][18]

E decorrido o período expositivo, já ao término do evento, arremata, com fino humor, o cronista da *Revista Illustrada* (Ano IV, n. 163. p. 7, 1879):

> Encerrou-se finalmente a exposição de bellas-artes. Tambem já era tempo de tudo aquillo voltar aos seus logares. Os quadros do Sr. Steckel voltaram para a rua do Lavradio, o boi de *Avahy* foi para o matadouro e o Camarão dos *Guararapes* serve de miolo á grande empada que está exposta no Castellões. Está tudo acabado, mesmo a critica.[19]

Como já mencionado, Frederico Steckel se manteve atuante durante anos seguidos na Corte. Inúmeros foram os prédios da cidade que contaram com seus trabalhos e intervenções decorativas. Entre eles, o Gabinete Português de Leitura do Rio de Janeiro, prédio erguido entre os anos 1880 e 1888, em terrenos situados na antiga rua da Lampadosa, com projeto de autoria do arquiteto português Rafael da Silva Castro. Os principais registros que marcaram a construção do prédio foram mantidos nos arquivos do Gabinete. Verifica-se, no mês de janeiro de 1886, o procedimento de análise das propostas do concurso aberto para a execução da pintura interna do prédio, além de outros trabalhos atinentes às obras de acabamento que se pretendiam. Em seguida, foi adjudicada a proposta de Frederico Steckel para pinturas de decoração do interior do Gabinete.[20] Ao término das obras, expressou a diretoria especial agradecimento dirigido a todos os empreiteiros que, com sucesso, realizaram suas tarefas, e, entre eles, ao "Sr. Frederico Steckel, pelos inexcedíveis trabalhos de pintura tão intelligentemente estudados e executados."[21] Em 10 de setembro, celebra-se, na nova sede, ainda não tendo sido formalmente

---

[18] SILVA, s.d.

[19] SILVA, s.d.

[20] Dados assentados na Cronologia da instituição elaborada pelas historiadoras Regina Anacleto e Beatriz Berrini (2004, p. 101).

[21] ANACLETO; BERRINI, 2004, p. 71.

inaugurada, o quinquagésimo aniversário de fundação do Gabinete.[22] A solenidade de inauguração oficial do novo prédio realizou-se em 22 de dezembro de 1888.[23]

Ainda em agosto de 1888, Steckel executa, por encomenda dos proprietários da Granado & C., Pharmacia e Drogaria, um conjunto decorativo efêmero, destinado à fachada da loja, à rua Primeiro de Março nº 12, visando celebrar o retorno da família Imperial ao Brasil, após longa permanência na Europa, período no qual se submeteu dom Pedro II a tratamentos da sua abalada saúde. A parte frontal do estabelecimento foi profusamente decorada e mereceu acréscimo de alguns efeitos de iluminação a gás. Destaque-se também o frontão que ostentava as armas imperiais e os demais componentes e ornatos simbólicos ali devidamente incorporados, sobressaindo uma saudação moldada em letras douradas: *Feliz Regresso de SS. MM. Imperiaes*. Toda a decoração coube à execução de Frederico Steckel. Como elemento principal, exibia o conjunto um grande quadro de pintura a óleo, guarnecido de sóbria moldura, fixado no andar superior do sobrado. Esse quadro foi pintado por Steckel a partir de uma fotografia recente, no qual se via em tamanho natural, de um lado, de corpo inteiro, o Imperador, do outro lado, a Imperatriz Thereza Christina e, ao centro, o Príncipe dom Pedro Augusto.[24]

Em meio às suas múltiplas ocupações, Steckel, agindo em prol do seu já consolidado comércio, obtém, em 3 de setembro de 1890, por decreto do Ministério da Agricultura, sob patente nº 924, privilégio para o preparo de sua invenção denominada *Crostalina Steckel*, material de

---

[22] O evento solene foi retratado em um quadro a óleo, peça que integra o acervo do Real Gabinete, no qual consta a assinatura: *A. Steckel*. Lê-se em sua moldura original, os dizeres: *Inauguração / do novo edifício do Gabinete Portuguez de Leitura / do Rio de Janeiro / com a assistencia de S. A. Imperial a Regente / no dia 10 de setembro de 1887 / 50º anniversario da sua fundação*.

[23] ANACLETO; BERRINI, 2004, p. 101.

[24] GAZETA DE NOTICIAS, p. 1-2, 23 ago. 1888. A exibição pública desse quadro, no qual se vê retratada a família imperial e a decoração da fachada de autoria de Steckel são mencionadas pela historiadora Mary Del Priore (2007, p. 146-147). Existe um registro fotográfico do conjunto composto por Steckel – o quadro a óleo encimando a fachada decorada da Granado. Essa fotografia encontra-se reproduzida no livro da historiadora Lilia Moritz Schwarcz (2004, p. 444).

ornamentação de estuque artificial, produto que desenvolvera em seu trabalho, destinado para forração de tetos e paredes nos interiores dos prédios.[25]

Durante o longo período do Segundo Império, o operoso Frederico Steckel há de ter desempenhado seu trabalho em inúmeras outras edificações na cidade, sendo que algumas intervenções exemplificam o amplo arco das suas atuações: obras no Paço Imperial; na Quinta da Boa Vista; pinturas murais e um grande quadro alegórico no consistório da igreja da Candelária;[26] importantes pinturas decorativas no castelo da Ilha Fiscal, inaugurado em abril de 1889, provavelmente um dos últimos trabalhos executados na vigência do regime monárquico.

Frederico Steckel e a moderna metrópole da República

Ideais positivistas nortearam decisivamente a implantação da República brasileira no final do século XIX. Pensando no futuro, no intuito de modernizar e acentuar seu desenvolvimento, o estado de Minas Gerais determinou nas Disposições transitórias da sua primeira Constituição republicana, promulgada em 15 de junho de 1891, a mudança da sua capital. Reunido em Barbacena, em 17 de dezembro de 1893, o Congresso Mineiro, após exame de estudos técnicos preparatórios, finalmente estabeleceu a localidade e o prazo de quatro anos para sua edificação. Planejada por Aarão Leal de Carvalho Reis (1853-1936) e construída pelo seu sucessor, Francisco de Paula Bicalho (1847-1919), engenheiros-chefes da Comissão Construtora da Nova Capital, a cidade foi erguida sobre terrenos do arraial do Bello Horizonte, antigo Curral d'El-Rey, na região central do estado. A missão republicana dos governantes mineiros seria cumprida duplamente: fazia-se desaparecer a rústica memória colonial e provincial da localidade e, ao mesmo tempo, implantava-se a mais moderna concepção urbanística do país, uma cidade planejada e voltada para o século XX. A mais, abandonava-se em esquecimento a Imperial Cidade de Ouro Preto.[27]

---

[25] DIARIO OFFICIAL, p. 3588, 15 ago. 1890; DIARIO OFFICIAL, p. 1748, 26 abr. 1892.

[26] DIARIO DO BRAZIL, p. 2, 1º ago. 1882.

[27] "Imperial Cidade de Ouro Preto" foi o título conferido, em 20 de março de 1823, por decreto de dom Pedro I à antiga Villa Rica colonial.

Figura 1 – HENRIQUE BERNARDELLI (1857-1936): *Mestre Aleijadinho*, s/d. Desenho. Fonte: <http://www.dezenovevinte.net/txt_artistas/cv_hb_arquivos/hb_aleijadinho01.jpg>.

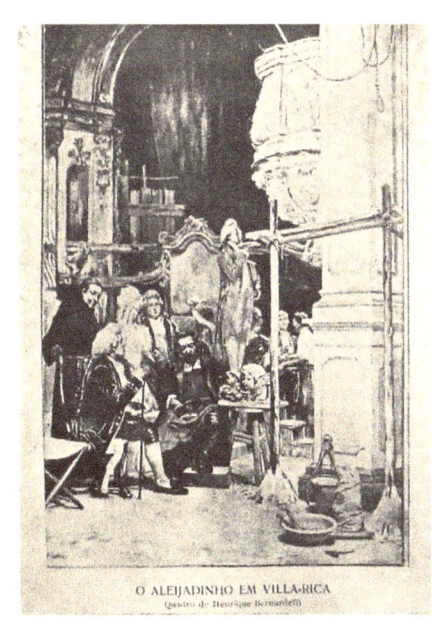

Figura 2 – HENRIQUE BERNARDELLI (1857-1936): *O Aleijadinho em Villa-Rica*, 1898. *Kósmos*, Rio de Janeiro, anno I, n. 2, fev. 1904. Fonte: <http://www.dezenovevinte.net/txt_artistas/cv_hb_arquivos/hb_aleijadinho02.jpg>.

Figura 3 – HENRIQUE BERNARDELLI (1857-1936): *Interior da Capella da Ordem Terceira de São Francisco de Assis de Ouro Preto* (estudo para *O Aleijadinho em Villa-Rica*), 1898. Aquarela. Fonte: <http://www.dezenovevinte.net/txt_artistas/cv_hb_arquivos/hb_opigreja.jpg>.

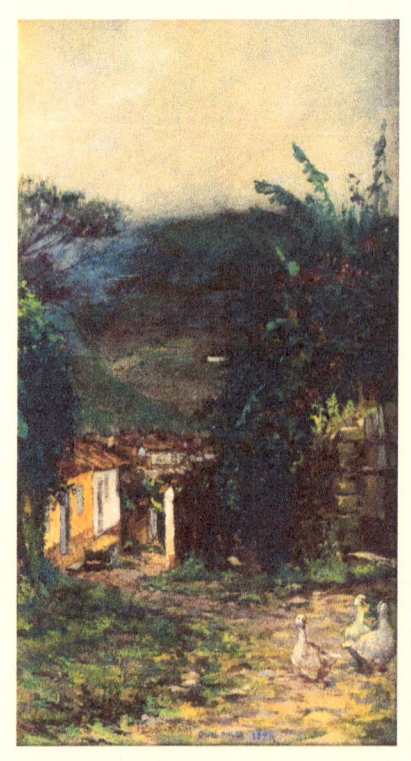

Figura 4 – HENRIQUE BERNARDELLI (1857-1936): *Fundos da residência ouro-pretana da rua do Rosário, de propriedade de Antonio Gomes Monteiro*, 1898. Óleo sobre tela, 46 x 25 cm. Coleção Ricardo Giannetti, Belo Horizonte. Fotografia: Rafael René Giannetti.

Figura 5 – EMILIO ROUÈDE (1848-1908): *Vista da Igreja da Ordem Terceira de São Francisco de Paula e Hospício da Terra Santa*, 1894. Óleo sobre tela, 33 x 55 cm. Coleção Ricardo Giannetti, Belo Horizonte. Fotografia: Rafael René Giannetti.

Figura 6 – EMÍLIO ROUÈDE. Correspondance de Ouro Preto. *Le Brésil Républicain*, 23 Mai 1894. Fonte: *Barroco*, Belo Horizonte: UFMG, v. 9, 1977.

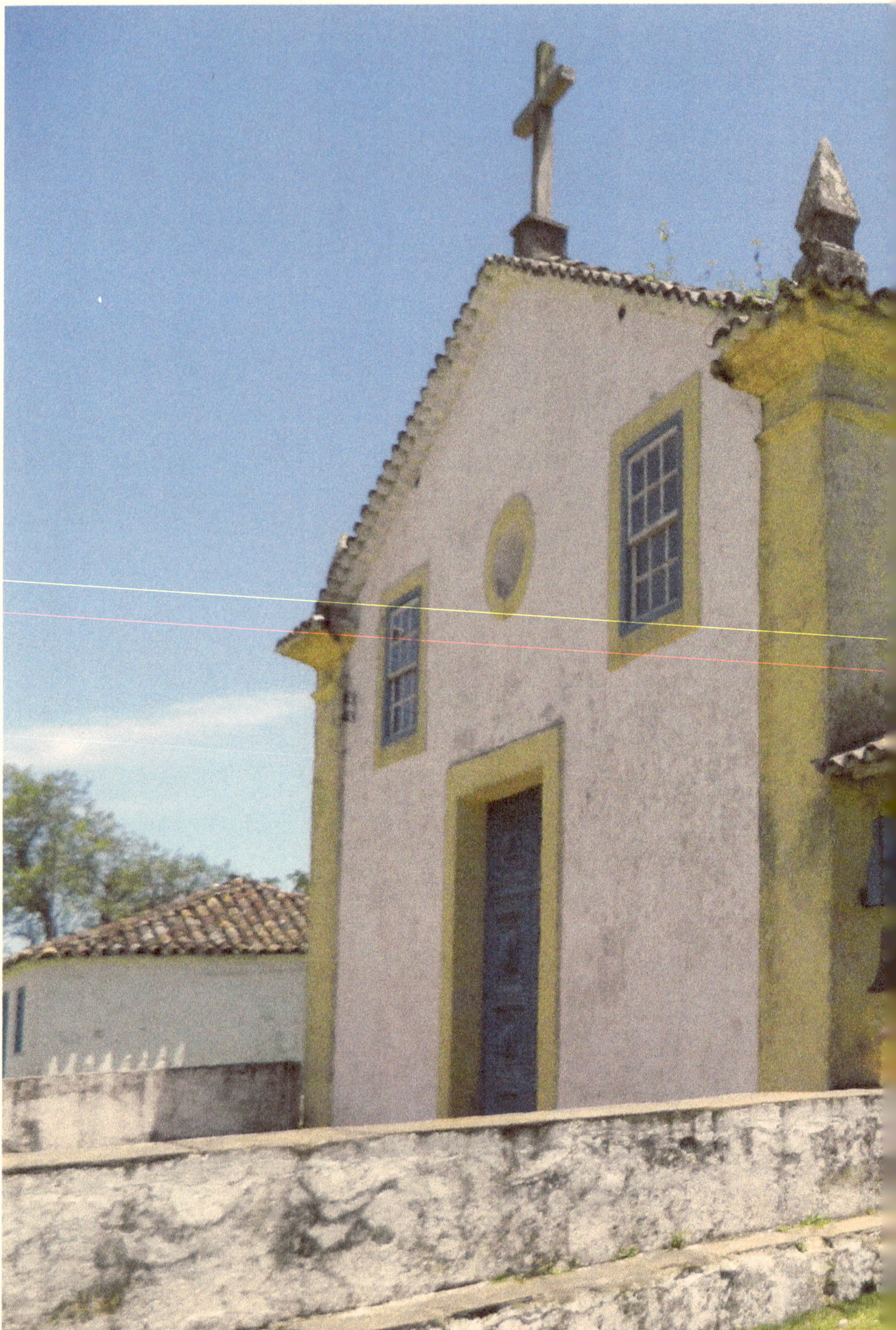

Figura 7 – *Capela de São João, Ouro Preto*. Fotografia: Angela Felisberto Giannetti, 2014.

Figura 8 – EMILIO ROUÈDE (1848-1908): *Vista da Igreja Matriz de Nossa Senhora da Boa Viagem de Bello Horizonte*, 1894. Óleo sobre tela, 80 x 110 cm. Acervo Museu Histórico Abílio Barreto, Belo Horizonte.

Figura 9 – BELMIRO DE ALMEIDA (1858-1935): *Nuvens*, 1891. Óleo sobre tela, 130 x 85 cm. Coleção particular, Rio de Janeiro. Fonte: Catálogo Bolsa de Arte do Rio de Janeiro, lote 127, Leilão agosto de 2008.

Figura 10 – BELMIRO DE ALMEIDA (1858-1935): A estátua de Tiradentes, 1894. *Gazeta de Noticias*, Rio de Janeiro, 10 jan. 1894, p. 1.

Figura 11 – BELMIRO DE ALMEIDA (1858-1935): *Má Noticia*, 1897. Óleo sobre tela, 168 x 168 cm. Coleção Arquivo Público Mineiro/Acervo Museu Mineiro, SUMAV/SEC, Belo Horizonte.

Figura 12 – *Capela do Padre Faria, Ouro Preto*. Fotografia: Dimas Guedes, 2011.

Figura 13 – *Capela do Padre Faria, Ouro Preto: altar-mor, altares laterais, forro da nave*. Fotografia: Dimas Guedes, 2011.

Figura 14 – *Capela do Padre Faria, Ouro Preto: forro da capela-mor*. Fotografia: Dimas Guedes, 2011.

Figura 15 – ANTONIO FRANCISCO LISBOA (1738-1814): *Conjunto escultórico da Igreja da Ordem Terceira de São Francisco de Assis de Ouro Preto.* Fotografia: Dimas Guedes, 2011.

Figura 16 – Diploma da Sociedade Propagadora das Bellas Artes ao artista Honorio Esteves do Sacramento, professor de Desenho Elementar do Lycêo de Artes e Officios. Rio de Janeiro, 23 de novembro de 1889. Notação: DPL-01. Arquivo Público Mineiro, Belo Horizonte.

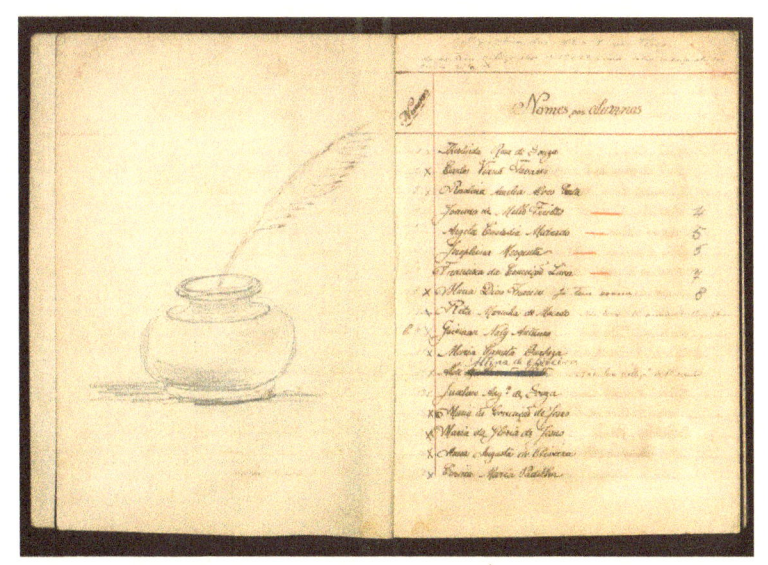

Figura 17 – HONORIO ESTEVES, Diario de Classe de Calligraphia 1º e 2º Annos da Escola Normal de Ouro Preto, 1896. Notação: SI 1005, Arquivo Público Mineiro, Belo Horizonte.

Figura 18 – HONORIO ESTEVES, Diario de Classe de Desenho 3º e 4º Annos da Escola Normal de Ouro Preto, 1896. Notação: SI 1006, Arquivo Público Mineiro, Belo Horizonte.

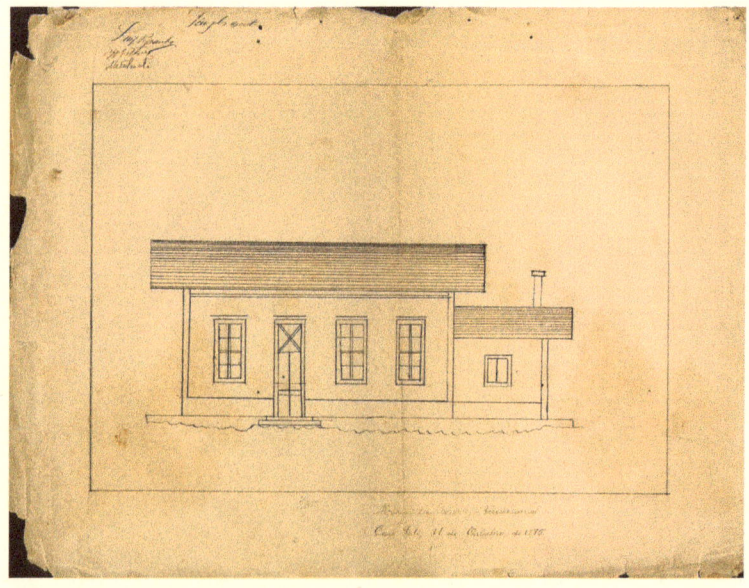

Figura 19 – Desenho de autoria da aluna Maria da Conceição Felicissimo, Escola Normal de Ouro Preto, 31 de outubro de 1895. Notação: SI4/2 cx: 09 PC: 14. Arquivo Público Mineiro, Belo Horizonte.

Figura 20 – Desenho de autoria da aluna Angelina Medrado, 4º ano, Escola Normal de Ouro Preto, 27-2-1901. Notação: SI4/2 cx: 09 PC: 14. Arquivo Público Mineiro, Belo Horizonte.

Figura 21 – Desenho de autoria aluna Alice Pinto, 4º ano, Escola Normal de Ouro Preto, 20 de março de 1901. Notação: SI4/2 cx: 09 PC: 14. Arquivo Público Mineiro, Belo Horizonte.

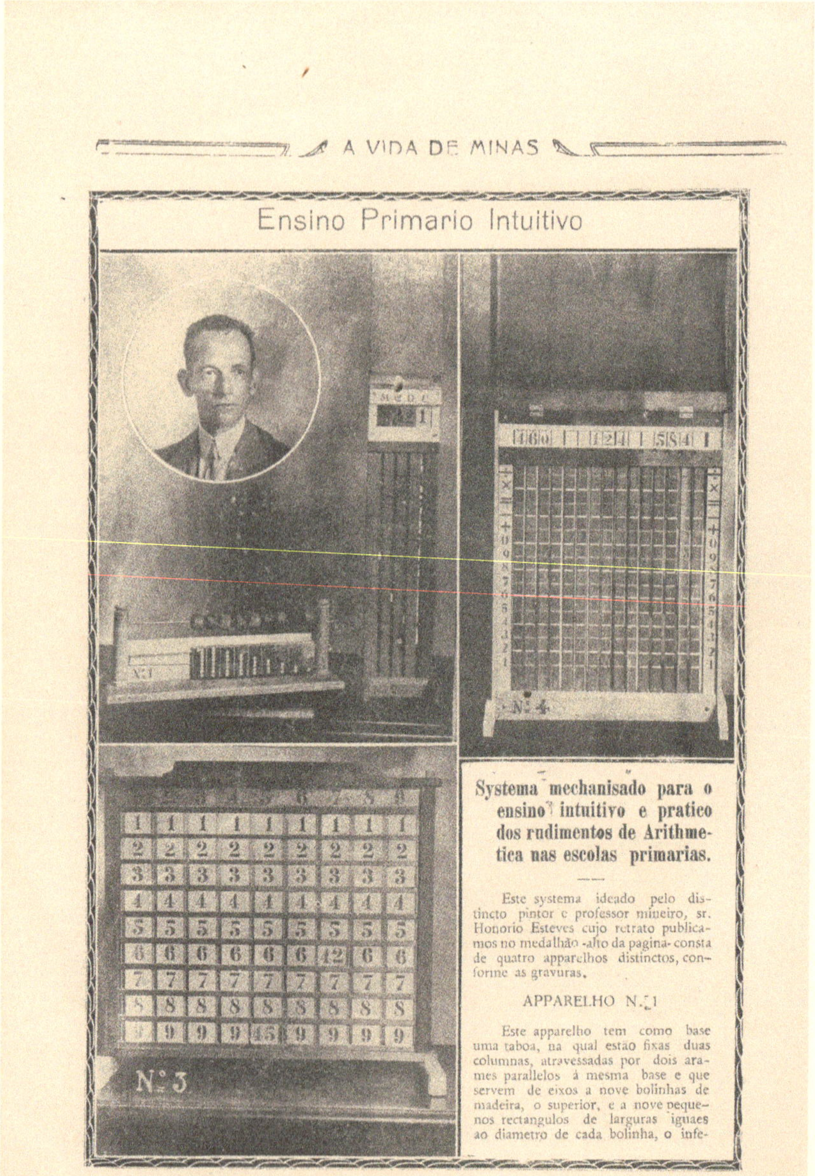
A VIDA DE MINAS

Ensino Primario Intuitivo

N.º 4

N.º 3

Systema mechanisado para o ensino intuitivo e pratico dos rudimentos de Arithmetica nas escolas primarias.

Este systema ideado pelo distincto pintor e professor mineiro, sr. Honorio Esteves cujo retrato publicamos no medalhão -alto da pagina- consta de quatro apparelhos distinctos, conforme as gravuras.

APPARELHO N.º 1

Este apparelho tem como base uma taboa, na qual estão fixas duas columnas, atravessadas por dois arames parallelos á mesma base e que servem de eixos a nove bolinhas de madeira, o superior, e a nove pequenos rectangulos de larguras iguaes ao diametro de cada bolinha, o infe-

Figura 22 – HONORIO ESTEVES: Ensino Primario Intuitivo. *A vida de Minas*, Bello Horizonte, anno II, n. 15, mar. 1916.

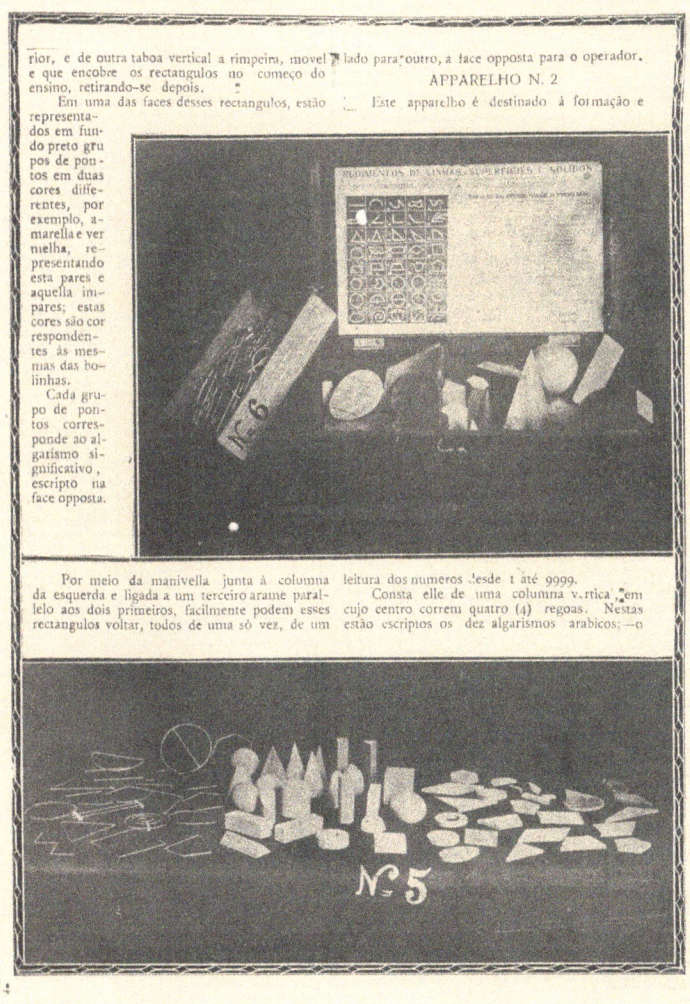

Figura 23 – HONORIO ESTEVES: Rudimentos de linhas, superfícies e sólidos. *A vida de Minas*, Bello Horizonte, anno II, n. 15, mar. 1916.

Escola de desenho e pintura

DIRIGIDA POR

EMILIO ROUEDE

Ex-professor do Lyceu de Artes e Officios

DO

RIO DE JANEIRO

RUA DO PARANÁ' N. 19

Aula do sexo feminino

Acha-se aberta, á rua do Caminho Novo n. 3, a matricula para uma nova classe de desenho fi urado, ás segundas, quartas e sextas feiras, das 2 ás 3 horas da tarde.
— O numero de alumnas é limitado a dez em cada aula.

Aula do sexo masculino

Esta aberta no mesmo local a matricula para duas classes de moços, escolhendo elles os dias da semana e as horas compativeis com os seus estudos, respeitando o tempo comprehendido entre 1 e 4 horas da tarde, reservado ao curso de senhoras.

Preço.............. 12$000, mensaes.

Figura 24 – Escola de desenho e pintura dirigida por Emilio Rouède. *Minas Geraes*, Ouro Preto, 27 abr. 1894, p. 8.

Pintores Scenographicos e de decorações. [714

Antonio José Gonçalves, r. do Hospicio, 117.
Frederico Antonio Steckel, r. do Lavradio, 16.
Giacomo Micheli, r. do Visconde do Rio-Branco, 27.
João Pedro Sovette, r. de S. Pedro, 143.
Julio Ballá, becco das Cancellas, 2.
Meira & Lopes, r. do Lavradio, 44.
Mondaini & Rossi, r. do Hospicio, 67.

Pintores e Decoradores de casas, navios, seges, taboletas, firmas, letreiros, e Forradores de papel. [715

Albino Gonçalves, r. da Uruguayana, 40.
Antonio Alves Meira, r. do Rio-Comprido, 10.
Antonio Alves do Valle, ⚓ 6, r. de D. Clara, Todos-os-Santos.
Antonio Augusto da Silva, r. da Uruguayana, 113.
Antonio José Gonçalves, r. do Hospicio, 117.
Antonio Pereira Pedrosa, r. de S. José, 55 e 106.
Carlos Steckel, r. de Santo Antonio.
Domingos Francisco Lucas, r. da Prainha, 144.

Figura 25 – Pintores Scenographicos e de decoração. *Almanak Laemmert*, Rio de Janeiro, 1880, p. 1007.

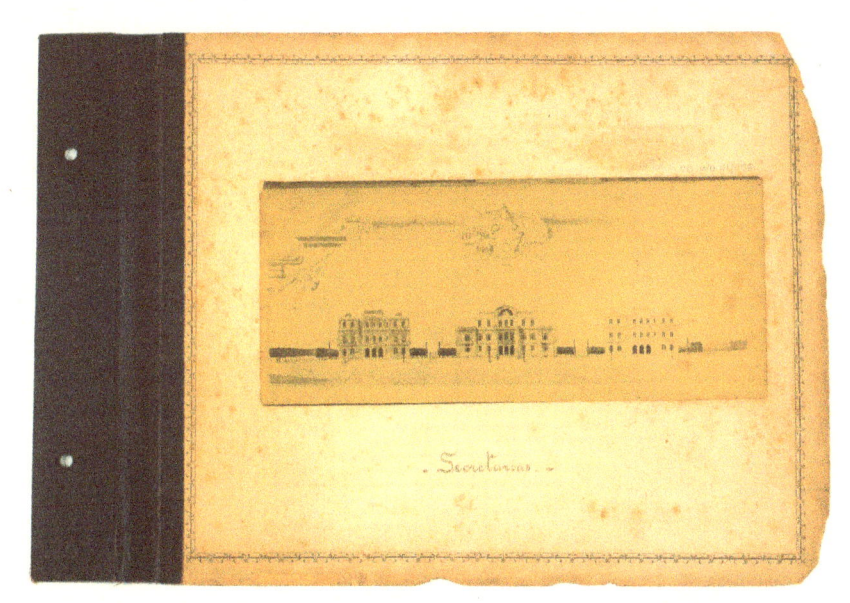

Figura 26 – *Projeto das Secretarias*. Notação: CC.ALB.01-056. Museu Histórico Abílio Barreto, Belo Horizonte.

Figura 27 – *Memorandum. Rio de Janeiro 20 de janeiro de 1897*. Notação: SA4/2 cx: 01. Arquivo Público Mineiro, Belo Horizonte.

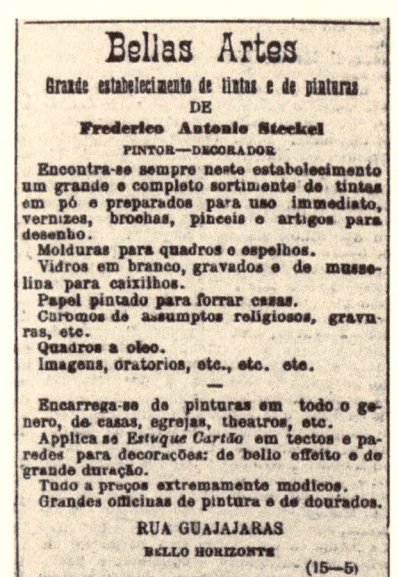

Figura 28 – Bellas Artes. *Minas Geraes*, Minas, 18 jul. 1900, p. 4.

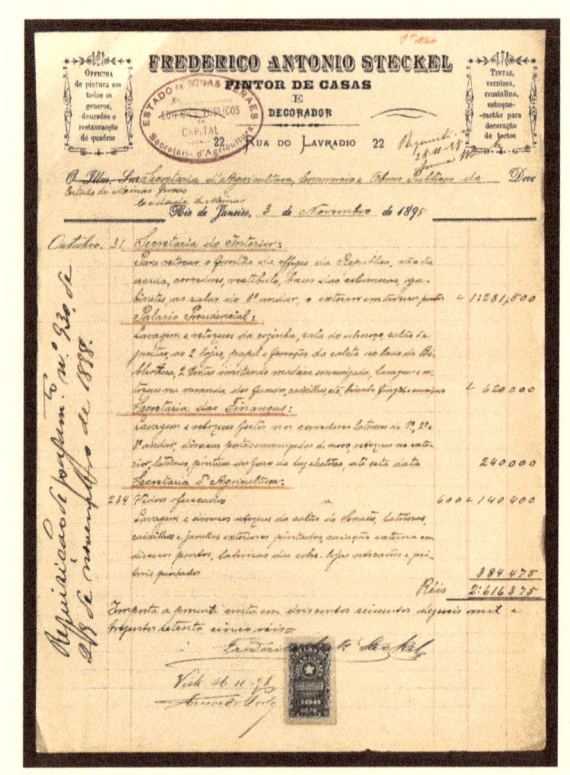

Figura 29 – *Nota de serviços. Papel timbrado: Frederico Steckel pintor e decorador, Rua do Lavradio, 22.* Notação: SA4/2 cx: 01. Arquivo Público Mineiro, Belo Horizonte.

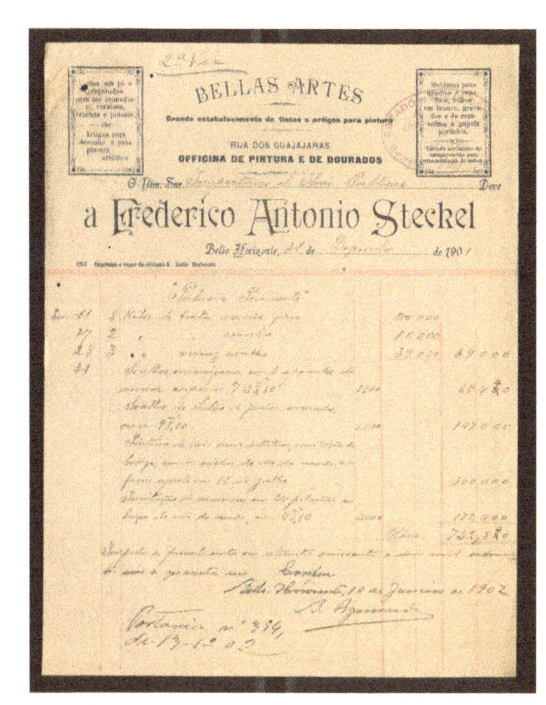

Figura 30 – *Nota de serviços*. Papel timbrado: Bellas Artes Officina de pintura e de dourados, Rua dos Guajajaras. Notação: SA4/2 cx: 01. Arquivo Público Mineiro, Belo Horizonte.

Figura 31 – *Palacete Steckel*, 1942. Fotografia, 18 x 24 cm. Acervo Museu Histórico Abílio Barreto, Belo Horizonte.

Figura 32 – FREDERICO STECKEL (1834-1921): *Vista das secretarias da praça da Liberdade*, 1900. Óleo sobre tela, 34 x 58 cm. Coleção Ricardo Giannetti, Belo Horizonte. Fotografia: Rafael René Giannetti.

Figura 33 – FREDERICO STECKEL (1834-1921): *Vista da avenida João Pinheiro*, 1908. Óleo sobre tela, 35 x 45 cm. Acervo Museu Histórico Abílio Barreto, Belo Horizonte.

Figura 34 – Theatro Soucasaux. *Minas Geraes*, Minas, 1º jan. 1900, p. 4.

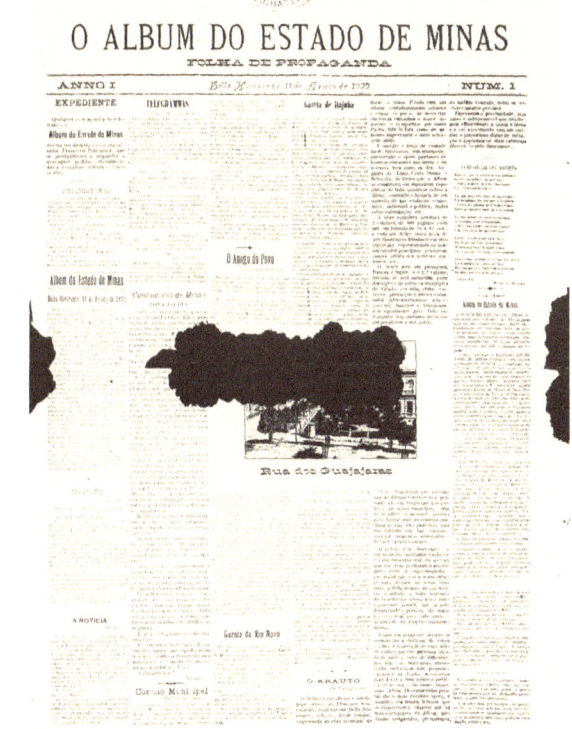

Figura 35 – FRANCISCO SOUCASAUX (1856-1904): *O Album do Estado de Minas (Folha de Propaganda)*. Bello Horizonte, anno I, n. 1, 11 ago. 1903. Fonte: Coleção Linhares Digital, ECI / UFMG. <http://linhares.eci.ufmg.br/>.

Figura 36 – FRANCISCO SOUCASAUX (1856-1904): *Rua da Bahia, Congresso Provisório, c.* 1902. Fotografia reproduzida no livro de Avelino Foscolo, *A Capital*, Porto-Portugal: Typ. Universal, 1903. Exemplar da Biblioteca Estadual Luiz de Bessa, Belo Horizonte.

Figura 37 – FRANCISCO SOUCASAUX (1856-1904): *Rua da Bahia, Congresso Provisório, c.* 1902. Fotografia.

Figura 38 – FRANCISCO SOUCASAUX (1856-1904): *Uma face do largo da Matriz*, c. 1894. Ilustração do artigo "Bello Horizonte" de Lindolpho Azevedo. *Kósmos*, Rio de Janeiro, anno I, n. 3, 1904.

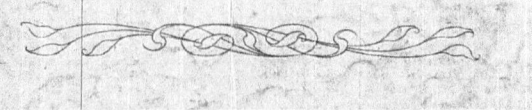

Figura 39 – FRANCISCO SOUCASAUX (1856-1904): *Avenida da Liberdade*. Ilustração do artigo "Bello Horizonte" de Lindolpho Azevedo. *Kósmos*, Rio de Janeiro, anno I, n. 3, 1904.

1.—Exterior View. 2.—Interior View.
BRAZILIAN SECTION

DEPARTMENT OF LIBERAL ARTS
GROUPS 15 TO 27

THE Department of Liberal Arts is one that comprises a great variety of specimens and which tends to show the degree of advancement of a country. In this department Brazil is well represented in nearly all the groups of the official classification and the display is a valuable and interesting one. With the exception of instruments, machinery and apparatus used in the various arts, which can not yet be manufactured in the country on account of lack of coal, Brazil makes a conspicuous display of processes and products of Liberal Arts.

In typography, engraving and other printing and graphical processes, photography, maps, books, newspapers, book-binding, albums, drawings, musical publications, etc., there is a great variety of exhibits which give a good idea of the high degree of perfection reached in these different classes of work.

A few instruments, such as scales, areodosimeter, numismatic albums and catalogues, etc., dental surgery and preparations, etc., are represented in groups 19 and 23.

Group 21 – Musical Instruments. This group is one of the best represented in this Department. The metal, string and wind instruments displayed by all of the exhibitors show the highest grade of workmanship, the excellent quality of material used and the artistic taste of the manufacturers.

In the chemical and pharmaceutical arts the display is an exceptionally good one. Raw materials of pharmacy, drugs, simple and compounded, matches, different kinds of wax, soaps, candles, glycerine, vegetable essences, oils, perfumes, pharmaceutical products, salts, glue, blacking, filters, varnish, etc., are exhibited in profusion.

DR. GRAÇA COUTO
Commissioner in charge of Department of Liberal Arts

— 94 —

Figura 40 – Brazilian Section. Department of Liberal Arts, Groups 15 to 27. SOUZA AGUIAR, Francisco Marcelino de (Org.). *Brazil at the Louisiana Purchase Exposition St. Louis, 1904*. Saint Louis, EUA: [s.n], 1904, p. 94.

DEPARTMENT OF FINE ARTS

GROUPS 9 to 14

OWING to the late decision of the Brazilian Government to participate in the Exposition, a few works of art only are exhibited, from which a slight idea of the advancement of art in that country can be formed. These consist of paintings, mostly, and both in landscape and figure they portray the life and atmosphere of the country.

Many of those who visited the Chicago Exposition will still remember the excellent exhibit Brazil had at the Columbian World's Fair in all branches of the Fine Arts, but owing to the short time for collecting and packing, necessary for the long voyage, many of the best artists and collectors of works of art are not at all represented at St. Louis.

Among those represented are Aurelio de Figueiredo, B. Calixto, P. Weingartner, Modesto Brocos, Honorio Esteves, A. Delpino, Raphael Frederico, Insley Pacheco, Eliseu Visconti, Girardet and others of equal note, who contributed oil paintings, water-colors, etchings, applied art, etc.

Unfortunately none of the magnificent Works of Art in Sculpture which Brazil possesses could be sent.

The art interests in Brazil are fostered by a school of Fine Arts, belonging to the Federal Government, which offers scholarships, sending the best students of each course to European Art Centres to study, many of them having obtained prizes at the Paris "Salon" and other Art Exhibitions. In this school all kinds of painting, etching, sculpture, architecture, engraving,

MR. J. A. dos SANTOS,
Commissioner in charge of Departm
of Fine Arts.

— 90 —

Figura 41 – Department of Fine Arts, Groups 9 to 14. SOUZA AGUIAR, Francisco Marcelino de (Org.). *Brazil at the Louisiana Purchase Exposition St. Louis, 1904*. Saint Louis, EUA: [s.n], 1904, p. 90.

Figura 42 – ALBERTO DELPINO (1864-1942): *Chuva na Serra*. Óleo. FREIRE, Laudelino. *Um Século de Pintura, Apontamentos para a História da Pintura no Brasil, de 1816 a 1916.* Rio de Janeiro: Typ. Röhe, 1916, p. 609.

Figura 43 – HONORIO ESTEVES (1860-1933): *Panorama de Bello Horizonte – Antigo Curral d'El Rey, antes da construcção da cidade actual*, 1894. Óleo sobre tela, 39 x 56 cm. Museu Histórico Abílio Barreto, Belo Horizonte.

Figura 44 – HONORIO ESTEVES (1860-1933): *Vista de Bello Horizonte mostrando a famosa serra da Piedade, a rua Sabará e a antiga Igreja Matriz*, 1894. Óleo sobre tela, 38,5 x 53 cm. Acervo Museu Histórico Abílio Barreto, Belo Horizonte.

Figura 45 – HONORIO ESTEVES (1860-1933): *Igreja Matriz de Bello Horizonte*, 1894. Óleo sobre tela, 39 x 55 cm. Acervo Museu Histórico Abílio Barreto, Belo Horizonte.

Figura 46 – HONORIO ESTEVES (1860-1933): *Retrato de Dr Peter Wilhelm Lund*, 1903. Pastel sobre papel, 58,6 x 42,4 cm. Coleção Arquivo Público Mineiro/Acervo Museu Mineiro/SUMAV/SEC, Belo Horizonte.

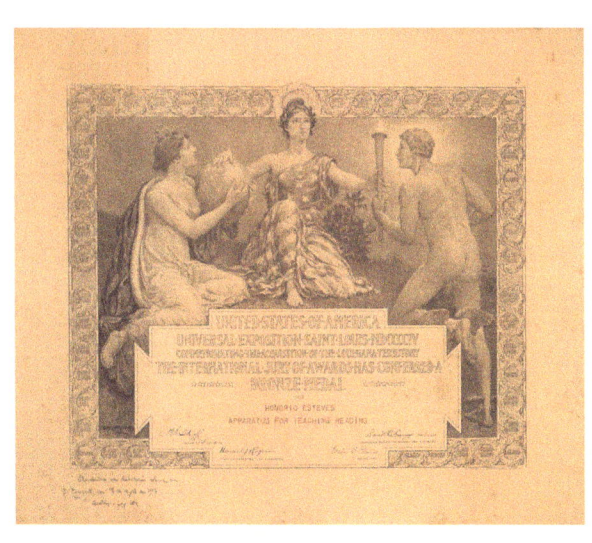

Figura 47 – Diploma: *United States of America / Universal Exposition Saint Louis MDCCCCIV / Bronze Medal. Honorio Esteves "Apparatus" for Teaching Reading"*. Arquivo Público Mineiro, Belo Horizonte.

Figura 48 – FREDERICO STECKEL (1834-1921): *Uma Pedreira*, 1901. Óleo sobre tela, 50 x 40 cm. Coleção Roberto Luciano Leste Murta, Belo Horizonte.

Figura 49 – Departamento de Belas Artes do Brasil, *Palace of Fine Arts*. Galerias 100 e 101 (detalhe). SOUZA AGUIAR, Francisco Marcelino de (Org.). *Brazil at the Louisiana Purchase Exposition St. Louis, 1904*. Saint Louis, EUA: [s.n], 1904, p. 90.

EAST PAVILION.

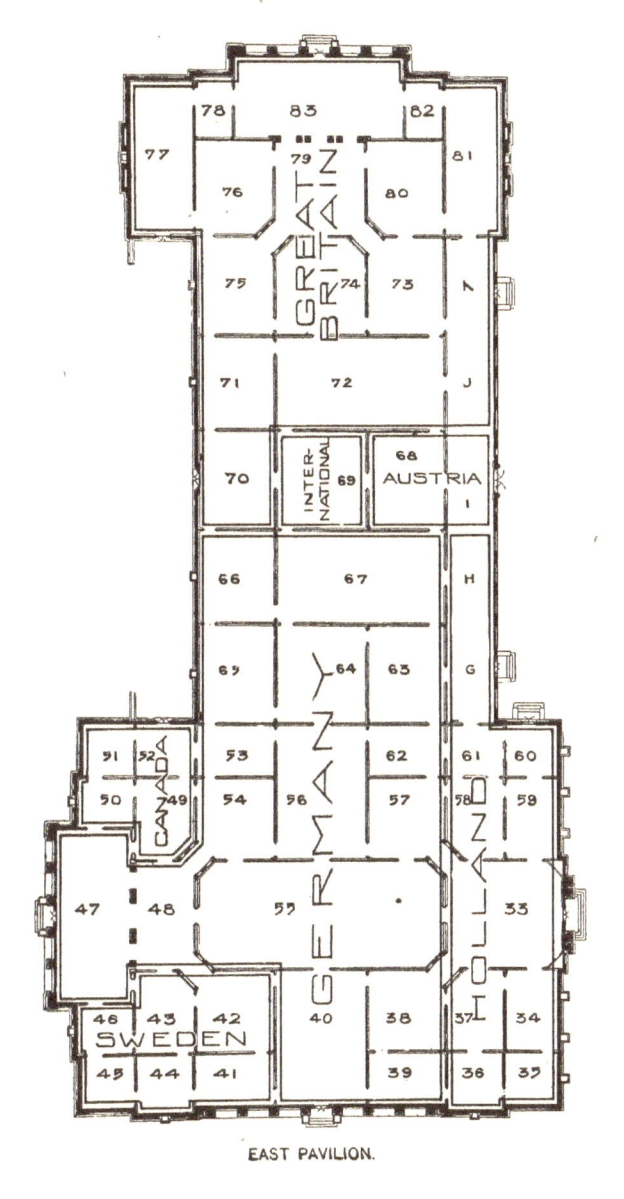

Figura 50 – *Palace of Fine Arts. Pavilhão Leste*, planta baixa. SKIFF, Frederick J. V. (Org.). *Official Catalogue of Exhibitors Universal Exposition St. Louis, U.S.A., 1904*. Revised edition. St. Louis: The Official Catalogue Company (INC.), 1904.

WEST PAVILION.

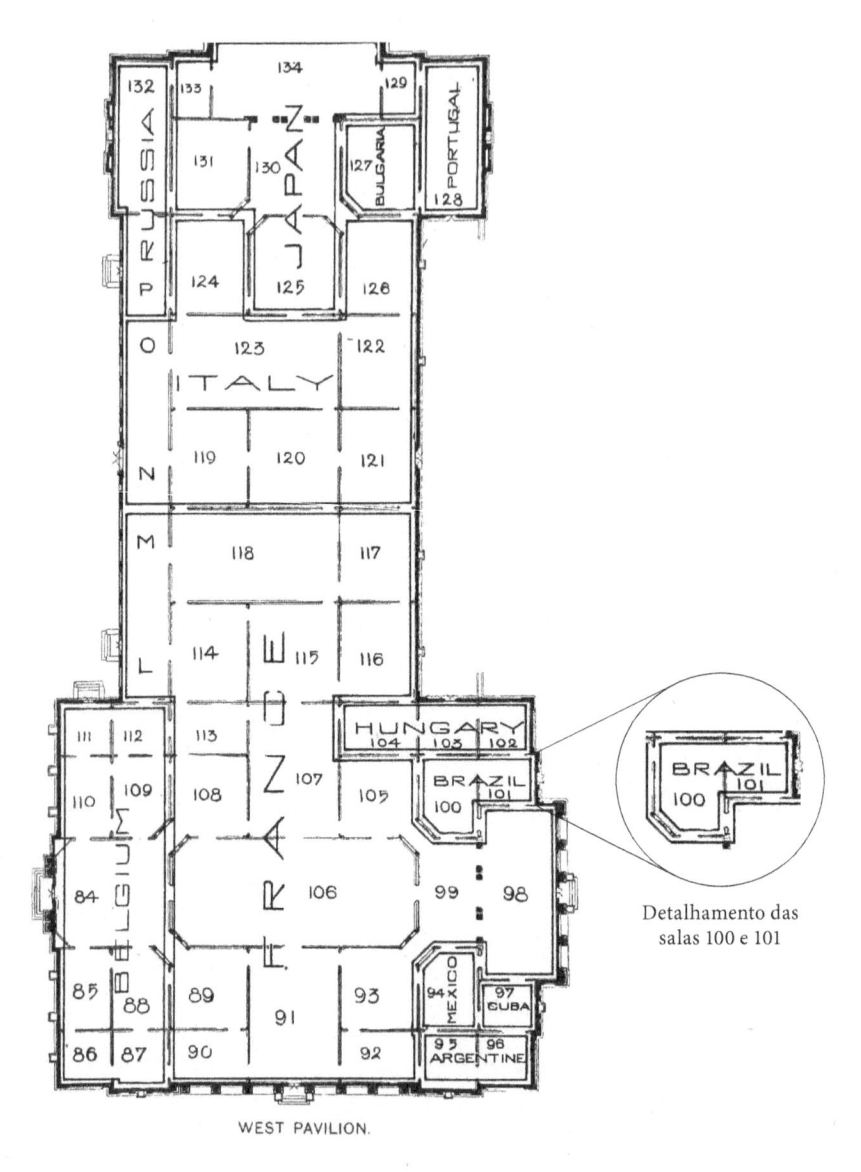

Figura 51 – *Palace of Fine Arts. Pavilhão Oeste*, planta baixa. Salas 100 e 101 destinadas ao Brasil. SKIFF, Frederick J. V. (Org.). *Official Catalogue of Exhibitors Universal Exposition St. Louis, U.S.A., 1904*. Revised edition. St. Louis: The Official Catalogue Company (INC.), 1904.

A presença de Frederico Steckel em Belo Horizonte é devida, diretamente, ao convite oficial formulado pelo engenheiro-chefe Francisco Bicalho. Encontram-se datados de janeiro de 1896 os entendimentos iniciais no sentido de pôr em curso a execução das obras de acabamento nas principais edificações da futura capital, conduzidas até aquele momento. Em seu livro *Belo Horizonte, Memória histórica e descritiva. História média*, Abílio Barreto transcreveu alguns trechos da correspondência estabelecida entre Francisco Bicalho e Frederico Steckel, então residente no Rio de Janeiro, os quais merecem aqui destaque. Foram esses os termos dos primeiros contatos mantidos com o artista, em 18 de janeiro de 1896:

> Estando informado de que V. Sª não só se dedica e encarrega de pinturas e decoração de edifícios, como tem em seus armazéns grande quantidade de amostras de ornamentação variadas para o mesmo fim, das quais naturalmente se terá de fazer grande aplicação em construções nesta capital, peço-lhe informar se deseja incumbir-se de tais serviços aqui e se pode mandar-me amostras do que tem nesse gênero, acompanhando-as de preços detalhados para bem avaliar as vantagens do seu emprego.[28]

Após a sequência de demais entendimentos, vendo-se os prédios já em mais adiantado estágio de construção, em 24 de julho, o chefe da Comissão Construtora solicita a presença de Steckel em Belo Horizonte e, para tanto, envia-lhe um passe da Estrada de Ferro Central do Brasil, dando ainda autorização para o transporte de amostras das ornamentações que julgasse relevante portar. Nessa visita foram acordados os termos do contrato de trabalho. As obras de decoração deveriam estar finalizadas em dezembro do ano seguinte, 1897, e o serviço poderia ser atacado tão logo os primeiros prédios se vissem cobertos. Para a Secretaria do Interior, cujas obras estruturais se viam mais adiantadas, previa-se a conclusão até a data de 30 de junho de 1897.

Em 25 de agosto de 1896, as partes celebram os termos de um contrato para a realização de todo o trabalho de ornamentação, decoração, pintura interna e externa dos edifícios do Palácio Presidencial e das três Secretarias de Estado (do Interior, das Finanças e da Agricultura),

---

[28] BICALHO *apud* BARRETO, 1995, p. 486.

localizados na Praça da Liberdade, todos eles projetos arquitetônicos de autoria do engenheiro pernambucano José de Magalhães (1851-1899), [*Figura 26*] tornando-se Steckel responsável também pela execução de serviços de acabamento nas casas de residência destinadas aos funcionários públicos da nova capital.

Ficou convencionado entre as partes que todo o material encomendado no estrangeiro seria de responsabilidade da Comissão Construtora, a qual arcaria com as respectivas despesas acessórias. Os encargos de transporte dos materiais chegados pela Central eram divididos meio a meio entre a Comissão Construtora e Frederico Steckel. O contratado poderia dispor de passagens ferroviárias para a vinda de seu pessoal e para os seus próprios deslocamentos entre Belo Horizonte e Rio de Janeiro, em função das obras em andamento, comprometendo-se a permanecer por todo o tempo na direção efetiva dos serviços.[29]

Já em 16 de novembro de 1896, Steckel preparava uma lista de material, enumerando vinte caixas e mais outros tantos barris de tintas diversas a serem remetidos do Rio de Janeiro para Belo Horizonte. Esses volumes continham peças como cimalhas e molduras de estuque-cartão, ornatos florões, baguetas, molduras de madeira pintadas e decoradas, brochas, pincéis, bronzes em pó. Nos meses seguintes, novembro e dezembro, e nos primeiros meses de 1897, muitos outros materiais são despachados pela Estrada de Ferro Central do Brasil. Alguns produtos, como tintas, vernizes e aguarrás, foram adquiridos em Nova Iorque; outros, como fardos de papelão, vieram de Hamburgo.

Finalmente, em 21 de dezembro de 1896, Francisco Bicalho remete à Steckel a informação de que era chegado o momento de atacar as obras de ornamentação dos prédios, em fase adiantada de construção. São os termos da sua carta:

> Estando-se procedendo ao revestimento das secretarias e casa para funcionários, julgo de conveniencia que V. Sª venha até aqui, quando tiver ocasião, para ver se tem alguma objeção a fazer que possa interessar o serviço de que vai incumbir-se. Junto remeto os respectivos "passes".[30]

---

[29] Cf. *Contrato*, Anexo.
[30] BICALHO *apud* BARRETO, 1995, p. 492.

A Comissão Construtora mantinha escritório gerido por um representante no Rio de Janeiro, Benjamin Constant Quadros, com endereço à rua d'Alfandega, responsável pelos pagamentos a fornecedores, emissão de passes para viagem, embarque de materiais e pelos desembaraços no porto e outras providências. Era ao senhor Benjamin Quadros a pessoa a quem Steckel recorria frequentemente para resolver as pendências inevitáveis, atrasos de entrega e, bem assim, requisição de passes para viagem pela Estrada de Ferro Central do Brasil; como o pedido expresso no *Memorandum*, [*Figura 27*] redigido em papel timbrado da Casa de Pinturas Frederico Antonio Steckel, rua do Lavradio n. 22, datado de 20 de janeiro de 1897, com os dizeres seguintes:

> Peço a V. Sª requisição de passagem de 2ª classe da Estação de F. C. do Brasil, da Capital para General Carneiro e d'ahi para Bello Horizonte para 10 officiaes pintores e suas bagagens, constando dos nomes da relação inclusa.[31]

Em janeiro de 1897, quando Frederico Steckel e sua equipe de trabalho desembarcam finalmente na estação de Belo Horizonte, o antigo arraial estava transformado num fervilhante canteiro de obras. Responsável pela ornamentação de palácios e edifícios na sede do Império, o experimentado profissional se via agora diante de um novo desafio: interpretar, por meio de um renovado repertório artístico, as propostas estéticas da República emergente. Aos 63 anos de idade, estava em curso uma nova fase da sua carreira.

Destinadas ao Palácio Presidencial,[32] Steckel concebeu suas principais criações: no teto do vestíbulo, acima da escadaria principal, são-lhe atribuídas pinturas com representações da *Ordem, Progresso, Liberdade* e *Fraternidade*. Da mesma forma, no chamado salão de banquete, constam os painéis alegóricos de cunho romântico, nomeados *Salve, Labor, Fortuna* (cena de caça), *Spes* (esperança, cena de pesca). Há ainda complementos ornamentais nos demais cômodos e primorosas pinturas decorativas na varanda e nos forros dos torreões laterais. Outros trabalhos importantes de Steckel e de sua equipe se estenderam aos três prédios

---

[31] Acervo textual do Arquivo Público Mineiro: SA4/2 Cx01.

[32] Em sua fase de construção, o Palácio Presidencial contara com atuação dos construtores empreiteiros Carlo Antonini, Leonardo Gutierrez e Antonio Teixeira Rodrigues, o conde de Santa Marinha.

das Secretarias de Estado, situados na praça da Liberdade. O historiador Abílio Barreto, em notas que formulou sobre as principais construções que estavam em curso à época na cidade, deixou registros detalhados sobre as obras de cada uma das secretarias.[33]

Pelo mesmo historiador foram ainda creditados, a Steckel e sua equipe, trabalhos de pintura, decoração e ornamentação: do Quartel do 1º Batalhão; dos primitivos prédios para a Imprensa Oficial e da Secretaria de Polícia; de escolas; dos palacetes para residência dos secretários e do chefe de Polícia, e das casas para funcionários públicos.[34]

Inaugurada a capital, a 12 de dezembro de 1897, Steckel permaneceu na cidade, dando prosseguimento ao seu trabalho qualificado. Teve como principal colaborador, em muitos desses trabalhos, seu enteado Bertholino dos Reis Machado.[35] De trato social franco, Steckel se mostrou hábil em criar e gerir novos empreendimentos. Com endereço à rua dos Guajajaras nº 176, bem próximo da avenida da Liberdade – a mais importante via da capital –, irá fundar um estabelecimento voltado para o comércio de produtos artísticos e de material de acabamento, abrigando-o no piso térreo da casa, por ele construída, mais tarde conhecida como Palacete Steckel.[36] Nada mais certo e apropriado: a cidade estava em processo acelerado de construção, muitas eram as obras em andamento. Sua especialidade tinha demanda certa. [*Figura 28*]

---

[33] Cf. Barreto (1995, p. 503-509).

[34] Cf. Barreto (1995, p. 493).

[35] Bertholino dos Reis Machado era filho de Porcina Maria da Conceição e José dos Reis Machado, comerciante de Campos, no Rio de Janeiro. Outra filha do casal chamou-se Anna Speltz, casada com Alexandre Speltz, de cuja união nasceram as filhas Eulalia Speltz, que permaneu solteira, e Eugenia Speltz Murta, que se casou, em Belo Horizonte, com Francisco Murta, tendo cinco filhos: Djalma, Argeu, Áurea, Maria José e Lucia. Divorciada de José dos Reis Machado, Porcina Maria casou-se com Frederico Steckel. Ao se estabelecerem em Belo Horizonte, em 1897, acompanhou-os Bertholino, já artista decorador, o qual desempenhou, por muitos anos, funções de colaborador nos trabalhos assumidos na nova capital pelo padrasto. Porcina Maria Steckel faleceu em 3 de agosto de 1926, no Rio de Janeiro, e seu sepultamento ocorreu no Cemitério São Francisco Xavier.

[36] O Palacete, à rua dos Guajajaras nº 176, serviu como estabelecimento de trabalho. Por volta de 1899, tendo adquirido o lote 10 da quadra 31, da 7ª secção urbana, situado à rua Piauhy, Steckel construiu ali sua casa residencial. Dessa localização, um pouco abaixo da esquina com a rua Cláudio Manoel, terá o pintor posicionado seu cavalete para executar a pintura de *Vista das secretarias da praça da Liberdade*, óleo datado de 1900.

Os contratos se sucediam. Em 3 de novembro de 1898, Steckel apresenta à Secretaria d' Agricultura, Commercio e Obras Publicas, pedido de pagamento em nota discriminada constando serviços executados nos prédios governamentais, até a data de 31 de outubro de 1898, perfazendo a importância de 2:616.375 réis. Constam da relação os itens seguintes: [*Figura 29*]

> Secretaria do Interior:
> Para retocar o frontão da effigie da Republica, vão da escada, corredores, vestibulo, bases das columnas, gabinetes, as salas do 3º andar, o exterior em diversos pontos;
>
> Palacio Presidencial:
> Lavagem e retoques da cozinha, sala de almoço, salão de jantar, as 2 lojas, papel e forração da saleta ao lado da Bibliotheca, 2 portas imitando madeira envernizada, lavagem e retoques na varanda dos fundos, caixilhos, etc, biombo fingido e envernizado;
>
> Secretaria das Finanças:
> Lavagem e retoques feitos nos corredores lateraes do 1º, 2º e 3º andar, diversas portas envernizadas de novo, retoques no exterior, latrinas, pintura dos ferros da luz electrica, até esta data;
>
> Secretaria d'Agricultura:
> 234 Vidros ofuscados [...] Lavagem e diversos retoques do salão do Senado, latrinas, caixilhos e janellas e exteriores pintadas, caiação externa em diversos pontos, latrinas das sobre-lojas retocadas e peitoris pintados.[37]

Em janeiro de 1899, Steckel executa serviços extraordinários de colocação de vidros nos prédios das três secretarias da praça da Liberdade e no Palácio Presidencial, obras então geridas pela Secretaria de Agricultura, Commercio e Obras públicas, responsável pelos trabalhos, uma vez dissolvida a Comissão Construtora.

Em 1901, agora subordinadas à Inspetoria de Obras Públicas, obras de acabamento foram levadas avante por Steckel (já estabelecido comercialmente à rua dos Guajajaras) nas três secretarias da praça da Liberdade, na Secretaria de Polícia e no Palácio. Neste, foram os seguintes os serviços constantes em nota de serviço datada de 31 de dezembro de 1901: [*Figura 30*]

---

[37] Acervo textual do Arquivo Público Mineiro: SA4/2 Cx01.

Soalhos envernizados em 3 aposentos do andar superior 932,80 m2 / Soalho do Salão de Jantar encerado, com 98 m2 / Pintura de dois vasos artísticos, imitação de bronze, em os nichos do vão da escada, conforme ajuste em 13 de junho / Imitação de mármore em 24 pilastras e bases do vão da escada, em 43,10 m2.[38]

Em setembro de 1902, Frederico Steckel executou pintura dos tetos e paredes dos torreões e paredes do vestíbulo e salas laterais e dos três tetos do peristilo, no andar térreo do Palácio.

Além dos mencionados trabalhos vinculados à esfera pública governamental e de tantos outros de cunho particular executados em residências, uma obra de sua autoria merecedora de destaque é a pintura destinada ao forro da capelinha de Santa Iphigenia dos Militares, na qual se via a representação de um dos milagres devidos à santa de devoção. Instalada em agosto de 1902, estando sobriamente emoldurada, a tela ocupava um quadrilátero de 5x3 metros.[39]

Trabalho e vida social

Dotado de sólida formação e cultura, F. Steckel exerce significativa influência no meio social da capital mineira. Em 1898, fruto da sua natureza organizativa, viabilizou a fundação de uma associação recreativa – a primeira criada na cidade – chamada Club das Violetas, tendo como sede o Palacete. [*Figura 31*] Consta em seus estatutos a disposição de promover mensalmente uma partida de dança entre seus associados; organizar, quando possível, mensalmente, concertos musicais; e proporcionar a seus associados todas as distrações compatíveis com o caráter da sociedade. O Club contava com a participação de sócios de ambos os sexos, divididos em quatro classes: os Fundadores, que assinaram a ata de fundação do Club; os Contribuintes, que entrassem para a sociedade posteriormente; os Beneméritos, aqueles que prestassem relevantes serviços ou que fizessem um donativo superior a 2.000$000, de uma só vez, ou propusessem sócios contribuintes em número de vinte; os Prestantes, as 30 damas que contribuíram para a fundação e os cavalheiros que tivessem conhecimento da arte musical para prestarem serviços ao Club. A joia dos Contribuintes

---

[38] Acervo textual do Arquivo Público Mineiro: SA4/2 Cx01.
[39] O PHAROL, p. 2, 26 ago. 1902.

era fixada em 30$000 e as suas mensalidades e dos fundadores, 10$000. Beneméritos e Prestantes eram isentos. O Club estabelecera o compromisso de realizar, mensalmente, um concerto vocal e um instrumental. Para esse fim, constituíra uma Comissão de Harmonia, cujo diretor eleito ficava encarregado dos ensaios da orquestra e sua regência, bem como da escolha das peças a serem executadas. Eram, portanto, muito bem-vindos aqueles cavalheiros que dispusessem de conhecimentos musicais para assim prestarem seus serviços por ocasião dos concertos. Determinou-se que o título Club das Violetas jamais seria modificado, como de fato ocorreu. Observaria sua diretoria, o empenho e o emprego de todas as medidas necessárias para, no menor prazo possível, fazer a aquisição de um prédio exclusivo na capital. Esses dizeres acham-se estampados no folheto *Estatutos do Club das Violetas*, publicado pela Typ. Beltrão.[40] A devida aprovação dos Estatutos deu-se em assembleia geral realizada a 27 de outubro de 1898, assim determinando: Presidente: Frederico Antonio Steckel; Vice-presidente: Antonio Virgílio Nunes Bandeira; 1º Secretário: Francisco de Paula Sousa; 2º Secretário: Claudionor Lopes de Oliveira; Tesoureiro: Antonino de Paula Ferreira; Orador: João Gomes de Castro.

Em 1900, registra-se a constituição de um grupo de intelectuais composto por doze membros, com formação em diferentes áreas do conhecimento, que se intitulou Jardineiros do Ideal. Eram seus membros: Assis das Chagas, padre João Pio, Prado Lopes, Josaphat Bello, Ismael Franzen, Ernesto Cerqueira, Affonso Penna Junior, Aurelio Pires, Edgard Matta, Salvador Pinto Junior, Arthur Lobo e Lindolpho Azevedo.[41] Utilizando os salões do Club das Violetas, sediado no Palacete Steckel, o grupo, objetivando fomentar maior estímulo às letras, promover o embate de ideias e o estudo da história e das artes, organizou uma série de palestras abordando os mais variados assuntos da cultura.

Em 18 de julho de 1900, a palestra proferida pelo deputado padre João Pio, versando sobre o tema "Utilidade e os fatores das palestras", inaugurou a série de encontros. Sempre às quartas-feiras, esteve o segundo encontro, em 25 de julho, às oito e quinze da noite, a cargo de Josaphat Bello, com a palestra "As lendas do teatro de Wagner". Nessa noite, concluindo o programa, a cantora lírica Yaya Gonçalves interpretou, entre outras peças de

---

[40] Arquivo Público Mineiro, 1FM 369 C Cx Bh 3 – Coleção Folhetos Mineiros.
[41] MINAS GERAES, p. 4, 13 ago. 1900.

repertório, a 4ª cena do 1º ato de *Tristão e Isolda* do compositor alemão, executada pela primeira vez em Minas, em arranjo para formação camerística, tendo acompanhamento ao violino a cargo de José Ramos de Lima e, ao piano, Maria Macedo. A terceira noite, em 1º de agosto, foi dedicada à história da música, palestra proferida por Ismael Franzen: "A emancipação e evolução da musica". Seguiram, Prado Lopes, em 7 de agosto, com "Influencia da Religião na Arte"; Assis das Chagas, em 15 de agosto, observações sobre o sertão, o sertanejo e a natureza: "Cousas do sertão"; Aurelio Pires, em 22 de agosto, "Poetas mineiros", sobre a poesia e os poetas do estado, abordando as produções literárias de José Basílio da Gama, Frei Santa Rita Durão, Claudio Manoel, Thomaz Antonio Gonzaga, Ignacio Alvarenga Peixoto, Francisco Mello Franco, José Eloy Ottoni, Bernardo Guimarães e João Nepomuceno Kubitschek, entre outros. A sétima noite contou com Ernesto Cerqueira, em 29 de agosto, abordando as lendas e a cultura do antigo Oriente: "O Oriente". Como sempre acontecia, a noite era encerrada com uma apresentação musical e, nesta ocasião, esteve ao piano o maestro Francisco Valle, executando o bailado da sua ópera *Marilia*. Seguiram-se, Affonso Penna Junior, em 6 de setembro, com "Sciencia e Arte"; Salvador Pinto Junior, em 12 de setembro, com "Episodios e typos de imprensa"; Edgard Matta, em 19 de setembro: "O tijuco na legenda e na história"; Theophilo Pereira, em 26 de setembro: "A mulher"; Castilho Lisboa, em 3 de outubro: "Paradoxo da liberdade". Finalmente, Augusto de Lima realizou, com imenso sucesso, em 10 de outubro, a palestra de encerramento do ciclo, intitulada "A Poesia".[42]

Além dos integrantes do grupo, os encontros mantinham fiéis presenças na plateia, sempre repleta, somando-se ali as mais destacadas personalidades da sociedade, ao lado das suas famílias, podendo-se citar os nomes de: David Moretzsohn Campista, então secretário das Finanças; José Pedro Drumond; Olyntho Meirelles; José Felicissimo; Arthur Felicissimo; Wenceslau Braz; deputados Nunes Pinheiro, Valerio Rezende, Brandão Filho, Ferreira e Mello; doutores Cornelio Vaz de Mello, Nelson de Senna, Boaventura Costa; o farmacêutico Abreu Sobrinho, a atriz Salvadora Valle; o fotógrafo Francisco Soucasaux, e, claro, Frederico Steckel, ao lado da sua família.[43]

---

[42] MINAS GERAES, de 18 jul. a 10 out. 1900.
[43] MINAS GERAES, p. 4, 19 jul. 1900.

Porém, a despeito do sucesso alcançado, teve vida efêmera o inspirado Club das Violetas, sendo extinto em janeiro de 1901. Sucedendo-o, com propósitos de divertimentos e atividades sociais, a 11 de junho de 1904, seria inaugurada outra agremiação, o Club Bello Horizonte, tendo David Moretzsohn Campista como seu primeiro presidente, elegendo como sede provisória o mesmo Palacete Steckel.[44] A agremiação nascia para uma vida que se tornaria centenária. Permanecendo instalado no *Palacete* até o ano 1911, transferiu-se então para um prédio à rua da Bahia, esquina com avenida Affonso Penna, tendo na parte térrea o Cinema Odeon. Assim, por meio de iniciativas desse caráter, a sociedade mineira aspirava alcançar uma vida cotidiana mais movimentada, mais interessante e divertida, e para isso sabia poder contar com o entusiasmo de Frederico Steckel, atuante em praticamente todos os acontecimentos culturais do início do século.

Tiveram também lugar no Palacete reuniões que se prestavam a manifestações de outras naturezas, algumas delas de interesse político, como, por exemplo, a que se deu em 13 de março de 1899. Em uma sessão presidida pelo prefeito Francisco Antonio de Salles, comemorou-se a data cívica na qual se registrara o término da Revolta da Armada, ocorrido em 1894. Representantes de várias classes profissionais e sociais foram recebidos no Palacete Steckel compartilhando o mesmo sentimento de reconhecimento aos recentes feitos republicanos e de preito à memória do marechal Floriano Peixoto.[45]

Por um período, Frederico Steckel recebeu como hóspede em Belo Horizonte o pianista Charley Lachmund, seu sobrinho, jovem músico que, naquele momento, despontava no meio musical europeu e brasileiro. Nascido em Nova Iorque, tendo se transferido para Rio de Janeiro com sua família – sua mãe era irmã de Frederico Steckel –, recebe, em tenra idade, a primeira educação musical. Aos 18 anos, segue para a Alemanha, a fim de aperfeiçoar-se nas classes dos professores Carl Reineck e Robert Teichmüller, tendo concluído seus estudos superiores no Conservatório de Leipzig. Já diplomado, após conquistar o Grande Prêmio Beethoven naquela instituição, ao retornar ao Brasil em 1901, dirige-se primeiramente a Belo Horizonte, onde permanece por alguns meses ao lado do tio materno. Nessa ocasião, teve oportunidade de realizar seu concerto de estreia no país, nos salões do antigo Club das Violetas no Palacete

---

[44] PENNA, 1997, p. 84.
[45] CORREIO DOS ESTADOS. *Gazeta de Petropolis*, p. 3, 18 mar. 1899.

Steckel – um privilégio para a capital mineira, pois retornaria logo depois à Alemanha, sem mesmo se apresentar à plateia carioca. Em julho de 1909, residindo então em Berlim, vem ao Rio de Janeiro – onde terminará mais tarde por se estabelecer –, para realizar recitais e concertos, que se repetiriam nos anos seguintes. Em junho de 1910, formando um duo camerístico com a jovem violinista Paulina d'Ambrosio, celebra o centenário de nascimento do compositor Robert Schumann, levando ao público carioca, no salão da Associação dos Empregados do Commercio, à avenida Central nº 120, variadas peças e sonatas do compositor alemão, com expressiva repercussão. Em novembro de 1911, esteve novamente em visita a Belo Horizonte. Ao lado de uma profícua carreira profissional de concertista, Charley Lachmund se tornou um dos mais conceituados professores de piano do Rio de Janeiro.

Quando a questão era tão-somente o lazer e o divertimento, Steckel comparecia ao animadíssimo Club Diabos de Luneta ao lado dos companheiros Arthur Haas, Francisco Soucasaux, Oscar Trompowsky, Aristides Junqueira, coronel Emygdio Germano, Carlos Meirelles, coronel Francisco Bressane, João Caetano, Arthur Lobo, Azevedo Júnior, Mendes Pimentel, Francisco Salles, Adalberto Ferraz, e de outros amigos. O clube era uma agremiação que, sob a presidência de Bertholino dos Reis Machado, tinha o elevado propósito de comemorar efusivamente "os três dias consagrados ao deus Momo, promovendo festas e organizando préstito, etc.". Isto, pelo menos, foi o que ficou decidido em reuniões que aconteceram nos recintos da Pharmacia Abreu. O ano era 1900.[46] A tradicional Pharmacia Abreu se estabelecera pioneiramente na antiga rua General Deodoro, em 1894, ainda na época da construção da capital, transferindo-se para a rua da Bahia em 1897. Contando com o carisma de seu proprietário, o farmacêutico Teodoro Lopes de Abreu – "cavalheiro amabilíssimo a quem a cidade muito ficou a dever", como a ele se referiu carinhosamente Abílio Barreto –, tornara-se um ponto de encontro da sociedade local. As animadas tertúlias davam-se, tradicionalmente, todas as noites, às 7 horas, e eram sempre bem acompanhadas de algumas xícaras de café, servidas pelo anfitrião, junto à costumeira prosa.[47]

---

[46] MINAS GERAES, p. 6, 2 e 3 jan. 1900.
[47] BARRETO, 1995, p. 370, 374.

O pioneiro que o século XX esqueceu

Em 1901, o Palacete Steckel abrigou uma importante exposição de Belas Artes, a primeira mostra pública coletiva realizada na cidade nascente, obtendo expressiva repercussão local.[48] A capital estreava o reclamado retorno do nome Bello Horizonte, readquirido pela Lei nº 302, de 1º de julho de 1901, em vigor a partir de 11 de agosto seguinte, quando então foi abandonado o nome Minas, que trazia desde sua instalação em 12 de dezembro de 1897, o qual, definitivamente, não fora bem-aceito pela população.

A exposição teve sua inauguração na data comemorativa de 7 de setembro, às 14 horas, cercada por grande aparato e protocolar cerimônia, graças à iniciativa e ao espírito de organização de Frederico Steckel. Denotando sua importância, o evento registrou a presença oficial do presidente do Estado Francisco Silviano de Almeida Brandão, o qual, à sua chegada ao Palacete, mereceu as atenções de uma comissão formada pelos senhores Oscar Trompowsky, Prado Lopes, coronel Emygdio Germano (provedor da Santa Casa), o anfitrião Frederico Steckel e o coronel Francisco Bressane (diretor da Imprensa Oficial e redator do jornal Minas Geraes). David Campista (secretário das Finanças), Joaquim Dutra, o coronel Ribeiro de Oliveira e o prefeito da capital Bernardo Monteiro foram outras presenças oficiais importantes. O ato de abertura contou ainda com as palavras do orador Luiz Caetano Ferraz sobre o tema "Bellas Artes". Naquele dia, o Palacete esteve aberto até às 17 horas, recebendo um público estimado de 500 pessoas, que simplesmente lotava o recinto. Como forma de promoção, houve o sorteio de um quadro para o público pagante presente, tendo sido o ingresso vendido ao preço de 500 réis. Lavrou-se um livro de ata na ocasião, onde foram registrados os fatos relevantes ocorridos na cerimônia de inauguração, recebendo, a seguir, as assinaturas dos presentes.[49]

No início do mês de novembro seguinte, a exposição de artes do Palacete – que prosseguia aberta diariamente, das 10 horas da manhã às 4 da tarde – recebeu o escritor e jornalista Arthur Azevedo, que esteve em visita a Belo Horizonte no período de 2 a 12 de novembro. Um breve

---

[48] Em 12 de dezembro de 1897, o pintor Antonio Corrêa e Castro realizou a primeira exposição individual de pintura na cidade, em ambientes do Grande Hotel, no contexto das festividades que marcaram a inauguração da nova capital.

[49] MINAS GERAES, p. 3, 8 e 9 set. 1901.

comentário de Arthur Azevedo sobre a casa de Steckel e sobre a exposição encontra-se em um dos artigos da série intitulada "Passeio a Minas", publicada no jornal *O Paiz*, no Rio de Janeiro, tendo sido transcrita, em seguida, nas páginas do jornal *Minas Geraes*:

> Naquelle dia rematei as minhas excursões visitando uma curiosa exposição de pintura, desenho e gravura, organizada pelo velho artista Steckel no palacete a que deu seu proprio nome – Palacete Steckel – salon obrigado de todos os bailes, concertos e conferencias litterarias.
>
> Ali funccionou durante algum tempo uma associação recreativa que se intitulava Jardim das Violetas, – um titulo cheiroso.[50]
>
> Os jardineiros faziam dansar as flores ou falavam de assumptos de arte em curiosas palestras, em que tomavam a palavra Augusto de Lima, o malogrado Arthur Lobo, Prado Lopes e outros. Infelizmente já não encontrei o Jardim das Violetas.
>
> O Palacete Steckel, obra do seu proprio dono, é decorado com muita profusão, numa polychromia indecisa, que não fere a vista nem o bom gosto.
>
> A exposição era notavel, – notavel, por ser a primeira realizada em Bello Horizonte, – não porque alli se encontrassem cousas de pasmar.
>
> Entre os expositores figurava Honorio Esteves, pintor mineiro residente em Ouro Preto, e muito conhecido em todo o Estado. Aqui no Rio ninguem o conhece. Pois é, afianço lhes, um paizagista que tem o sentimento da natureza. Não sei porque não tem mandado alguma cousa ás exposições anuais da nossa Escola de Bellas-Artes.[51]

No artigo do jornal *Minas Geraes* de 8 e 9 de setembro, anteriormente referido, não há alusão aos artistas que participaram da exposição. Além do pintor Honorio Esteves, mencionado na crônica de Arthur Azevedo, estima-se que tenham tomado parte obras do próprio Frederico Steckel, entre outros artistas atuantes na cidade.

Afirma Raul Tassini ter o artista Amilcar Agretti conhecido alguns "quadros remanescentes daquela exposição geral", como,

---

[50] Na verdade, Club das Violetas.

[51] AZEVEDO, 14 dez. 1901, p. 2. A publicação semanal da série de crônicas no jornal *Minas Geraes*, transcritos de *O Paiz*, deu-se entre 21 de novembro de 1901 e 3 de fevereiro de 1902. As crônicas foram reunidas e publicadas na *Revista do Arquivo Público Mineiro*, p. 179-211, 1982.

por exemplo, "uma decoração de um pintor de nome Orlando", cujo assunto representava papagaios e outras aves. Teria sido esse artista um colaborador no trabalho de decoração e pintura do Palacete Steckel. Acrescenta Tassini: "Também figuraram vários retratos do artista notável Honorio Esteves, alguns deles, hoje, na Pinacoteca do Arquivo Publico Mineiro". O autor menciona, ainda, ser do seu conhecimento uma fotografia da exposição, pertencente ao arquivo da Sociedade Artística Oswaldo Teixeira, a qual projetava incluir no livro de sua autoria, em fase de conclusão, *As belas artes em Curral d'El-Rey e Bello Horizonte*.[52]

O pintor que o século XX esqueceu

Além de promover eventos artísticos memoráveis, como a programação do Club das Violetas e a mencionada Exposição de Belas Artes de 1901, Steckel, residindo na capital mineira, em meio ao seu dia a dia de intenso trabalho, procurou manter vivo o interesse privado pelo exercício da pintura de cavalete. Em 1898, participou, como artista expositor, da Exposição Geral de Belas Artes do Rio de Janeiro. Em 6 de maio de 1900, apresentou obras na Exposição Artistico-Industrial Fluminense – Commemorativa do 4º Centenario do Descobrimento do Brazil, no Rio de Janeiro, que se inaugurava. Em 1904, Steckel foi um dos pintores representantes do estado de Minas Gerais na Exposição Universal de Saint Louis, nos Estados Unidos, ao lado de Alberto Delpino e Honorio Esteves. Dessa época, datam os quadros: *Uma pedreira*, 1901[53], *Uma casa*

---

[52] TASSINI, 1947, p. 93-94.

[53] No catálogo da Exposição Universal de Saint Louis de 1904, esse quadro figurou com o título *A Stone Quarry*. Com relação a essa obra, observamos: a) na Exposição Geral de Belas Artes de Minas Gerais, em 1917, entre as obras expostas por Steckel, consta o quadro intitulado *Jazida de mármore, lugar denominado Acaba-mundo*; b) Raul Tassini (1947, p. 138), ao comentar sobre algumas obras do pintor, cita uma delas pelo título abreviado de *Acaba Mundo*, e complementa, "onde se vê a primeira maquina que transportou material na Capital"; c) Em data recente, uma tela de F. Steckel foi reproduzida no livro de Antônio Gilberto Costa, *Rochas e Histórias do Patrimônio Cultural do Brasil e de Minas* (2009, p. 102), com título e características seguintes: *Pedreira Prado Lopes*, 1901, 50,0x40,0 cm, coleção Roberto Luciano Leste Murta, na qual se vê a máquina a vapor que transportava pedras para construção da cidade, mencionada por Raul Tassini. Concluímos ter merecido a obra quatro diferentes nomeações. E diante das variantes, optamos por adotar o título

no subúrbio e *Panorama de Morro Velho*, 1903, enviados para aquele certame internacional.[54]

A tela *Panorama de Morro Velho*,[55] pertencia a George Chalmers, superintendente da *Saint John Del Rey Mining Company Limited*, mineradora baseada em Villa Nova de Lima, a mais antiga das minerações de ouro em atividade em Minas Gerais. Chalmers, que assumira a superintendência da empresa em 1884, vinha se destacando por sua dinâmica atuação à frente de inúmeras iniciativas de vulto de interesse da companhia, como a construção de usina hidroelétrica, a planta de refrigeração de ar para a mina, o hospital modernamente equipado e a instalação de bonde elétrico.

Alguns historiadores fizeram breves menções à obra pictórica de Frederico Steckel. Abílio Barreto mencionou conhecer um quadro de paisagem de sua autoria, tendo como motivo uma vista da *Fazenda do Cardoso*, pintado à época da Comissão Construtora e de propriedade do senhor Antônio Baptista Júnior.[56] Raul Tassini, que também escreveu breve perfil de Steckel, fez referência a alguns trabalhos: quadros pertencentes ao doutor Argeu Murta, representando alguns aspectos do primitivo arraial de Belo Horizonte; obras decorativas nas residências de Jorge Davis; obras pertencentes ao doutor David Campista, que possuía particularmente vasta pinacoteca; e quadros recolhidos no próprio Palacete Steckel. Menciona, ainda: a obra *Passado, presente e futuro*, pertencente à família do doutor Oscar Machado; a obra *Congresso Agricola, Industrial e Commercial*, do acervo do Arquivo Público Mineiro; os quadros *Touradas* e *Acaba-mundo*, este retratando

---

divulgado na exposição de 1917, sendo ele o mais completo, ou seja: *Jazida de mármore, lugar denominado Acaba-mundo*.

[54] A Commissão de Representação de Minas Geraes, presidida por Augusto de Lima, enviou para a Exposição Universal de Saint Louis, nos Estados Unidos, nada menos que 67 quadros de pintura e aquarela, reunindo obras de Honorio Esteves, Alberto Delpino e Frederico Steckel. Alberto Delpino obteve a Medalha de Bronze no certame. Cf. "Artistas de Minas Gerais na Exposição Universal de Saint Louis de 1904", neste livro.

[55] Uma cópia do quadro *Panorama de Morro Velho* encontra-se, atualmente, no acervo do Centro de Memória Morro Velho, da *Anglogold Ashanti South America*, em Nova Lima, Minas Gerais. O destino da tela original não é sabido. A cópia é assinada por Dino Contardo.

[56] BARRETO, 1936, p. 168.

a primeira máquina que transportou material na capital, ambos de propriedade da família do artista; vários outros trabalhos constantes da coleção do doutor Flávio dos Santos; e o quadro *Cabeça de velho*, que pertenceu ao senhor Benjamim Moss.[57]

O quadro intitulado *Congresso Agricola, Industrial e Commercial do Estado de Minas* celebrava esse grande encontro realizado na capital em maio de 1903. Em sua composição, apresentava o retrato do doutor João Pinheiro, presidente do Congresso, ladeado pelos membros da comissão fundamental. Localizados à esquerda, ao fundo, figuravam jornalistas que trabalharam junto ao evento e, à direita, três alegorias representando o comércio, a indústria e a lavoura. O quadro, de grandes proporções, de cerca de três metros de altura, sobriamente emoldurado, era destinado às classes produtoras, tendo sido entregue a Francisco Soucasaux em outubro de 1903.[58]

O quadro *Abbade Faria*, que, segundo Tassini, pertenceu a Margarida Schimid, sobrinha do pintor residente em Petrópolis, despertou atenção do meio cultural e artístico local, quando de sua exposição pública em uma vitrine de loja do comércio, em 1900, como era prática na época em Belo Horizonte.[59] Pintura de gênero, a obra foi ideada na figura do sábio ancião Abbade Faria, prisioneiro solitário do Château d'If, personagem ficcional do drama *Conde de Monte Cristo*, de autoria do escritor francês Alexandre Dumas.

No correr da primeira década do século, Frederico Steckel se ausenta de Belo Horizonte por alguns períodos, sendo que, em outubro de 1905, passa a residir novamente no Rio de Janeiro,[60] por ter assumido ali trabalhos importantes, quais sejam, entre outros, algumas interferências no palácio Guanabara; decoração em setores do prédio da Associação Commercial do Rio de Janeiro, à rua Primeiro de Março, cuja rotunda foi inaugurada em novembro de 1906.[61] Coube-lhe também a execução de toda a pintura do Theatro Municipal, em 1909; pinturas no prédio

---

[57] TASSINI, 1947, 137-138.
[58] O PHAROL, p. 1, 9 out. 1903.
[59] MINAS GERAES, p. 3, 3 fev. 1900.
[60] A data 1908 do quadro *Vista da avenida João Pinheiro* (cf. comentário sobre o quadro, a seguir) indica ter o pintor mantido contato com Belo Horizonte nesse período.
[61] GAZETA DE NOTÍCIAS, p. 5, 8 nov. 1906.

da Santa Casa de Misericórdia, à rua Miguel de Frias, inaugurado em 8 de maio de 1909.[62] Naquele momento, estavam em curso, nas regiões centrais da capital federal, as obras urbanas renovadoras do prefeito Pereira Passos (1836-1913).[63]

No ensejo de uma das primeiras obras executadas quando do seu retorno ao Rio de Janeiro – o de pintura decorativa de setores do palacete da Associação Geral de Auxilios Mutuos da Estrada de Ferro Central do Brasil, à rua Visconde de Itauna nº 11 –, comentou o articulista do *Correio da Manhã*, ao descrever o interior do prédio: "Desse bello vestibulo – mais um florão de gloria para o pincel do velho Steckel, que, retirado, há annos, para Bello Horizonte, estava já quase esquecido nesta Capital, á qual volta rejuvenescido [...]".[64]

A representação de Minas Gerais presente na Exposição Nacional de 1908, realizada no Rio de Janeiro – expressiva comemoração do centenário da abertura dos portos e da chegada da família real –, não contou com a participação de Frederico Steckel. Contudo, designada pelos organizadores do evento, coube ao artista a importante incumbência, dividida com o pintor Rodolpho Amoêdo, de realizar as obras ornamentais do Palacio da Exposição, nas quais, os artistas "[...] dispensando fantasias dispendiosas e nephelibatismos incompativeis com a natureza do edificio, conseguiram dar ao seu trabalho estas duas qualidades nem sempre alcançadas: – sobriedade e elegancia", conforme opinião veiculada em matéria jornalística do *Correio da Manhã*.[65]

Ao retomar, no âmbito da capital federal, sua participação no setor, Steckel reabre seu próprio comércio e volta à prática costumeira de anunciar seus serviços na imprensa local. Publicava então, em julho de 1910, na *Gazeta de Noticias*:

---

[62] O PAIZ, p. 2, 8 maio 1909.

[63] Nomeado prefeito pelo presidente Rodrigues Alves, Pereira Passos exerceu mandato de 1902 a 1906, período no qual, ao lado de Paulo de Frontin, Lauro Müller e Francisco de Paula Bicalho, empenhou-se em promover o saneamento e ordenação à malha urbana do centro do Rio de Janeiro.

[64] CORREIO DA MANHÃ, p. 3, 3 mar. 1905.

[65] EXPOSIÇÃO NACIONAL. *Correio da Manhã*, p. 1, 9 jul. 1908.

PINTOR DE CASAS
Frederico Antonio Steckel
COM OFFICINA
á rua do Cattete n. 105

Somente em outubro de 1912, retorna a Belo Horizonte, acompanhado da família, para reativar seus negócios comerciais na cidade. Recompõe, na capital mineira – metrópole que agora trilhava já a segunda década da sua existência –, o ciclo da habitual vida social e artística que cultivara nos últimos anos do século XIX.

Naquele ano de 1912, relata o Raul Tassini, no já mencionado *Verdades Históricas e Pré-históricas de Belo Horizonte – antes Curral D'el Rey*, ter sido o artista submetido a uma operação de catarata pelo médico Ildeu Duarte, sendo-lhe, por meio dessa intervenção, restituída a visão. O pintor estaria já próximo à cegueira e, em um gesto de gratidão, Steckel lhe teria oferecido a primeira paisagem que pintou.[67] Sobre as principais condecorações recebidas por Frederico Steckel, Raul Tassini enumera algumas delas: o título de comendador, concedido por dom Pedro II[68]; Medalha de Bruxelas; Medalha de Bronze da Exposição Universal de Paris, em 1889; medalhão mandado confeccionar, em póstuma homenagem, pelo presidente da república Epitacio Pessoa e ofertado à família do artista.[69]

Quanto aos acontecimentos artísticos ocorridos em Belo Horizonte nas primeiras duas décadas da sua existência, pode-se dizer que se revestiam de muita timidez, comparativamente ao que se desenvolvia no setor cultural, naquela quadra, no Rio de Janeiro e mesmo já em São Paulo. De forma esporádica, eram realizadas algumas exposições individuais de artistas, alguns quadros eram expostos temporariamente em vitrines do comércio, e algumas mostras eram promovidas por órgãos de imprensa

---

[66] GAZETA DE NOTICIAS, p. 7, 5 jul. 1910.

[67] TASSINI, 1947, p. 138.

[68] Comendador da ordem da Rosa.

[69] TASSINI, 1947, p. 138.

e por grupos que se formavam. Na capital mineira, não se ocupou o Poder Público em instituir o ensino de Belas Artes em uma escola de formação superior onde se pudesse contar com o aproveitamento de artistas professores que atuavam em Minas Gerais, como, entre outros, Honorio Esteves, Alberto Delpino, Antonio Corrêa e Castro, José Jacinto das Neves e Francisco de Paula Rocha. Também não houve estímulo governamental para que se promovesse a criação de um museu da cidade, voltado para a preservação da arte mineira colonial, provincial e contemporânea, tendo como concepção a constituição de uma pinacoteca pública representativa. Assim, por anos seguidos, coube unicamente à iniciativa particular de artistas e professores suprir essa lacuna, por meio de ações que, com imensas dificuldades, apenas superavam as limitações materiais impostas.

Somente em 1917, por iniciativa e organização do pintor Aníbal Mattos, realizou-se em Belo Horizonte a 1ª Exposição Geral de Belas Artes de Minas Gerais, nos moldes aproximados dos salões do Rio de Janeiro. Foi realizada no Palácio do Conselho Deliberativo, prédio inaugurado em 1914, à rua da Bahia, onde foram criadas e dispostas as divisões dos setores de Pintura, Arquitetura e Escultura. Consta no catálogo do evento a relação de artistas e de suas obras, bem como os respectivos preços das obras ou as devidas coleções a que pertenciam. Estiveram expostos trabalhos de artistas e mestres reconhecidos nacionalmente, dos quais se destacam os nomes de Rodolpho Amoêdo, Augusto Duarte, Arthur Timotheo da Costa, Beniamino Parlagreco, Modesto Brocos y Gomes e Hypolito Boaventura Caron. O gravador Carlos Oswald, com quatro água-fortes; Castagneto, com *Marinha;* Estevão Silva, com três naturezas mortas e *Cabeça;* Georg Grimm, com *Paisagem Europeia;* Oscar Pereira da Silva, com *Cabeça.* Também o jovem Henrique Cavalleiro e o pintor português Sousa Pinto. Muitas dessas obras pertenciam à coleção particular do doutor Flávio dos Santos. Entre os artistas mineiros, ou que militavam em Minas, aparecem os nomes de Frederico Steckel, Honorio Esteves, Anibal Mattos, Amilcar Agretti, Celso Werneck, Francisco de Paula Rocha e Olindo Belém. Frederico Steckel apresentou-se expondo os quadros: *Lado do quartel da Brigada Policial, vendo-se a serra do Curral; Jazida de mármore, lugar denominado Acaba-mundo; Ribeirão dos Cristais, lugar denominado Chibungo, Villa Nova de Lima; Morro da Favela, Bello Horizonte.*

Em 21 de junho de 1919, realizou-se, novamente no edifício do Conselho Deliberativo, a abertura da 2ª Exposição Geral de Belas Artes, promovida pela Sociedade Mineira de Bellas Artes, entidade recém-fundada e dirigida por Anibal Mattos.[70] Representantes oficiais dos governos estadual e municipal fizeram-se presentes na solenidade de inauguração do evento, notadamente, Waldemiro Gomes Ferreira, representando o presidente do Estado Arthur da Silva Bernardes, e o prefeito da capital, Affonso Vaz de Mello. A exposição apresentava artistas já consagrados, ao lado de trabalhos selecionados de estudantes de pintura, de principiantes, e mesmo, de amadores. Mas era exatamente essa a proposta de Anibal Mattos: criar um movimento em prol da educação artística na capital, pretendendo, assim, evoluir a concepção artística do público jovem, que aos poucos ia se habituando a frequentar esses eventos. Entre os principais artistas, detentores já de considerável percurso profissional, figuravam o próprio Anibal Mattos, com 34 telas; Honorio Esteves, que compareceu com 11 quadros; José Jacinto das Neves, Francisco de Paula Rocha, Arminio de Mello Franco, Orozio Belém, Amilcar Agretti e Celso Werneck. Frederico Steckel obteve destaque para o quadro intitulado *Mar largo*.

Nessa segunda exposição, foi expressiva a participação de mulheres artistas: Annita Machado, A. Cristina, Esther de Almeida Mattos, Célia Miranda Ribeiro, Esther Drummond, Guiomar Drummond, Idalina Martins, Nadir Meirelles, Maninha Moss de Mello Teixeira, Maria Amorim Ferreira, Maria Eugênia Drummond Ribeiro de Oliveira, Marianna Noronha Horta, Marina Pereira, Violeta de Mello Franco, Nininha Ribeiro da Luz, Vera Octávia de Miranda Ribeiro, Antonieta Pires, Madame Fábio Palhano. Os demais participantes da Segunda Exposição Geral, muitos deles também jovens estreantes, foram: Antonio Leal, Francisco Farinelli (de Juiz de Fora), Francisco Salles Britto, Fred, Heitor Passos, J. M. Pacheco, José Cantagalli, J. Quintino e diversos alunos do professor Augusto Nunan da Escola de Aprendizes Artífices.

---

[70] Os outros membros fundadores da Sociedade foram: José Oswaldo de Araújo, Celso Werneck, Olindo Belém, José Jacinto das Neves, Francisco de Paula Rocha, Antonio Leal, Esther d'Almeida Mattos, Honorio Esteves do Sacramento, Amilcar Agretti, Mendes de Oliveira e Belmiro Frieiro.

Além das obras dos artistas citados, outros quadros de artistas nacionais e estrangeiros pertencentes a coleções privadas foram apresentados. Gustavo Penna expôs, com destaque, algumas obras de sua galeria particular.

Já bastante idoso, Steckel, após muitos anos residindo em Belo Horizonte, experimentou um período de dificuldades. Empobrecido, dividiu-se profissionalmente entre a capital mineira e o Rio de Janeiro, para onde retornou definitivamente, vendo-se na contingência de seguir sempre trabalhando. Em 1919, aos 85 anos de idade, o artista mantinha ainda na capital mineira uma fábrica de estuque e, no Rio de Janeiro, atendia no estabelecimento à rua Visconde Rio Branco nº 12, e em sua própria residência, à rua Aristides Lobo, nº 247. Frederico Steckel morreu no dia 6 de janeiro de 1921, sendo sepultado no dia 7, no Cemitério de São Francisco Xavier. No dia 13, a viúva Porcina Maria Steckel, os enteados Bertholino Machado, Anna Speltz e suas respectivas famílias fizeram celebrar a missa de sétimo dia na igreja de São Francisco de Paula.

Belo Horizonte na pintura de Frederico Steckel

A obra de pintura de cavalete de Frederico Steckel encontra-se, hoje, inteiramente esquecida. Entre os quadros até aqui citados, poucos têm localização sabida, raros os que se encontram em acervos públicos.

Sua obra pictórica, pode-se afirmar, não é muito extensa, nem tão variada, que intente abarcar os diversos gêneros da pintura. Deixa transparecer ter sido praticada em oportunidades nas quais se via o pintor livre dos inúmeros compromissos de comerciante e nos intervalos das tarefas de decorador. Provavelmente, praticou-a também para cumprir uma ou outra encomenda ou, ainda, com a finalidade de presentear amigos. Contudo, nota-se ter o artista exercido a pintura de cavalete com alguma regularidade ao longo da carreira. Ainda que modesta, essa produção merece ser vista com atenção, por sua qualidade, certamente, e, particularizando o período em que viveu em Belo Horizonte, pelo importante registro iconográfico apresentado nas pinturas que retrataram a nova capital. No gênero, uma tela de interesse é *Vista dos predios das secretarias da praça da Liberdade*, datada de 1900, [*Figura 32*] ofertada ao engenheiro Francisco de Paula Bicalho, responsável, em 1897, pela sua contratação para execução de obras decorativas em Belo Horizonte.

No curso dos anos que se seguiram à inauguração da capital, o cenário rústico do arraial vinha sendo radicalmente transformado, materializando de forma efetiva os planos e os ideais da Comissão Construtora. O poeta e jornalista Olavo Bilac, que estivera no arraial nos idos de 1894, antes mesmo das primeiras ações dos engenheiros, pôde testemunhar, ao retornar em 1903, a significativa mutação operada na geografia do lugar e, impactado pelo que de momento ali vislumbrava, assim se manifestou:

> Em nove anos, um taumaturgo, um milagreiro, um mágico transformou aquele pacífico e tristonho lugarejo em uma esplêndida cidade. Aplainou-se o solo, destruiu-se o mato virgem, a locomotiva acordou os ecos da Serra, canalizou-se a água, e os palácios saíram da terra, esplendendo ao sol.
> Esse taumaturgo tem um nome feminino: chama-se A Coragem ...[71]

Na tela de Steckel, estão evidenciados, na esplanada da praça da Liberdade, os principais edifícios projetados pelo engenheiro pernambucano José de Magalhães. Cativam a atenção do espectador e revelam sua importância. O prédio da Secretaria do Interior[72] pode ser imediatamente notado, por apresentar na cobertura uma cúpula em meia esfera de interior azul, que acolhe e dá um destaque celeste ao busto feminino da República. Na fachada principal, o corpo central avançado (no qual se utilizou, na construção das colunas e dos três portais em arcos, o granito de tom escuro extraído na vizinha pedreira do Acaba-mundo) impõe-se como uma estrutura por demais severa, em contraste com a cor clara e delicada que reveste todo o edifício. À direita, pode-se perceber, tão somente, uma faixa lateral do prédio da Secretaria das Finanças.[73] O espaço livre que se abre entre as mencionadas secretarias deixa entrever o prédio originalmente destinado à Imprensa Oficial, voltado para a rua da Bahia, o qual, já na época da sua construção, recebeu modificações internas para abrigar a Chefia de Polícia.

Já o edifício da Secretaria da Agricultura[74] é visto por inteiro, na tela de Steckel, pelo lado posterior, onde se percebe, em estágio muito

---

[71] DIMAS, 2006, p. 85-86.

[72] Posteriormente, abrigou a Secretaria da Educação.

[73] Mais tarde, Secretaria da Fazenda.

[74] Posteriormente, o prédio sediou a Prefeitura e, mais tarde, a Secretaria de Viação e Obras Públicas.

primitivo, trecho da rua Sergipe. O prédio da Secretaria guardava então, recém-inaugurado, a planta arquitetônica original, sem as intervenções que se fizeram mais tarde: em especial, a edificação do novo pavimento e os acréscimos nas laterais. Foram interferências que deturparam o projeto do engenheiro José de Magalhães, deram-lhe peso e desproporção, principalmente se a visão apanha e compara o conjunto, incluindo o Palácio e os outros dois prédios situados no lado oposto da praça, com os quais estabelece diálogo e busca harmonia.

Todos os prédios até aqui mencionados receberam, e ainda recebiam, em 1900, obras de acabamento e decoração do próprio Steckel. À esquerda da Secretaria da Agricultura, na tela, encontra-se locado um galpão baixo, de feitio rústico, testemunho das obras que prosseguiam em execução nos anos que se seguiram à inauguração da capital. É possível que seja esse o espaço de almoxarifado e oficina de trabalho ocupado pelo artista, conhecido, na época, como "barracão do Steckel". Cortando na diagonal, a avenida do Brasil conserva ainda o aspecto de um simples e tosco caminho aberto, onde se veem algumas pessoas e animais miniaturizados. Bonito mato precede a vista, tendo o complemento de uma árvore frondosa no lado direito. Na lateral esquerda da tela, nota-se um trecho da rua Claudio Manoel, a jusante da praça. Já se encontrava aberta na largura planejada, aparentemente sem calçamento, dispondo de uma linha de postes na faixa central. Estacas finas de mudas de árvores acham-se ali recém-plantadas, de um lado e do outro, percebidas com acuidade pelo pintor. Naqueles dias, em março de 1900, a Prefeitura da cidade de Minas determinara, em seu plano de melhoramentos, o ajardinamento da praça da Liberdade, bem como o término da arborização de ruas e praças.

Ausentes na pintura de Steckel, devem-se evocar os jardins originais de Belo Horizonte, inspirados, em essência, nas propostas estéticas de Paul Villon (1841-1905), arquiteto-jardineiro da Comissão Construtora e posteriormente da Prefeitura. Naquela época, 1900, Villon conduzia trabalhos no Rio de Janeiro, tendo deixado elaborados, em grande parte, os principais projetos de arborização, canteiros, pontes rústicas e lagos, destinados ao parque e às praças da capital.

Mantendo semelhante abordagem, a tela *Vista da avenida João Pinheiro*, datada de 1908, [Figura 33] retrata um local bem próximo à praça da Liberdade. Concebida no projeto original da Comissão Construtora, em princípio nomeada avenida da Liberdade, essa importante via teve seu nome alterado, naquele ano de 1908, numa homenagem ao presidente João Pinheiro da Silva, falecido a 25 de outubro. Seu traçado cumpre a ligação direta entre a praça da República (atual praça Affonso Arinos, inteiramente desfigurada) e a praça da Liberdade, onde se estabeleceu a sede do Poder Executivo. A toponímia original, pautada pelo simbolismo, diz muito sobre o pensamento político dos membros da Comissão Construtora que formularam a planta da cidade.[75] Recebeu, estrategicamente, na via ascendente em direção ao Palácio Presidencial, edificações das residências destinadas aos secretários de Estado: a residência do secretário da Agricultura (atual Museu Mineiro, construção alterada e planta modificada), a residência do secretário das Finanças (atual Arquivo Público Mineiro) e, no quarteirão seguinte, a residência do secretário do Interior (parte da atual Escola Estadual Affonso Penna). Na rua Bernardo Guimarães foi construída a residência do chefe de Polícia. Pelas cercanias, no bairro chamado dos Funcionários, foram surgindo, ao longo do tempo, construções particulares que se tornaram também marcos arquitetônicos da época, como o palacete de Affonso Penna; o palacete do próprio Steckel, à rua dos Guajajaras; o sobrado do engenheiro italiano Carlo Antonini, à rua da Bahia; e a casa do construtor e industrial Antonio Teixeira Rodrigues, o conde de Santa Marinha, implantada já além da avenida do contorno urbano.

Sobre o aspecto dessa Belo Horizonte inaugural, valiosa descrição literária pode ser encontrada nas crônicas jornalísticas de Arthur Azevedo, anteriormente mencionadas, redigidas por ocasião da visita que o escritor empreendeu à capital em novembro de 1901:

> Nessa primeira visão rápida e fugaz, Belo Horizonte me deu uma bela impressão de opulência e grandeza. Nenhuma rua: tudo avenidas! Nem uma habitação modesta: tudo palácios, palacetes, ou casas assobradadas, de aparência nobre, sacrificando ao jardim uma boa parte do terreno. [...]

---

[75] Leonardo José Magalhães Gomes (2008) chama atenção para a inteira falta de senso quando são decididas algumas substituições de nomes dos logradouros de Belo Horizonte, a despeito das razões que os lançaram originalmente. Assim, denotando o desconhecimento dos legisladores, a praça da República, logradouro onde nascia a avenida da Liberdade que conduzia ao Palácio do Poder Executivo, recebeu, posteriormente, o nome de Affonso Arinos, o notável autor de *Pelo Sertão*, mineiro de Paracatu, advogado, escritor e intelectual, sabidamente monarquista.

> Entre os prédios particulares da capital mineira, dignos de atenção, citarei de memória, os dos seguintes srs: conselheiro Affonso Penna, condessa de Santa Marinha,[76] Frederico Steckel, Drs. Antonio Olyntho, Virgilio Bhering, Ludgero Dolabella, Sabino Barroso... Está visto que me escapam muitos.[77]

No primeiro plano da tela *Vista da avenida João Pinheiro*, tem-se, mais uma vez, a vegetação característica dos campos, uma herança do Curral d'El-Rey, resistente por muitos anos nos lotes vagos da cidade. Na faixa lateral esquerda eleva-se uma árvore de porte. Sua presença favorece a profundidade daquilo que se mostra no plano recuado. Então se percebe, dado o tratamento cuidadoso do pintor, alguns detalhes das residências que ali despontavam nos anos iniciais da capital. São apreciáveis os componentes e os trabalhos aplicados nas fachadas, bem como o tom avermelhado das telhas que recobrem as casas, todas elas em meio à gentileza de seus quintais, algo entre a remanescente atmosfera dos pomares rurais e o ambiente citadino moderno. Ao fundo, nos morros ondulados e leves do contorno da cidade, repousa mais uma vez o olhar. O vasto trecho acima apresenta o céu de um azul pouco atraente, encoberto por nuvens, chegando a ocupar mais da metade da superfície da tela.

Vista da avenida João Pinheiro integra o acervo do Museu Histórico Abílio Barreto, desde 1959, por doação pessoal do doutor Copérnico Pinto Coelho, então presidente do Instituto Histórico e Geográfico de Minas Gerais.

Oportunamente postos lado a lado, os dois quadros, *Vista dos prédios das secretarias da praça da Liberdade* e *Vista da avenida João Pinheiro*, revelam, como verdadeiros documentos visuais, a primeira paisagem de Belo Horizonte. Privilegiam, em suas composições, aspectos da arquitetura e do espaço urbano propostos no programa original da Comissão Construtora da Nova Capital. Indicam, ainda, o permanente interesse do pintor Frederico Steckel em registrar o progresso da cidade que ajudava a construir.

---

[76] Antonio Teixeira Rodrigues, o Conde de Santa Marinha, nascido em Portugal em 1850, falecera no ano anterior.

[77] AZEVEDO, 1982, p. 184.

Referências

ALMANAK LAEMMERT: *Almanack Mercantil e Industrial do Rio de Janeiro*. Rio de Janeiro: Typographia Universal, 1863, 1864, 1865, 1866, 1867, 1870, 1875, 1886, 1888.

ANACLETO, Regina; BERRINI, Beatriz. *O Real Gabinete Português de Leitura do Rio de Janeiro*. São Paulo: Dezembro Editorial, 2004.

A PINTURA. *O Cruzeiro*, Rio de Janeiro, p. 5, 18 abr. 1878.

AZEVEDO, Arthur. Um passeio a Minas. *Revista do Arquivo Público Mineiro*, Belo Horizonte, ano XXXIII, p. 179-211, 1982.

AZEVEDO, Arthur. Um passeio a Minas. *Minas Geraes*, Belo Horizonte, p. 2, 14 dez 1901.

BARRETO, Abílio. *Bello Horizonte: Memoria Historica e Descritiva. Historia Antiga*. 2. ed. rev. e aum. Bello Horizonte: Livraria Rex, 1936.

BARRETO, Abílio. *Bello Horizonte: Memoria Historica e Descritiva. Historia Média. Planejamento, estudo, construção e inauguração da nova Capital (1893-1898)*. Bello Horizonte: Livraria Rex, 1936.

BARRETO, Abílio. *Belo Horizonte. Memória histórica e descritiva. História Antiga e História média*. Belo Horizonte: Fundação João Pinheiro, Centro de Estudos Históricos e Culturais, 1995.

BARRETO, Abílio. *Resumo Histórico de Belo Horizonte (1701-1947)*. Belo Horizonte: Imprensa Oficial, 1950.

CATALOGO DAS OBRAS EXPOSTAS NA ACADEMIA DAS BELLAS-ARTES, em 15 de março de 1879. Rio de Janeiro: Typ. Pereira Braga, 1879. p. 25-27. Disponível em: <http://www.dezenovevinte.net/catalogos/1879_egba.pdf>. Acesso em: 31 out. 2014.

CORREIO DA MANHÃ. Rio de Janeiro, p. 3, 3 mar. 1905.

CORREIO DA MANHÃ. Rio de Janeiro, p. 1, 19 jul. 1908.

CORREIO DA TARDE. Rio de Janeiro, p. 3, 25 abr. 1860.

CORREIO MERCANTIL DO RIO DE JANEIRO. Rio de Janeiro, p. 4, 10 jun. 1861.

COSTA, Antônio Gilberto. *Rochas e Histórias do Patrimônio Cultural do Brasil e de Minas*. Rio de Janeiro: Bem-Te-Vi, 2009.

DEL PRIORE, Mary. *O príncipe maldito: traição e loucura na família imperial*. Rio de Janeiro: Objetiva, 2007.

DIARIO DO BRAZIL. Rio de janeiro, p. 2, 1º ago. 1882.

DIARIO DO RIO DE JANEIRO. Rio de Janeiro, p. 2, 8 jun. 1870.

DIARIO DO RIO DE JANEIRO. Rio de Janeiro, p. 3, 12 jan. 1875.

DIARIO OFFICIAL. Rio de Janeiro, p. 3588, 15 ago. 1890.

DIMAS, Antonio (Org.). *Bilac, o Jornalista: Crônicas*. São Paulo: Imprensa Oficial do Estado de São Paulo/Ed. da USP/Ed. da Unicamp, 2006. v. 1.

EXPOSIÇÃO NACIONAL. *Diario do Rio de Janeiro*, Rio de Janeiro, p. 3, 12 jan. 1875.

GAZETA DE NOTICIAS. Rio de Janeiro, p. 4, 19 jan. 1878.

GAZETA DE NOTICIAS. Rio de Janeiro, p. 1-2, 23 ago. 1888.

GAZETA DE NOTICIAS. Rio de Janeiro, p. 5, 8 nov. 1906.

GAZETA DE NOTICIAS. Rio de Janeiro, p. 7, 5 jul. 1910.

GAZETA DE PETROPOLIS. Petrópolis, anno VIII, n. 33, p. 3, 18 mar. 1899.

GOMES, Leonardo José Magalhães. *Memória de Ruas: Dicionário Toponímico de Belo Horizonte*. Belo Horizonte: Crisálida, 2008.

LEVY, Carlos Maciel. *Exposições Gerais da Academia Imperial e da Escola Nacional de Belas Artes – Período Monárquico: Catálogo de artistas e obras entre 1840 e 1884*. Rio de Janeiro: Pinakotheque, 1990.

MINAS GERAES. Minas, p. 6, 2 e 3 jan. 1900.

MINAS GERAES. Minas, p. 3-4, 3 fev. 1900.

MINAS GERAES. Minas, p. 4, 19 jul. 1900.

MINAS GERAES. Minas, p. 4, 13 ago. 1900.

MINAS GERAES. Minas, 18 jul., 10 out. 1900.

MINAS GERAES. Bello Horizonte, p. 3, 8 e 9 set. 1901.

MINAS GERAES. Bello Horizonte, p. 6, 8 jan. 1921.

O CRUZEIRO. Rio de Janeiro, p. 3, 16 jun. 1878.

O PAIZ. Rio de Janeiro, p. 2, 8 maio 1909.

O PHAROL. Juiz de Fora, p. 2, 26 ago. 1902.

O PHAROL. Juiz de Fora, p. 1, 9 out. 1903.

PENNA, Octavio. *Notas Cronológicas de Belo Horizonte (1711-1930)*. Belo Horizonte: Fundação João Pinheiro, Centro de Estudos Históricos e Culturais, 1997.

SCHWARCZ, Lilia Moritz. *As Barbas do Imperador: D. Pedro II, um monarca nos trópicos*. São Paulo: Companhia das Letras, 2004.

SILVA, Rosangela de Jesus. (Org.): *Notas e artigos sobre crítica de arte na Revista Illustrada*. s.d. Disponível em: <http://www.dezenovevinte.net/artigos_imprensa/criticas_agostini.htm>. Acesso em: 31 out. 2014.

SQUEFF, Leticia. *Uma Galeria para o Império: A Coleção Escola Brasileira e as Origens do Museu Nacional de Belas Artes*. São Paulo: Edusp/Fapesp, 2012.

TASSINI, Raul. *Verdades Históricas e Pré-históricas de Belo Horizonte – antes Curral D'el Rey*. [s.l., s.n.], [1947?].

VALLE, Arthur. *"A maneira especial que define a minha arte": Pensionistas da Escola Nacional de Belas Artes e a cena artística de Munique em fins do Oitocentos*. Disponível em: <http://www.unicamp.br/chaa/rhaa/downloads/Revista%2013%20-%20artigo%207.pdf>. Acesso em: 8 out. 2011.

Anexo[78]

Contracto, que, autorizado pelo § 11 do artigo 11 do Regulamento approvado pelos Decretos nº 680, de 14 de fevereiro de 1894 e 827, de 7 de junho de 1895, faz o Engenheiro Chefe da Comissão Constructora da Nova Capital do Estado de Minas Geraes, Dr. Francisco de Paula Bicalho, como representante legal do Governo do mesmo Estado, com o Sr. Frederico Antônio Steckel para a ornamentação e decoração internas dos edificios destinados para Palacio Presidencial e para as tres Secretarias d'Estado e pintura interna e externa desses mesmos edificios e das casas dos funcionarios publicos. Aos vinte e cinco dias do mez de agosto de mil oitocentos e noventa e seis, na Secretaria da Comissão Constructora da Nova Capital do Estado de Minas Geraes, em Bello Horizonte, compareceu o Sr. Frederico Antonio Steckel e, em presença das testemunhas abaixo nomeadas e assignadas, declarou que, tendo contractado com o Sr. Dr. Francisco de Paula Bicalho, como Engenheiro Chefe da Comissão Constructora e representante legal do Governo do mesmo Estado, a ornamentação e decoração internas dos edificios destinados para Palacio Presidencial e para as tres Secretarias d'Estado e pintura interna e externa desses mesmos edificios e das casas dos funcionarios publicos, vem por isso assignar o preciso contracto mediante as clausulas seguintes:

1ª

O Sr. Frederico Antonio Steckel obriga-se a fazer toda a ornamentação e decoração internas dos edificios destinados para Palacio Presidencial e secretarias d'Estado e, bem assim, a pintura interna

---

[78] *Contrato* [cópia manuscrita] firmado entre a Comissão Construtora da Nova Capital e Frederico Antonio Steckel para realização de trabalhos de decoração do Palácio Presidencial, prédios das secretarias e das casas de funcionários públicos da nova capital. Museu Histórico Abílio Barreto: Pasta MHAB 074, Notação CCDa 05/001, 18 dez. 1896.

e externa desses mesmos edificios e das casas dos funcionarios publicos, pelos preços de unidade e nas condições constantes das tabelas de preços que organizou e assigna e que são partes integrantes deste contracto.

2ª

Todo o material que convenha ser adquirido no estrangeiro será encomendado pela Comissão e por sua conta. A Comissão fornecerá tais materiais ao contractante, que os pagará, inclusive os direitos de Alfandega, mediante desconto nas contas mensais, como preceitua a clausula oitava.

3ª

As despesas com o transporte na Central, de todo o material necessario correrão metade por conta da Comissão Constructora e metade por conta do contractante, sendo a parte deste descontada por ocasião dos pagamentos mensais.

4ª

A Comissão Constructora obriga-se mais a dar passagem de vinda, na Central, para o pessoal e respectiva bagagem que o contractante precisar trazer para a execução das obras a seu cargo em virtude deste contrato e, bem assim, passagem de vinda e volta para o contractante, todas as vezes que tenha necessidade de, por motivo dessas mesmas obras, ir ao Rio de Janeiro.

5ª

Correrão por conta da Comissão Constructora as despesas com os andaimes precisos para a realização das obras.

6ª

O contractante Frederico Antonio Steckel obriga-se a permanecer na direcção effetiva dos trabalhos, devendo preparar-se para inicial-os logo que esteja coberto qualquer dos edificios mencionados e desenvolvel-os de modo a serem executados e concluidos até 30 de novembro do ano proximo, e os de todos os edificios que a Comissão entregar cobertos, até 31 de dezembro proximo.

7ª

O contractante dará às obras o andamento preciso para que possam ficar concluidas no prazo estabelecido na clausula anterior, podendo o Engenheiro Chefe exigir aumento de pessoal, marcando o prazo para esse fim, ficando entendido que o mesmo poderá, de preferencia, atacar qualquer dos serviços, sendo que, o contratante apressará a execução as obras da Secretaria do Interior, que ficarão concluidas até 30 de junho do ano proximo.

8ª

O Engenheiro Chefe obriga-se a mandar pagar os trabalhos executados e acabados em cada mez e à vista das respectivas medições, com o desconto de cinquenta por cento (50%) destinado para o integral pagamento das despesas feitas pela Comissão, de acordo com as clausulas segunda e terceira.

9ª

Para a iniciação dos trabalhos nos edifícios citados ficam aceitas as indicações constantes dos respectivos orçamentos apresentados e assignados pelo contratante, na parte relativa às peças de ornamentação de estuque-cartão, dependendo, porém, da medição real que for feita. Quanto aos trabalhos de pintura, seja dos citados edificios publicos, seja das casas dos funcionarios publicos fica salva a faculdade de poder o Engenheiro-Chefe modificar a vontade as respectivas indicações constantes dos referidos orçamentos, até o momento de serem eles iniciados em cada peça.

10ª

A infração de qualquer destas clausulas dará lugar à imposição, pelo Engenheiro Chefe de uma multa de duzentos mil réis a um conto de réis, conforme a sua gravidade.

11ª

O Engenheiro Chefe poderá rescindir o presente contrato, nos casos seguintes: 1º – se o contractante abandonar a direcção effetiva das obras, ou se auzentar-se repetidas vezes e sem ser no interesse delas, desta localidade, de modo a ser prejudicada a sua Direção; 2º – se não estiver executando os trabalhos com [*ilegível*] e perfeição necessarios, ou se estiver empregando material de inferior qualidade ao que deve ser empregado em obras e edificios da natureza dos mencionados; 3º – se não estiver dando o andamento preciso à execução das obras, de modo a serem elas concluídas dentro dos prazos estipulados nas clausulas sexta e setima; 4º – se ao contractante houverem sido em qualquer tempo e em qualquer dos casos deste contracto, imposta a multa por tres vezes.

12ª

O contratante obriga-se a executar em outros edificios publicos que lhe forem designados e pelos preços constantes das tabelas citadas quaisquer trabalhos da natureza dos ora contractados, sob pena de, em caso de recusa, pagar uma multa de cinco contos de réis (5:000.000). E, por se acharem assim justos e contractados, lavrei o presente contracto, que assignam juntamente com as testemunhas Cap. Antonio Lopes de Oliveira e Affonso Masini, comigo, João Antero de Carvalho. Em tempo declaro que assigna, como uma das testemunhas, o Sr. José Orlandini, em logar do Sr. Affonso Masini, como por engano se mencionou acima.
assig:. João Antero de Carvalho.
Assignado: Francisco de Paula Bicalho.
Assignado: Frederico Antonio Steckel.
Testemunhas assig: Antonio Lopes de Oliveira e José Orlandini.
Estava sellado com duas estampilhas estaduais no valor de dois mil réis e uma de mil réis, devidamente inutilizadas.
Confere – 18-12-96
[assinatura *Ilegível*]
      Visto [*ilegível*]
      [*ilegível*].

Francisco Soucasaux, fotógrafo e construtor pioneiro de Belo Horizonte

Introdução

Natural de Barcelos, Portugal, Francisco Soucasaux[1] teve seu nome ligado à nova capital de Minas Gerais desde os primeiros dias da sua implantação, ainda na fase de organização da Comissão Construtora.

Raras são as referências nos arquivos portugueses de história da arte do século XIX acerca da sua obra, integralmente realizada no Brasil. No país natal, com o passar dos anos, apagou-se naturalmente da lembrança geral a notícia do seu trabalho fotográfico, levado com pioneirismo em Minas. Estima-se que igualmente tenha permanecido no restrito círculo familiar a memória da sua vida de jovem, transcorrida ainda em Portugal. A distância entre Barcelos e Belo Horizonte cuidou de desfazer os laços. Por outro lado, ao morrer Soucasaux, em 1904, interrompendo um momento de intensa criação, tem início um processo de dissipação de parte expressiva da sua produção no meio belo-horizontino. As dificuldades de se realizar a edição póstuma dos dois volumes *Album de Minas* – que, originalmente, abrangeriam o principal de seu trabalho documental e artístico – foram vencidas apenas parcialmente, não obstante o envolvimento pessoal do irmão Augusto Soucasaux, também fotógrafo, vindo de Barcelos, temporariamente, com esse objetivo.

Além do ateliê fotográfico, manteve Francisco Soucasaux outras atividades que marcaram em definitivo os dez anos que residiu em Belo

---

[1] Francisco Soucasaux (Barcelos, Portugal, 1856 – Barcelos, Portugal, 1904).

Horizonte: inicialmente, na área da construção civil, como empreiteiro de importantes edificações da nova capital e, mais tarde, por meio da idealização, construção e administração do Theatro Soucasaux.

Os empreendedores portugueses

No curso dos primeiros anos da implantação da República, o estado de Minas Gerais determinou e consolidou a construção da sua nova capital. Superando debates e opiniões divergentes, a ação pôs em andamento um programa voltado para a modernização e o progresso do estado, fixando os ideais que norteavam o novo regime político do país. Planejada pelo engenheiro Aarão Leal de Carvalho Reis e construída sob a direção do engenheiro Francisco de Paula Bicalho, a cidade foi erguida sobre terrenos do arraial de Belo Horizonte, antigo Curral d'El-Rey, no período de quatro anos. A instalação da Comissão Construtora da Nova Capital, marco zero das obras, deu-se em 1º de março de 1894. Com o início da construção e o surgimento de novas oportunidades, passaram os empreendimentos da Comissão a atrair um número cada vez mais expressivo de trabalhadores brasileiros e estrangeiros. Ainda no mês de março, os portugueses Alfredo Camarate e Francisco Soucasaux chegaram a Belo Horizonte, tempo em que se organizavam as divisões dos trabalhos.

Alfredo Camarate, nascido em Lisboa, em 1840, era engenheiro-arquiteto, tendo também formação musical regular como flautista e compositor. Chegou ao Brasil no início da década de 1870, estabelecendo-se no Rio de Janeiro. Como jornalista publicou artigos sobre arte, dedicando-se em especial à crítica musical. Dentre outros periódicos, atuou no *Jornal do Commercio*, na *Gazeta de Noticias* e na *Gazeta Musical*. Em Belo Horizonte, escreveu uma série de crônicas para o jornal *Minas Geraes* e engajou-se nos quadros da Comissão Construtora, como técnico responsável pela aprovação de projetos de casas e prédios a serem construídos na cidade.

O barcelense Francisco Soucasaux, nascido em 1856, transferiu-se ainda muito jovem para o Rio de Janeiro, onde se tornou construtor civil. Dedicando-se também à marcenaria, criou peças de mobiliário e impulsionou sua industrialização, movimentando um setor que até então apresentava restrita produção no país. Referindo-se ao amigo, certifica Camarate:

> Francisco Soucasaux, vulgarmente o Braguinha. [...] É artista e operário de grande reputação no Rio de Janeiro e construiu, além de diversos prédios a grande fábrica de móveis Moreira Santos, um dos maiores edifícios do Rio de Janeiro, dentro do qual ele montou também todos os inúmeros e complicados maquinismos da tal fábrica; os quais no primeiro dia em que foram tocados pelo poderosíssimo motor a vapor que lhes dá movimento, trabalharam todos sem a menor hesitação devida ou soluço. É um homem prático às direitas.[2]

Assim reconhecido pelos demais integrantes da Comissão Construtora, Soucasaux fixou-se em Belo Horizonte. Com a evolução dos trabalhos da capital, Alfredo e Francisco, ao lado de um sócio do próprio arraial, o comerciante Eduardo Edwards, criaram a firma Edwards, Camarate & Soucasaux, empreiteira que tomaria a responsabilidade da construção de uma das obras mais significativas da cidade, a Estação de General Carneiro, no entroncamento ferroviário de Sabará. Trata-se de um raro projeto em formato triangular, de autoria do engenheiro pernambucano José de Magalhães, membro da Comissão Construtora. Considerando seu conjunto e funcionalidade, por sua beleza e completa dessemelhança, a estação tornou-se um dos símbolos da capital.

Nos anos seguintes, Soucasaux será responsável pela construção de outros prédios públicos e particulares na cidade e assumirá a direção das oficinas da Marcenaria e Serraria a vapor, a serviço da Comissão Construtora.

O provisório Theatro Soucasaux

Inaugurada a capital, a 12 de dezembro de 1897, findas as atividades da Comissão, deixou Alfredo Camarate, logo a seguir, a cidade que ajudara a construir. Morreu poucos anos depois, em 1904, em São Paulo. De forma diversa, estabelecido profissionalmente e já adaptado à vida e aos costumes do lugar, Soucasaux toma como definitiva sua permanência em Belo Horizonte. Por seu completo envolvimento com o trabalho e com a cultura do país, será mais tarde lembrado pelo irmão Augusto Soucasaux como o "mais brasileiro de todos os portuguezes".[3]

---

[2] CAMARATE, 1985, p. 130.
[3] SOUCASAUX, Augusto, fev. 1905a, p. 1.

Uma iniciativa de Francisco, nos primeiros anos de funcionamento da capital, foi a criação do Theatro Soucasaux, inaugurado em dezembro de 1899. [*Figura 34*] Concebido em uma edificação modesta, por meio da adaptação de um antigo galpão, passou a acolher variadas manifestações artísticas, movimentando a sociedade belo-horizontina. O escritor Arthur Azevedo, ao conhecer a capital mineira, em novembro de 1901, visitou a casa. Bem impressionado com muitos aspectos, descreveu o espaço e comentou sobre os equipamentos postos em uso, merecedores dos cuidados do idealizador:

> Esse teatro, que contrasta pela sua modéstia com os soberbos palácios da nova capital, tem sobre os nossos a vantagem de possuir uma instalação elétrica de primeira ordem, que nada fica a dever aos melhores teatros do mundo.
> Essa instalação é completa, tanto na sala como no palco. A luz é perfeitamente graduada por um aparelho engenhosíssimo, que produz, na cena, o efeito exato do sol, da lua e do relâmpago, que nos teatros do Rio de Janeiro é obtido ainda com a chama do licpódio, como no tempo da onça. [...]
> A disposição dos camarotes é magnífica, o palco de bom tamanho, os corredores largos, o aspecto geral da sala simpático, elegante e leve. O teatro, convenientemente fechado, ficará no centro de um jardim, oferecendo todas as comodidades possíveis não só aos espectadores como aos artistas.[4]

Houve um tempo, contudo, em que Soucasaux parece ter desistido das atividades em Belo Horizonte. A cidade encontrava-se em um momento crítico, paralisada por falta de investimentos, a indústria e o comércio estagnados. Diante da situação, apresentavam-se cada vez mais difíceis os obstáculos que deveria vencer para viabilizar seus projetos. Por um período, aventurou-se em viagens por outros estados. Tem-se registro do seu retorno em abril de 1901, quando iniciou novo ciclo produtivo na cidade.[5] Atuando sempre em diferentes frentes de trabalho, em abril de 1903, conforme publicidade veiculada na imprensa, Francisco divulgava a comercialização da *Encyclopedia Portugueza Illustrada*, dicionário voltado para assuntos de interesse de Portugal e do Brasil.[6]

---

[4] AZEVEDO, Arthur, 1982, p. 209-210.

[5] ECHOS. *Diario de Minas*, p. 1, 22 abr. 1901.

[6] ENCYCLOPEDIA PORTUGUEZA ILLUSTRADA. *O Commercio de Minas*, p. 3, 3 abr. 1903.

O ateliê fotográfico e a circulação da imagem por meio do cartão-postal

Não se tem determinada, com precisão, a época na qual Soucasaux começou a praticar a fotografia: ainda em Portugal ou no período inicial no Rio de Janeiro.[7] Fato é que, em Belo Horizonte, exercendo funções no Gabinete Fotográfico da Comissão Construtora da Nova Capital, demonstra já pleno domínio da técnica. No correr dos anos, Francisco cuidará então de registrar as transformações que se verificavam no ambiente original do arraial, colhendo uma documentação de enorme relevância para compor a história da cidade. Estando a capital já em funcionamento, dirige o foco das suas lentes em direção aos novos edifícios públicos e residências.

Em 1902, editou uma série de fotografias no formato cartão-postal, apresentando aspectos de Belo Horizonte e da sua arquitetura. Esses postais, muito estimados pelo público, transformaram-se logo em sucesso de vendas. Em 1903 esteve em Juiz de Fora, tendo colecionado ali alguns registros que igualmente foram editados como postais.[8]

Nessa época, Soucasaux estabeleceu seu ateliê fotográfico nos fundos do terreno da sua residência, à rua da Bahia, em um pequeno chalé. As instalações tiveram como complemento peças de mobiliário manufaturadas pelo irmão Manoel Soucasaux.[9] Em setembro de 1903, nesse estúdio, realizou o retrato de Santos Dumont, que então visitava Belo Horizonte. Na oportunidade, conseguiu também uma série de instantâneos, reportando a eufórica manifestação popular aglomerada na rua da Bahia, em saudação ao aeronauta. Alguns profissionais que conviveram ou vieram suceder Soucasaux no exercício profissional da fotografia em Belo Horizonte, devem ter seus nomes lembrados. João da Cruz Salles, Raymundo Alves Pinto, Olindo Belém, Francisco Theodoro Passig e Igino Bonfioli são alguns deles.

---

[7] O Instituto Histórico e Geográfico Brasileiro possui em seu acervo dois exemplares fotográficos de autoria de Francisco Soucasaux, datados de 15 de novembro de 1890: *Proclamação do fundador da República, Manuel Deodoro da Fonseca, generalíssimo do Exército brasileiro, em frente ao Palácio Itamaraty*, 1890. Cf. Lago (2014, p. 504).

[8] Nesse mesmo ano, o pintor e também fotógrafo Honorio Esteves lançou em Juiz de Fora algumas séries de cartões-postais representando aspectos da cidade de Ouro Preto.

[9] Artigo original publicado no *Diario Popular*, São Paulo, *apud* SOUCASAUX, Francisco, 11 ago. 1903, p. 4.

"É util, é pratico e é gigantesco":
a concepção original do *Album do Estado de Minas*

Detentor do valioso acervo fotográfico, Soucasaux passou a cultivar a ideia da sua divulgação por meio da edição do volume que intitulou *O Album do Estado de Minas*. Com vistas na publicação, promoveu uma série de ações bem planejadas, a começar pelo envio de prospectos e circulares aos principais órgãos de imprensa do país, pedindo-lhes apoio. Em 29 de julho de 1903, num lance inovador, realizou, no Theatro Soucasaux, uma exibição pública das fotografias, apresentando como atração o fato de as imagens serem mostradas por meio de lanterna de projeção. Em 11 de agosto seguinte editou uma folha de propaganda, de distribuição gratuita, onde veiculou mensagens sobre o *Album*, informou sobre o valor e as condições da sua assinatura, além de reproduzir matérias repercutidas em diversos jornais acerca do empreendimento. [*Figura 35*]

Conforme projeto inicial, o *Album* dividia-se em dois volumes, com 300 páginas cada um, em formato 28x37 cm, encadernação em percaline, edição de luxo com emblemas do Estado, contando cada volume com cerca de 300 imagens. O texto, abrangendo a história de Minas, estava a cargo de Augusto de Lima, diretor do Arquivo Público Mineiro, e incluía a colaboração dos professores Costa Senna e Wilhelm Schwacke, diretores da Escola de Minas e da Escola de Farmácia de Ouro Preto. Seria apresentado em português, com versões em francês e inglês. O primeiro volume já apresentava conteúdo consolidado, estando direcionado basicamente ao assunto da mudança da capital. Continha as imagens seguintes:

> ILLUSTRAÇÕES: Grupo da commisão de estudos das differentes localidades; retratos dos principaes propagandistas e fundadores da Capital nos governos do dr. Affonso Penna e dr. Bias Fortes e seus successores. Vistas do arraial de Bello Horizonte antigo Curral d'El-Rey em 1894, constando de ruas, casas, rancho, matriz e capellas. Episodios da construcção da cidade. Grupos das differentes divisões technicas, scenas da fundação e inauguração. Edificios publicos (exterior e interior). Praças, avenidas e ruas. Panorama geral e numerosas paizagens com suprehendentes pontos de vista. Parque, cascatas e jardins. Predios particulares e commerciaes. Costumes, festas officiaes e populares.[10]

[10] SOUCASAUX, Francisco, 11 ago. 1903, p. 1.

Estabeleceu-se a forma de aquisição do *Album* por subscrição, ao preço final de 60$000 para cada volume, buscando, por meio da antecipação de uma primeira parcela, fixada em 20$000, a viabilização da publicação. O segundo volume, na época apenas idealizado, abrangeria a documentação dos principais municípios mineiros.

Contudo, por seu alto custo e complexidade de execução, o projeto era visto, cada vez mais, como algo inatingível, diante dos restritos padrões da época. Para melhor exemplificar, lembre-se um trecho do romance *A Capital*, do escritor sabarense Avelino Foscolo (1864-1944), certamente conhecedor dos empreendimentos do fotógrafo e atento observador da sociedade e do cotidiano da capital. [*Figura 36*] Apresentando enredo ficcional todo ele calcado em acontecimentos relativos ao surgimento de Belo Horizonte, tem-se, a certa altura do romance, por intermédio do personagem secundário de nome Almeida, uma fala que busca elementos em alguns detalhes dos planos de Soucasaux:

> Vou propor ao governo, e já tenho auxiliares competentes mais ou menos contractados, uma empreza gigantesca e de utilidade publica. Mediante sessenta contos de reis, ajuda de custos e todo o material necessario, photographar todas as cidades, todas as povoações de Minas, gozando do direito exclusivo de vender as photographias. Uma ou duas collecções serão fornecidas ao Estado e conto minha viagem ao proximo certamen universal de Paris, expor tambem as vistas ali, tornando assim conhecida a patriarcal Minas. É util, é pratico e é gigantesco.[11]

Na sequência, a palestra fantasiosa de Almeida será recebida pelos circunstantes como algo próximo ao desvario. Deve-se ressaltar, porém, que, ainda que essas ideias mantenham semelhança com os planos do *Album*, na realidade, Soucasaux sempre deu seguimento aos seus projetos mediante esforços e recursos próprios, independente de apoio do poder público. Oportuno lembrar o fato de a primeira edição de *A Capital*, datada de 1903, trazer reproduzida uma fotografia de autoria de Soucasaux, em que se vê retratado um trecho da rua da Bahia. [*Figura 37*] Outro detalhe: no ano seguinte, 1904, seriam os trabalhos do fotógrafo

[11] FOSCOLO, 1903, p. 118.

expostos e premiados, não em Paris, mas na Exposição Universal de Saint Louis, nos Estados Unidos.

Em outra parte do romance, o escritor irá fornecer breve descrição de um ateliê fotográfico da capital, tal como o de Francisco, localizado em um fundo de terreno, o que indica sua estreita convivência com o ambiente do profissional:

> [...] o atelier com seus vidros emerilhados, as bacias de banho, provas photographicas, chapas sensibilisadas, machinas e tripeças encostadas nos cantos. Era um lugar escuro, abafado, triste, não tendo semelhança alguma com um templo d'arte. Mais adiante, no pateo, estava a barraca - uma tolda de panno coberta de zinco, onde pousavam as figuras. Havia columnatas, poltronas, motivos representando paizagens e um diccionario que o photographo ali deixara, cançado já de trazel-o para servir aos centenares de clientes que se queriam photographar com a mão num livro.[12]

Em 1904, algumas fotografias assinadas por Soucasaux foram publicados na revista *Kósmos,* edição de março: ilustrações para o artigo *Bello Horizonte,* de Lindolpho Azevedo, constando duas imagens de aspectos do antigo arraial, *Uma face do largo da Matriz* [*Figura 38*] e *Casa da rua da Boa Vista*, e uma imagem retratando a novíssima a*venida da Liberdade.* [*Figura 39*] Em nota ao fim do texto, assegura o autor do artigo a origem do material e comenta sobre a expectativa que cercava a futura publicação do *Album*: "As photographias reproduzidas aqui, devido á gentileza do sr. F. Soucasaux de Bello Horizonte, pertencem ao magnifico *Album do Estado de Minas*, confeccionado pelo operoso artista, com a collaboração litteraria de Augusto de Lima, e para cuja publicação votou a Camara do Estado um auxilio dependente apenas da approvação do Senado Mineiro". Ainda outros dois trabalhos fotográficos de Soucasaux integraram a edição: *Monumento commemorativo da abertura do rio Amazonas á navegação internacional - Manáos* e *Palácio da Justiça - Manáos*.[13] A edição da revista *Kósmos* do mês seguinte veiculou novas colaborações de Soucasaux: *O Palacio do Presidente - Bello Horizonte* e *Avenida Eduardo Ribeiro - Manáos*.[14]

---

[12] FOSCOLO, 1903, p. 147.

[13] AZEVEDO, Lindolpho, 1904.

[14] KÓSMOS, 1904.

A Exposição Universal de Saint Louis

A Exposição Universal de Saint Louis, foi realizada em 1904, tendo Soucasaux integrado a Comissão de representação do estado de Minas Gerais, durante a etapa preliminar da organização. Visando a sua própria apresentação na mostra, lançou mão do material que ao longo do tempo acumulara e que compunha o projetado primeiro volume do *Album*. Contando com imagens escolhidas, dispostas em oito grandes quadros, formou uma sequência documental abrangendo desde os primeiros registros do antigo arraial, em 1894, até aspectos da metrópole nos dias correntes. Na noite de 23 de fevereiro, às vésperas de serem embalados e enviados para Saint Louis, os trabalhos estiveram expostos no *foyer* do Theatro Soucasaux e mereceram a descrição seguinte:

> A collecção compõe-se de oito grandes quadros, ricamente emoldurados e com o fundo de pellucia vermelha. As vistas estão assim distribuidas pelos oito quadros: 1º arraial de Bello Horizonte em 1894, vendo-se no mesmo paysagens, trechos do antigo districto e casas do mesmo; 2º edificios publicos da Capital; 3º serviço de electricidade; 4º typos de construcções particulares; 5º Parque, vendo-se diversos trechos desse encantador logradouro publico; 6º e 7º praças e ruas; 8º diversas paysagens, effeito de céos, etc.[15]

Augusto de Lima, presidente da Comissão de Representação do estado de Minas, ao redigir o *Relatorio* de conclusão dos trabalhos preparatórios da exposição, apresentado ao presidente Antonio Francisco de Salles, mencionou alguns expositores mineiros, enfatizando a relevância das participações. Deixa explícito um dos principais propósitos da Comissão, o de mostrar a moderna capital no âmbito internacional. Nesse contexto reside a importância maior do trabalho de Soucasaux:

> O Estado de Minas, apresentando, pela primeira vez, ao mundo civilizado a sua Capital, não receia, na originalidade deste enorme commetimento, concurrencia com qualquer outro paiz. É uma cidade de 7 annos, attestando o arrojo e o trabalho colossal de uma geração, que soube levar a cabo numa realidade brilhante.

---

[15] MINAS GERAES, p. 2, 23 fev. 1904.

O ostensor dessa obra monumental é o benemerito e illustre artista, sr. Francisco Soucasaux, a quem v. exc., em hora bem inspirada, confiou parte nos trabalhos da commissão.

Em 8 quadros de grandes proporções e de luxuosas molduras, verão os visitantes da Exposição, com datas authenticas, a curta mas intensissima historia figurada deste torrão da terra mineira, ha sete annos um arraial de aspecto decadente e tosco, e logo uma grande cidade levantada com todos os elementos e formas de belleza e do conforto.

A perfeição do trabalho photographico, assim como o arranjo esthetico que lhe foi dado, o indicam naturalmente para o departamento B, em que foi collocado, como um formoso portico para a exposição de Minas Geraes.[16]

Foram as seguintes as participações de Francisco Soucasaux no certame:

a) No Departamento de Artes Liberais, Grupos 15 a 27, integrou o concorrido Grupo 16 - Fotografia, com o conjunto intitulado *Fotografias Mostrando Efeitos de Luz e Paisagens*. Nesse mesmo Grupo 16, participaram, entre outros, os consagrados fotógrafos Marc Ferrez (Medalha de Ouro), Insley Pacheco (Medalha de Ouro) e Valerio Vieira (Medalha de Prata), com a célebre fotomontagem *Os Trinta Valerios*.

b) Ainda no Departamento de Artes Liberais, Grupo 27 - Engenharia de Arquitetura, em nova participação, Soucasaux recebeu Medalha de Ouro. Seus trabalhos compuseram o conjunto *Fotographias de predios publicos e particulares, ruas e parques em Bello Horizonte e Vistas do arraial velho*. Nesse grupo foram premiados com o *Grand Prize* o arquiteto Ramos de Azevedo, de São Paulo, e o próprio Governo brasileiro, pelo projeto arquitetônico do Pavilhão Brasileiro, de autoria do coronel Francisco Marcelino de Souza Aguiar.

c) No Departamento de Eletricidade, Grupos 67, 70 e 71, que contou com reduzido número de participantes, expôs o conjunto documental intitulado *Fotografias da Usina Elétrica em Bello Horizonte*. Recebeu Medalha de Ouro pelo trabalho, no Grupo 71 – Usos Variados da Eletricidade.

d) No Departamento de Minas e Metalurgia, Soucasaux participou do Grupo 116 - O Funcionamento de Lavras de Minério de Ferro e de

---

[16] LIMA, 3 mar. 1904, p. 5.

Pedras, apresentando *Minério de Ouro e Ferro Magnético*. Nesta seção recebeu Medalha de Bronze.[17]

Morte em Barcelos

A esperada aprovação do auxílio financeiro, pelo Senado mineiro, ao propósito da publicação do *Album de Minas,* não se deu na forma prevista por Lindolpho Azevedo, no artigo da *Kósmos,* em nota redigida com a melhor intenção de apoiá-lo naquele momento de expectativa. Assim, não sendo até então suficientes os valores arrecadados por meio de assinaturas, permanecia o projeto em estágio inativo.

No curso de 1904, após os compromissos que envolveram o acabamento do material fotográfico e o envio de todas as peças para a Exposição Universal, e mais os cuidados dispensados à organização geral dos expositores de Minas, Soucasaux, já doente e debilitado, parece ver esgotadas suas forças. A exposição de Saint Louis significou o ponto alto da sua carreira profissional, transcorrida quase inteiramente em Belo Horizonte, e também sua despedida da capital. Em maio, sentindo agravar definitivamente seu estado de saúde, decide retornar à cidade natal, Barcelos, onde viviam a mãe e os irmãos. Na Europa, ao lado dos cuidados com a saúde, faria gestões no intuito de viabilizar a edição do *Album*. No momento do embarque para o Rio de Janeiro, um bom número de amigos e alguns membros representantes do Estado e do Município estiveram na Estação de Minas, tendo a imprensa anotado os nomes do coronel Francisco Bressane, prefeito da capital; Delfim Moreira, secretário do Interior; deputados Leite de Castro e Affonso Penna Junior; João Horta, Augusto de Lima, Ernesto Cerqueira, Arthur Felicissimo, Francisco de Paula Souza, Arthur Joviano, o pintor Frederico Steckel, entre outros.[18] No dia 10 de maio, Francisco Soucasaux partiu do Rio de Janeiro para a Europa, a bordo do *Clyde*. O anúncio da sua morte, ocorrida no dia 24 de setembro, em Barcelos, foi publicado em nota da edição de 26 e 27 do *Minas Geraes*, onde se destacou o significado do seu trabalho pioneiro para a cidade. Em coluna na mesma edição, Gustavo Penna lamentou o desaparecimento do artista.[19]

---

[17] SOUZA AGUIAR, 1904.

[18] HOSPEDES E VIAJANTES. *Minas Geraes*, p. 3, 5 maio 1904.

[19] MINAS GERAES, p. 4-6, 26 e 27 set. 1904.

O irmão Augusto Soucasaux

Após a morte de Francisco, anota-se a vinda do seu irmão, Augusto Soucasaux (1871-1962), para Belo Horizonte, em fins de 1904, tendo como motivação principal tratar dos assuntos profissionais e pessoais deixados em curso pelo fotógrafo.

Em Barcelos, Augusto foi proprietário de oficina tipográfica. Em 1892, criou e dirigiu a revista humorística *A Lagrima*, por meio da qual buscava, com ineditismo, dar ênfase ao gênero no país. Na imprensa, manteve colaboração numerosa em outras publicações, redigiu artigos, entrevistou figuras como Ramalho Ortigão, Antonio Candido e Padre Senna Freitas. Também escreveu para teatro, obtendo sucesso com suas peças de revista levadas no Theatro Gil Vicente. Merece destaque a exibição da peça *Barcelos por Dentro*, com a qual foi inaugurada a casa de espetáculos.[20]

Ele permaneceu no Brasil por alguns anos, dado este, todavia, ainda indeterminado. De início, em 1905, no intuito específico de levar a efeito a publicação do *Album de Minas*, deu pronto seguimento à edição de novos números da *Folha de Propaganda*, conforme formato estabelecido pelo irmão em 1903. Alterou, porém, o planejamento do *Album*, subdividindo-o em fascículos, sendo que somente conseguiu editar o primeiro desses fascículos em abril de 1906, com conteúdo inteiramente modificado e reduzido. O volume teve composição estética do artista Alberto Delpino e contou com textos do próprio Augusto Soucasaux, Josaphat Bello, Costa Senna e Augusto de Lima. Registra-se, a seguir, sério desentendimento pessoal entre Augusto Soucasaux e Alberto Delpino, marcando negativamente o momento dessa publicação. Não deu prosseguimento à edição integral do *Album*, conforme merecia o programa original de Francisco. Considerando que os dois volumes do *Album* envolviam, primitivamente, cerca de seis ou sete centenas de fotografias, cabe questionar sobre o destino desse material. Por um período, sabe-se, esteve nas mãos de Augusto, quando da retomada da divulgação do acervo em Belo Horizonte. Diante do tempo transcorrido até os dias de hoje, permanece a indagação.

---

[20] Cf. artigo original publicado na revista *A Lagrima* (SOUCASAUX, Augusto, 1905, p. 4.).

Augusto viajou pelo interior do país, fotografando cidades e regiões. De posse do novo material colhido, organizou o *Album de Minas – Alguns Aspectos do Sul-Mineiro*, material que hoje integra o Fundo João Pinheiro da Silva, acervo do Arquivo Público Mineiro.[21] Estendeu ainda em alguns anos sua estada no Brasil, atendendo contratos profissionais de diferentes naturezas, como, por exemplo, a execução de registros fotográficos destinados ao Serviço de Propaganda do governo brasileiro e outros trabalhos na condição de encarregado do Serviço de Fotografias da Diretoria de Meteorologia e Astronomia, respectivamente nos anos 1912 e 1913, conforme requisições de pagamento constantes em edições do *Diario Official da União*.[22]

Ele retorna finalmente a Portugal para se firmar profissionalmente, sobretudo, como fotógrafo. Ilustrou reportagens em periódicos e manteve sua atenção direcionada também às edições de livros sobre cidades e monumentos portugueses, dos quais se destacam os trabalhos de *Barcelos Resenha Histórica, Pitoresca, Artística* (1927)[23] e as fotografias constantes em alguns volumes da coleção *A Arte em Portugal*, edições Marques Abreu, Porto.[24]

Em alguns casos, o trabalho fotográfico de Augusto Soucasaux, realizado no curso da primeira metade do século XX, une-se à produção criativa do irmão falecido, especialmente no que tange à temática e aos resultados estéticos apurados. Há um manifesto interesse pela ilustração voltada para publicações dedicadas ao estudo de costumes regionais e ao registro da arquitetura das cidades. Nesse aspecto, transportada para a realidade de Portugal, encontra profícua sequência a concepção artística de Francisco Soucasaux, estabelecida ainda na fase histórica de Belo Horizonte.

---

[21] Cf. Campos (2008, p. 76).

[22] DIARIO OFFICIAL DA UNIÃO, p. 38, 31 mar. 1912; DIARIO OFFICIAL DA UNIÃO, p. 10, 24 dez. 1913.

[23] MANCELOS SAMPAIO; SOUCASAUX, 1927.

[24] A ARTE EM PORTUGAL. Série de publicações nas quais, em alguns números, constam fotografias de Augusto Soucasaux: n. 7 – *Viana e Caminha*, 1929, n. 8 – *Évora na História e na Arte. O templo Romano. A Catedral e a Igreja de S. Francisco*, 1930; n. 10 – *Mosteiro de Belém (Jerônimos)*, 1930; n. 12 – *Mosteiro da Batalha*, 1930.

Referências

AZEVEDO, Arthur. Um Passeio a Minas. *Revista do Arquivo Público Mineiro*, Belo Horizonte, ano XXXIII, 179-211, 1982.

AZEVEDO, Lindolpho. Bello Horizonte. *Kósmos, Revista Artistica, Scientifica e Litteraria*, Rio de Janeiro, anno I, n. 3, mar. 1904.

CAMARATE, Alfredo. Por montes e vales. *Revista do Arquivo Público Mineiro*, Belo Horizonte, ano XXXVI, 1985.

CAMPOS, Luana Carla Martins. "Instantes como este serão para sempre": práticas e representações fotográficas em Belo Horizonte (1894-1939). Dissertação (Mestrado em História) – Faculdade de Filosofia e Ciências Humanas da Universidade Federal de Minas Gerais, Belo Horizonte, 2008. Disponível em: <http://www.bibliotecadigital.ufmg.br/dspace/bitstream/handle/1843/VGRO-7PCJBG/disserta__o_luana_campos_ufmg_2008.pdf?sequence=1>. Acesso em: 5 nov. 2014.

DIARIO OFFICIAL DA UNIÃO. p. 38, 31 mar. 1912.

DIARIO OFFICIAL DA UNIÃO. p. 10, 24 dez. 1913.

ECHOS. *Diario de Minas*, Cidade de Minas, p. 1, 22 abr. 1901.

ENCYCLOPEDIA PORTUGUEZA ILLUSTRADA. *O Commercio de Minas*, Bello Horizonte, p. 3, 3 abr. 1903.

FOSCOLO, Avelino. *A Capital*. Porto-Portugal: Typographia Universal, 1903.

GUERRA, L. de Figueiredo da; SOUCASAUX, Augusto. Viana e Caminha. Porto: Marques Abreu, 1929. (Colecção A Arte em Portugal, n. 7).

Hospedes e Viajantes. *Minas Geraes*, Bello Horizonte, p. 3, 5 maio 1904.

KÓSMOS: *revista artistica, scientifica e litteraria*. Rio de Janeiro, anno I, n. 4, abr. 1904.

LAGO, Pedro Corrêa do (Org.). Brasiliana IHGB. Rio de Janeiro: Capivara, 2014.

LIMA, Antonio Augusto de. Relatorio. *Minas Geraes*, Bello Horizonte, p. 5, 3 mar. 1904.

MANCELOS SAMPAIO, J. (texto); SOUCASAUX, Augusto (fotografias). *Barcelos – Resenha Histórica, Pitoresca, Artística*. Barcelos: Companhia Editora do Minho, 1927.

MINAS GERAES. Bello Horizonte, 23 fev. 1904.

MINAS GERAES. Bello Horizonte, 5 maio 1904.

MINAS GERAES. Bello Horizonte, p. 4-6, 26-27 set. 1904.

MOURA, Álvaro de; ABREU, João; SOUCASAUX, Augusto. Covilhã, Serra da Estrela, Unhais da Serra. Porto: Litografia Nacional, 1932.

O COMMERCIO DE MINAS. Bello Horizonte, p. 3, 3 abr. 1903.

SANTOS, Reynaldo dos; SOUCASAUX, Augusto. Mosteiro de Belém (Jerônimos). Porto: Marques Abreu, 1930.

SOUCASAUX, Augusto (Org.). *Album de Minas – Folha de Propaganda,* Bello Horizonte, fev. 1905a.

SOUCASAUX, Augusto (Org.). *Album de Minas – Folha de Propaganda,* Bello Horizonte, anno I, n. 2, 28 mar. 1905b.

SOUCASAUX, Francisco (Org.). *O Album do Estado de Minas – Folha de Propaganda,* Bello Horizonte, anno I, n. 1, 11 ago. 1903.

SOUCASAUX, Augusto. Évora na História e na Arte. O templo Romano. A Catedral e a Igreja de S. Francisco. Porto: Marques Abreu, 1930. (Colecção A Arte em Portugal, n. 8).

SOUZA AGUIAR, Francisco Marcelino de (Org.). *Brazil at the Louisiana Purchase Exposition, 1904.* Saint Louis, EUA: [s.n], 1904.

VITORINO, Pedro; ABREU, Marques; SOUCASAUX, Augusto. Mosteiro de Batalha. Porto: Marques Abreu, 1930. (Colecção A Arte em Portugal, n. 12).

Artistas de Minas Gerais na Exposição Universal de Saint Louis de 1904

Introdução

A Exposição Universal de Saint Louis, Missouri, Estados Unidos, realizada no período de 30 de abril a 1º de dezembro de 1904, foi concebida como marco comemorativo do centenário da aquisição à França do território da Louisiana, tornando-se então conhecida como *Louisiana Purchase Exposition St. Louis*. Assim como ocorrera por ocasião da Exposição Universal Colombiana de Chicago de 1893, o Brasil esteve presente no evento internacional, centralizando suas ações em pavilhão próprio, sendo o projeto arquitetônico do edifício de autoria do coronel Francisco Marcelino de Souza Aguiar, presidente da comissão brasileira.

A Comissão de Representação de Minas Gerais, ainda na fase inicial das suas atividades, considerou prudente estimular a participação do estado somente naqueles setores nos quais pudesse almejar melhor posição no certame. Dessa forma, concentrou suas atenções nos departamentos de Agricultura, Minas e Metalurgia, Artes Liberais, Belas Artes, Manufaturados e Florestas. Para integrar o Departamento de Belas Artes, a Comissão contou com obras selecionadas de três pintores: Alberto Delpino (1864-1942), Honorio Esteves (1860-1933) e Frederico Steckel (1834-1921). Ao lado destes, deve-se incluir a significativa mostra do fotógrafo Francisco Soucasaux (1856-1904) no Departamento de Artes Liberais.

A Comissão mineira executiva foi presidida por Antonio Augusto de Lima e integrada por Nelson de Senna, Francisco Soucasaux, Joaquim Francisco de Paula, Prado Lopes e Gomes Lima, entre outros. Os trabalhos preparatórios foram centralizados em Belo Horizonte, onde a equipe desempenhou tarefas preliminares para estabelecer diretrizes de participação, convidar expositores, receber peças vindas de outras regiões, avaliar e classificar produtos a serem incluídos na mostra internacional.

Os propósitos da Comissão
de Representação de Minas Gerais

Diante da oportunidade rara, a Comissão de Minas Gerais direcionou esforços no sentido de divulgar a moderna capital Belo Horizonte, inaugurada em 1897, no cenário internacional.[1] No conjunto de metas que estabelecera, o material fotográfico de Francisco Soucasaux, acumulado ao longo dos anos precedentes, passou a merecer lugar relevante.[2] Contando com imagens escolhidas, dispostas em oito grandes quadros, uma sequência documental foi formada abrangendo desde os primeiros registros do antigo arraial, em 1894, até aspectos da metrópole nos dias correntes. Os trabalhos *Fotographias de predios publicos e particulares; ruas e parques de Bello Horizonte e vistas do arraial velho*, integraram o Grupo 27 do Departamento de Artes Liberais – Engenharia de Arquitetura. [*Figura 40*] A perfeição da apresentação foi devidamente considerada pelo júri, tornando-se Soucasaux vencedor da Medalha de Ouro. No concorrido Grupo 16 do Departamento de Artes Liberais – Fotografia, Soucasaux participou com um conjunto intitulado *Fotographias mostrando effeitos de luz e paisagens*, uma abordagem técnica.[3] Também apresentou trabalhos no Departamento de Eletricidade e no Departamento de Minas e Metalurgia, recebendo medalhas, respectivamente, de Ouro e de Bronze.

Empenhados em dar corpo ao programa concebido pela Comissão, viram-se engajados na Exposição de Saint Louis, como foi dito, os artistas Alberto Delpino, Honorio Esteves e Frederico Steckel, principais representantes da pintura moderna em Minas Gerais. Ao pintor sabarense Francisco Rocha também fora encaminhado um convite para que viesse

---

[1] Tendo integrado o Departamento de Economia e Sociedade, a exposição da Prefeitura de Belo Horizonte recebeu Medalha de Bronze na Exposição Universal de Saint Louis.

[2] Sobre a participação de F. Soucasaux na Exposição de Saint Louis, ver, neste livro: "Francisco Soucasaux, Fotógrafo e Construtor pioneiro de Belo Horizonte".

[3] Nesse mesmo Grupo 16, concorreram, entre outros, os consagrados fotógrafos Marc Ferrez (Medalha de Ouro), Insley Pacheco (Medalha de Ouro) e Valerio Vieira, com a célebre fotomontagem *Os 30 Valerios* (Medalha de Prata).

integrar o grupo de artistas de Minas, formalizado por meio de uma carta do membro da Comissão, Nelson de Senna, ainda em 18 de dezembro de 1903.[4] Não ocorreu, todavia, o envio de obras por parte do pintor.

Se, de um lado, as imagens fotográficas selecionadas por Soucasaux estavam voltadas basicamente para a propaganda de Belo Horizonte, a produção apresentada pelos pintores privilegiou, de forma notável, a paisagem, a história regional, os costumes, o trabalho, as tradições rurais mineiras e aspectos de cidades como Ouro Preto, Barbacena e Lagoa Santa.

Em março de 1904, ao término das etapas de seleção e de classificação do material a ser enviado para Saint Louis, foi apresentado por Augusto de Lima, presidente da Comissão de Representação de Minas Gerais, ao presidente do Estado Francisco Antonio de Salles, relatório detalhado sobre a atuação do grupo de trabalho. No documento, Lima menciona as diferentes seções nas quais concorreria o Estado e dedica algumas palavras aos respectivos expositores mineiros. Sobre os artistas que integravam o Departamento de Artes Liberais e o Departamento de Belas Artes, transmite francamente seu pensamento, para constatar a importância de cada uma das participações:

> O Estado de Minas, apresentando, pela primeira vez, ao mundo civilizado a sua Capital, não receia, na originalidade deste enorme commetimento, concurrencia com qualquer outro paiz. É uma cidade de 7 annos, attestando o arrojo e o trabalho colossal de uma geração, que soube levar a cabo numa realidade brilhante. O ostensor dessa obra monumental é o benemerito e illustre artista, sr. Francisco Soucasaux, a quem v. exc., em hora bem inspirada, confiou parte nos trabalhos da commissão.
> Em 8 quadros de grandes proporções e de luxuosas molduras, verão os visitantes da Exposição, com datas authenticas, a curta mas intensissima historia figurada deste torrão da terra mineira, ha sete annos um arraial de aspecto decadente e tosco, e logo uma grande cidade levantada com todos os elementos e formas da belleza e do conforto. A perfeição do trabalho photographico, assim como o arranjo esthetico que lhe foi dado, o indicam naturalmente para o departamento B, em que foi collocado, como um formoso portico para a exposição de Minas Geraes.

---

[4] Cópia xerográfica da carta de Nelson de Senna dirigida ao pintor Francisco de Paula Rocha. Arquivo do Setor de Pesquisa, Museu Mineiro, Belo Horizonte.

> Seguem-se no mesmo departamento, primando em outro genero de arte, grande numero de quadros originaes dos illustres pintores Frederico Steckel, Honorio Esteves e Alberto Delpino, nos quaes não se admirará sómente o engenho dos seus auctores, mas tambem a magnificencia, o pictoresco e por vezes a originalidade incomparavel dos nossos sitios e paragens, bem como os costumes e as tradições de nossa gente.
> Do primeiro expõe o sr. dr. G. Chalmers, superintendente da *St John del Rey Mining Comp. Limited*, panorama do Morro Velho, a mais antiga das minerações de ouro, actualmente em actividade. Do segundo, além de paizagens de logares historicos que perpetuam factos culminantes da nossa nacionalidade, ha um excellente retrato do dr. G. Lund, o immortal paleontologista, que teve em Minas a patria da sua saude, tendo vindo para aqui moço enfermo e finando-se em serena e longa velhice, que lhe permittiu decifrar grandes segredos do nosso sub-solo.
> Do terceiro, ao lado de quadros de genero de feliz inspiração e primorosa feitura, figuram evocações historicas e representações da nossa cultura mental, symbolizadas em homens eminentes. Dos vivos, apparecem em télas Manoel Joaquim de Macedo, o genio musical e Santos Dumont, cuja casa natal em João Ayres é admiravelmente reproduzida.[5]

Pela primeira vez Minas Gerais experimentava reunir obras de arte com o objetivo determinado de divulgar características e qualidades regionais, frente a uma mostra internacional. Além da unidade temática, deve-se ressaltar o número expressivo de quadros enviados pelos artistas mineiros. Somando-se as participações de Honorio (46 quadros), Delpino (18 quadros) e Steckel (3 quadros), tem-se o resultado de 67 obras, de um total de 143 concernentes ao Grupos 9 (Pinturas e Desenhos) do Departamento brasileiro. [*Figura 41*] Essa presença merece ser comentada por se destacar inteiramente da realidade vivenciada naquele momento em Minas Gerais, encontrando-se o Poder Público ausente de setores fundamentais da cultura e da educação artística, sem condições estruturais favoráveis, ou mesmo sem motivação, para lançar as bases do reclamado museu e da escola de Belas Artes na capital emergente. Na época em curso, os três pintores exerciam atividades profissionais paralelas, por meio das quais, em resumo, obtinham

---

[5] LIMA, 3 mar. 1904, p. 5.

a sobrevivência. Delpino e Honorio, na área do ensino de desenho em escolas e ginásios, respectivamente em Barbacena e em Ouro Preto; Steckel, nos setores da decoração e do comércio de material artístico, em Belo Horizonte.

Em publicações oficiais da exposição, consta o nome do pintor Luiz Ribeiro como artista representante de Minas Gerais.[6] Não há, porém, nas diversas matérias que trataram da organização da exposição, ainda em Belo Horizonte, referência à participação desse artista como expositor vinculado ao Estado.

Uma Coleção Mineiriana

Para a Exposição de Saint Louis, Alberto Delpino selecionou 18 quadros – 14 pinturas a óleo e 4 desenhos –, sendo sua obra reconhecida com a Medalha de Bronze.[7] Dedicou a maioria dos trabalhos à interpretação de aspectos da história e da cultura de Minas. Assim, podem ser agrupados, segundo os temas:[8]

a) Paisagem mineira; 8 quadros:
[nº 5] *Chuva na serra*[9] *[Figura 42]*; [nº 6] *Brilho de sol na floresta*; [nº 9] *Paisagem de Barbacena*; [nº 11] *Cruz das Almas, uma casa rural em Barbacena*; [nº 12] *Lagoa Santa*; [nº 14] *Anoitecer na fazenda*; [nº 18] *Panorama da cidade de Marianna, Minas Geraes*; [nº 112] *Pico do Itacolomy*.

b) Assuntos históricos regionais; 2 quadros:
[nº 8] *Berço da Inconfidencia*; [nº 16] *Casa onde nasceu Santos Dumont*.

c) Os costumes, a cultura e o trabalho; 4 quadros:
[nº 7] *O bateador de ouro*; [nº 10] *O ordenhador em trajes de Minas*; [nº 17] *O lenhador em trajes de Minas*; [nº 110] *Um condutor de carro-de-boi*.

---

[6] SOUZA AGUIAR, 1904, p. 117.

[7] Também receberam Medalha de Bronze os pintores Modesto Brocos e Insley Pacheco.

[8] Fica mantida entre colchetes a numeração de cada trabalho, constante nos dois catálogos mencionados. Em ambas as edições, em língua inglesa, os títulos das obras são apresentados de maneira bastante descritiva, o que procuramos conservar na presente versão em português para que fique demonstrado como foram exibidas no âmbito da exposição.

[9] O quadro *Chuva na serra* pertenceu à coleção de Laudelino Freire, tendo sido reproduzido em *Um Século de Pintura, Apontamentos para a História da Pintura no Brasil, de 1816 a 1916*. Rio de Janeiro: Typ. Röhe, 1916. p. 609.

d) Retratos, pintura de gênero, marinha; 4 quadros:
[nº 13] *O artista jovem*; [nº 15] *Cena maritima*; [nº 109] *Mãe acariciando a criança*; [nº 111] *Retrato do maestro Joaquim de Macedo*.

Encerrada a exposição, em dezembro de 1904, os trabalhos de Delpino, ao retornarem a Belo Horizonte, foram armazenados e conservados por certo tempo nas dependências da Secretaria do Interior, sob a guarda de Augusto de Lima. Em março de 1906, Noronha Guarany, Mario de Lima e Augusto Franco, amigos e admiradores do pintor, tomaram a iniciativa de organizar uma exposição em sua homenagem, inteiramente composta pelos quadros de Saint Louis. O evento, realizado numa tarde de domingo, aconteceu no salão nobre do Grande Hotel. Todo o material deveria seguir, finalmente, no dia seguinte, para Barbacena. Dos quadros expostos, mereceram destaque na imprensa:[10] *Lagoa Santa*, *Vivenda de Augusto Avelino*, *Panorama de Marianna*, *Longes (Barbacena)*, *Casa em que nasceu Santos Dumont*, *Berço da Inconfidencia*, *Chuva na serra*, *Leiteiro*, *Faiscadora*, *Caricias*, *Sol na floresta* e *Candieiro*. Por ocasião desse reconhecimento público, o Estado fez a aquisição do quadro *Berço da Inconfidencia* e o doutor Antonio Carlos adquiriu *Longes (arredores de Barbacena)*.[11] Nos dias atuais, depara-se com enorme dificuldade de se localizar boa parte da produção de Delpino. Há um levantamento feito por Martins de Andrade, em 1948, listando prováveis locais onde algumas de suas telas poderiam ser então encontradas. Dentre os trabalhos que estiveram em Saint Louis, Andrade indica ter sido adquirido pelo escritor e historiador de arte Laudelino Freire o quadro *Chuva na serra*.[12]

Honorio Esteves figurou em Saint Louis apresentando 36 pinturas a óleo e 10 desenhos a lápis e pastéis.[13] Do conjunto, percebe-se significa-

---

[10] Retomam aqui as obras seus respectivos títulos originais, os quais, em certos casos, divergem inteiramente daqueles utilizados na versão em língua inglesa que os identificou no contexto da exposição internacional.

[11] EXPOSIÇÃO DE QUADROS. *Minas Geraes*, p. 3, 19 mar. 1906.

[12] ANDRADE, 1948, p. 200-207. Ainda, segundo o autor, outro quadro de Delpino, *Volta da Colheita*, integrou a coleção Laudelino Freire.

[13] Há algumas divergências entre as duas publicações que fornecem informações sobre os expositores e suas obras. Em Souza Aguiar (1904, p. 92), a relação dos Grupos 9 a 14, de responsabilidade do Comissário José Americo dos Santos, omite um quadro de H. Esteves, *Casa do Major Goulat* [sic] *em B. Horizonte*, que aparece sob o nº 113a, no catálogo

tivo número de obras direcionadas ao estudo da paisagem, tendo como motivo, em especial, a região de Ouro Preto e o arraial de Bello Horizonte, além daquelas que tratam de assuntos da história, da cultura e dos costumes regionais. Nota-se a seguinte organização temática:

a) Paisagem mineira; 10 quadros:
[nº 20] *Vista do rio das Velhas junto à Estação de Sabará*; [nº 21] *Crepusculo em Honorio Bicalho*; [nº 22] *Lagoa Santa, Minas Geraes*; [nº 26] *Fenda acima da cachoeira do Tombadouro*; [nº 32] *Escritorio da Companhia Belga de Mineração de manganes*; [nº 36] *Arraial de Lagoa Santa*; [nº 38] *Sumidouro de Lagoa Santa*; [nº 40] *Casa e terras da Companhia Aurifera de Honorio Bicalho, Estação da Estrada de Ferro Central do Brasil*; [nº 48] *Alto da Canga, entre Inficionado e Morro da Agua Quente*; [nº 115a] *Uma casa velha de Fazenda*.

b) Paisagem de Ouro Preto, 5 quadros:
[nº 29] *Amanhecer em Ouro Preto*; [nº 30] *Jazida de argila para tinta*; [nº 43] *Ladeira de São José em Ouro Preto*; [nº 51] *Chafariz da rua da Casa dos Contos e do Lyceu de Artes e Officios*;[14] [nº 52] *Miniatura da cidade de Ouro Preto, mostrando a Igreja de Nossa Senhora do Rosário*.

c) Referências históricas regionais, 4 quadros:
[nº 35] *Antigo Palacio do Governo do Estado de Minas Geraes*; [nº 37] *Casa de dr. Lund em Lagoa Santa*; [nº 45] *Vista parcial da Grande Ponte de Sabará sobre o rio das Velhas (construída pelo engenheiro Santos Dumont, pai do Grande Aeronauta)*; [nº 47] *Casa onde os Revolucionários de Minas se reuniam em 1790*.

d) Os costumes, a cultura e o trabalho, 7 quadros:
[nº 19] *Cabeça de cavalo (Raça brasileira)*; [nº 25] *Minerando manganes*; [nº 27] *Lenhadores brasileiros*; [nº 28] *Minerando manganes*; [nº 39] *Colhendo uvas em Minas Geraes*; [nº 46] *Fogão a lenha*; [nº 116] *Procissão de São José*.

---

publicado por Skiff (1904, p. 118). Lado outro, Skiff não inclui o quadro nº 22, *Lagoa Santa, Minas Geraes*, que figura na relação de Américo dos Santos. Os dois catálogos omitem a descrição do item nº 41, de H. Esteves, fazendo constar na descrição do quadro nº 40 o título que sugere dois diferentes temas. Persiste a dúvida sobre este item.

[14] *Chafariz da rua da Casa dos Contos e do Lyceu de Artes e Officios*, óleo sobre tela. Coleção particular, Belo Horizonte.

e) Aspectos do arraial de Bello Horizonte, 6 quadros:
[nº 44] *Amanhecer em Bello Horizonte;* [nº 49] *Panorama de Bello Horizonte – antigo Curral d'El-Rey, antes da construcção da cidade actual;* [nº 50] *Vista de Bello Horizonte mostrando a famosa serra da Piedade, a rua Sabará e a antiga igreja Matriz;* [nº 53a] *Igreja Matriz de Bello Horizonte;* [nº 113] *Uma vivenda na Villa Bressane;* [nº 113a] *Casa do major Goulat em B. Horizonte;* [nº 115] *Antiga casa de Bello Horizonte.*

f) Paisagem do Rio de Janeiro, 1 quadro:
[nº 42] *Trecho do Parque da Boa Vista. Residencia do ultimo Imperador D. Pedro II.*

g) Retratos, 4 quadros:
[nº 53b] *Cabeça de homem;* [nº 117a] *Presidente Floriano;* [nº 117b] *Victor Emmanuel;* [nº 117c] *Dr. Peter Wilhelm Lund.*[15]

h) Pinturas de gênero, naturezas mortas; 8 quadros:
[nº 23] *"Aqui estou";* [nº 24] *A convalescente;* [nº 31] *A negra ebria;* [nº 33] *Galinhas no terreiro;* [nº 34] *Galinhas no terreiro;* [nº 53] *Uma fantasia infantil;* [nº 114] *O sono do inocente;* [nº 117] *Flores.*

Há, nesse conjunto, obras datadas da década anterior e outras mais recentes, dos anos 1900. Assim, destacam-se as três telas pintadas entre janeiro e fevereiro de 1894 – hoje pertencentes ao acervo do Museu Histórico Abílio Barreto –, retratando o arraial de Belo Horizonte, sendo elas: *Panorama de Bello Horizonte – Antigo Curral d'El-Rey, antes da construcção da cidade actual,* óleo sobre tela, 39x56 cm [*Figura 43*]; *Vista de Bello Horizonte mostrando a famosa serra da Piedade, a rua Sabará e a antiga igreja Matriz,* óleo sobre tela. 38,5x53 cm [*Figura 44*]; *Igreja Matriz de Bello Horizonte,* óleo sobre tela, 39x55 cm. [*Figura 45*] São trabalhos que tiveram como principal motivação fazer o registro fiel da paisagem e do casario colonial do antigo arraial fadado a desaparecer em breve tempo para ceder terreno às obras de construção da nova capital, conforme determinação legal de 17 de dezembro de 1893.

Dessa mesma época, datado de 1895, o óleo sobre tela *Chafariz da rua da Casa dos Contos e do Lyceu de Artes e Officios* apresenta estudo

---

[15] *Retrato de Dr. P. W. Lund,* 1903, pastel sobre papel, 58,6 x 42,4 cm. Acervo Museu Mineiro, Belo Horizonte.

do conhecido monumento artístico de Ouro Preto. O trabalho *Dr. Peter Wilhelm Lund*, 1903 [*Figura 46*], por retratar uma personalidade da mais alta notoriedade no meio científico mundial, insere-se, com inteira adequação, no propósito da representação de valores culturais. Os quadros *Lagoa Santa, Minas Geraes; Arraial de Lagoa Santa; Casa de dr. Lund em Lagoa Santa* e *Sumidouro de Lagoa Santa* complementam essa abordagem.[16]

Além da participação na seção de Belas Artes, merece destaque a presença de Honorio Esteves no Departamento de Educação. A despeito da decisão preliminar da comissão mineira de não concorrer nesse setor, o professor ouro-pretano apresentou a inscrição do seu invento *Dispositivos para ensinar a ler – Alphabeto Chromatico*. Com sucesso, reconhecido com a Medalha de Bronze, o material integrou o Grupo 8 do Departamento de Educação – Formas Especiais de Educação; Livros de texto, Mobiliário Escolar e Equipamentos Escolares [*Figura 47*]. A invenção, com patente concedida a Honorio Esteves em 1896, estava baseada no método intuitivo de ensino e era destinada a estimular as crianças a ler e a contar em breve tempo.

Frederico Steckel, artista remanescente da época da Comissão Construtora da Nova Capital, tornara-se o principal incentivador de eventos culturais na cidade, promovendo, em sua casa comercial, periódicas reuniões de *clubs* sociais, palestras, concertos e exposições de arte. Com o mesmo pensamento dos demais pintores, apresentou os óleos: [nº 88] *Uma pedreira*;[17] [*Figura 48*] [nº 89] *Panorama da Mina de Morro Velho*[18] e [nº 89a] *Uma casa suburbana*. O quadro *Uma pedreira*, 1901, representa um flagrante do trabalho de extração e transporte de blocos de granito, na região do arraial de Belo Horizonte, material empregado na construção da nova cidade. A obra *Panorama de Morro Velho*, 1903, pertencia ao empreendedor britânico George Chalmers, superintendente da *St. John del Rey Mining Comp. Limited*, empresa mineradora sediada em Vila

---

[16] Peter Wilhelm Lund (1801-1880), cientista dinamarquês; a partir de 1835 passou a viver e trabalhar na região de Lagoa Santa, Minas Gerais, onde realizou importantes pesquisas de fósseis e estudos botânicos.

[17] *Uma pedreira*, 1901, óleo, 50 x 45 cm, pertence à coleção Roberto Luciano Leste Murta, Belo Horizonte. Ver "Frederico Steckel: artista do Império e da República", neste livro.

[18] *Panorama de Morro Velho*, 1903, óleo. Cópia assinada por Dino Contardo pertencente ao acervo Centro de Memória da Mineradora de Morro Velho, Nova Lima. Ver "Frederico Steckel: artista do Império e da República", neste livro.

Nova de Lima. Dessa tela iconográfica conserva-se hoje, no acervo do Centro de Memória da Mineradora de Morro Velho, em Nova Lima, uma cópia de autor assinada por Dino Contardo, sendo, de resto, ignorada a localização da peça original.

Ainda uma derradeira participação de representantes de Minas Gerais encontra-se no Grupo 13 – Coleções Cedidas: [nº 131i] *Madonna. Very old*. Cedida pelo doutor Augusto Mario, Minas Gerais. A nota lacônica permite apenas supor tratar-se de uma imagem religiosa, originária do acervo artístico mineiro do período colonial.

A arte brasileira em Saint Louis

A Exposição de Saint Louis teve sua organização estruturada em Departamentos, sendo esses grandes módulos subdivididos em Grupos, e estes, em Classes. O Departamento de Belas Artes abrangeu os Grupos 9 a 14, sendo eles: Grupo 9. Pinturas e Desenhos (Classe 27 - Pinturas a óleo, Classe 28 - Pastéis e outros meios); Grupo 10. Gravuras e Litografias (Classe 29); Grupo 11. Escultura (Classes 30 a 33); Grupo 12. Arquitetura (Classes 34 a 37); Grupo 13. Coleções Cedidas; Grupo 14. Objetos Originais de Arte Aplicada (Classes 38 a 45). [*Figura 49*]

A publicação *Official Catalogue of Exhibitors Universal Exposition St. Louis, U.S.A., 1904* inclui, com detalhes, a planta baixa do edifício *Palace of Fine Arts*, onde se vê demonstrada a disposição física das galerias de cada país participante. O Brasil contou com as galerias números 100 e 101, do Pavilhão Oeste do prédio. A visualização dos espaços destinados ao Departamento brasileiro, em relação às grandes galerias ocupadas por países como França, Alemanha e Itália, oferece boa noção do elevado prestígio que, no âmbito internacional, alcançavam os artistas dos mencionados países europeus. As dimensões das salas do Brasil são equivalentes àquelas de países como Rússia, Bulgária, Portugal, Hungria, México e Argentina. [*Figura 50*] [*Figura 51*]

Para exemplificar a importância que então se consagrava a essa modalidade de mostra internacional, será bastante citar alguns nomes de artistas cujas obras integraram os departamentos de Belas Artes de seus respectivos países: Tony Robert-Fleury, Puvis de Chavannes, Detaille, Pissaro, Seignac, Renoir, Alfred Sisley e Rodin; Giovanni Fattori; Antonio Carneiro e Columbano Bordalo Pinheiro, para citar alguns. A seção Coleções Cedidas abrigou exemplos de artistas influentes na história da arte universal: Rembrandt, Franz Hals, Rousseau, Constable, Turner, Corot e Gainsborough.

No volume *Brazil at the Louisiana Purchase Exposition St. Louis, 1904*, o capítulo dedicado ao Departamento de Belas Artes brasileiro mereceu breve texto de apresentação escrito pelo Comissário Americo dos Santos. O autor lembrou a significativa presença do Brasil na América do Norte na Exposição Universal de Chicago, ocorrida em 1893,[19] e argumentou que, pelo fato de ter o país tomado a decisão de participar da Exposição de Saint Louis muito tardiamente, via-se, de certa forma, prejudicado o Departamento de Belas Artes em oferecer uma exibição mais completa e representativa. Lamenta, assim, algumas ausências, mencionando os nomes de Rodolpho Bernardelli, Nicolina de Assis, Benevenuto Berna e Correia Lima, entre os escultores; e de Pedro Americo, Rodolpho Amoêdo, Decio Villares, dos irmãos Bernardelli, Antonio Parreiras, Baptista da Costa, Thomas Driendl, Madruga, Pedro Alexandrino, Eduardo de Sá e Belmiro de Almeida, entre outros pintores da maior expressão no país.

O Departamento de Belas Artes contou com a participação de 25 expositores: Bento Barbosa, Modesto Brocos, Benedicto Calixto, Alberto Delpino, Honorio Esteves, Raphael Frederico, Aurelio Figueiredo, A. G. Figueiredo, Mina Mee, Insley Pacheco, Ernst Papf, Luiz Ribeiro, Oscar Pereira da Silva, Frederico Steckel, Elyseu Visconti, Henry Walder, Pedro Weingärtner, Fernando Schlatter. Martino del & Bros. Favero, Augusto Giorgio Girardet, A. O. F. Rangel, Amadeu Zani, V. Dubugras; coleção doutor Augusto Mario; coleção Ferreira Penna de Azevedo.

Os artistas Modesto Brocos e Elyseu Visconti somaram participações em dois diferentes Grupos. Brocos teve obras incluídas no Grupo 9 (Pintura e Desenho) e no Grupo 10 (Gravura e Litografia), e terminou por receber duas Medalhas de Bronze, ou seja, uma em Pintura e outra em Gravura. Visconti apresentou trabalhos no Grupo 9 (Pintura e Desenho) e no Grupo 14 (Peças Originais de Arte Aplicada); neste, com a mostra de 26 aquarelas, contendo estudos para estampas de papel de parede, desenhos de vasos, pratos e utilitários, além de 11 vasos e jarras e um prato em cerâmica. Essas peças foram numeradas de 132 a 167 no

---

[19] Recente estudo sobre a Exposição Universal Colombiana de Chicago foi realizado pela historiadora Camila Dazzi (2012, p. 465-481).

catálogo. O artista tornou-se o único representante do Grupo 9 (Pintura e Desenho) do Departamento de Belas Artes a conquistar a Medalha de Ouro, merecendo destaque o quadro *São Sebastião*.[20] Recebeu ainda a Medalha de Bronze, devida às aquarelas expostas no Grupo 14. O artista veterano Insley Pacheco recebeu Medalha de Ouro por sua exposição de fotografias no Departamento de Artes Liberais – Fotografia e ainda uma Medalha de Bronze por suas paisagens apresentadas no Grupo 9 (Desenho e Pintura).

Referências

ANDRADE, Martins de. Vida e Obra de um Pintor (A. A. Delpino). *Revista do Instituto Histórico e Geográfico de Minas Gerais*, Belo Horizonte, v. III, p. 200-207, 1948.

DAZZI, Camila. A Produção dos Professores e Alunos da Escola Nacional de Belas Artes na Exposição Universal de Chicago de 1893. In: COLÓQUIO CBHA: DIREÇÕES E SENTIDOS DA HISTÓRIA DA ARTE, 32., 2012, Campinas. *Anais...* Organização: Maria de Fátima Morethy Couto, Ana Maria Tavares Cavalcanti e Marize Malta. Campinas: Comitê Brasileiro de História da Arte – CBHA, 2012. p. 465-481. Disponível em: <http://www.cbha.art.br/coloquios/2012/anais/autores.html>. Acesso em: 6 nov. 2014.

EXPOSIÇÃO DE QUADROS. *Minas Geraes*, Bello Horizonte, p. 3, 19 mar. 1906.

FREIRE, Laudelino. *Um Século de Pintura, Apontamentos para a História da Pintura no Brasil, de 1816 a 1916*. Rio de Janeiro: Typ. Röhe, 1916.

LIMA, Antonio Augusto de. Relatorio. *Minas Geraes*, Bello Horizonte, p. 5, 3 mar. 1904.

SOUZA AGUIAR, Francisco Marcelino de. (Org.). *Brazil at the Louisiana Purchase Exposition St. Louis, 1904*. Saint Louis: Commission Louisiana Purchase Exposition, 1904.

SKIFF, Frederick J. V. (Org.). *Official Catalogue of Exhibitors Universal Exposition St. Louis, U.S.A., 1904*. Revised edition. St. Louis: The Official Catalogue Company (INC.), 1904.

---

[20] Com o título *Recompensa de São Sebastião*, 1898, o.s.t., 218 x 133 cm, a obra pertence ao acervo do Museu Nacional de Belas Artes, Rio de janeiro/RJ.

Anexo 1
O departamento de Belas Artes do Brasil

Departamento de Belas Artes[1]
Grupos 9 a 14

Devido à decisão tardia do governo brasileiro em participar da exposição, somente alguns poucos trabalhos estão sendo exibidos, dos quais pode ser formada apenas uma pequena ideia do adiantamento da arte naquele país. Os trabalhos consistem principalmente de pinturas de paisagem e imagens representativas da vida e do ambiente.

Todos os que visitaram a Exposição de Chicago devem se lembrar da excelente mostra, em todos os setores das Belas Artes, que o Brasil apresentou na Feira Universal de Colúmbia, porém, devido ao curto espaço de tempo oferecido para a coleta e a embalagem necessárias para uma longa viagem, muitos dos principais artistas e colecionadores de obras de arte não se veem representados em Saint Louis.

Entre os representados estão Aurelio de Figueiredo, B. Calixto, P. Weingartner, Modesto Brocos, Honorio Esteves, A. Delpino, Raphael Frederico, Insley Pacheco, Eliseu Visconti, Girardet e outros de igual valor, os quais contribuíram com pinturas a óleo, aquarelas, gravuras, arte aplicada, etc.

---

[1] SANTOS, J. Americo dos. Department of Fine Arts. In: SOUZA AGUIAR, Francisco Marcelino de Souza (Org.). *Brazil at the Louisiana Purchase Exposition St. Louis, 1904.* Saint Louis: Commission Louisiana Purchase Exposition, 1904. p. 90-93. (Texto traduzido por João Bosco de Oliveira).

Desafortunadamente, nenhuma das magníficas esculturas que o Brasil possui pôde ser enviada.

Os interesses das Artes no Brasil são abrigados pela Escola de Belas Artes, que pertence ao Governo Federal, a qual oferece bolsas de estudos e envia os melhores estudantes de cada um de seus cursos para estudos nos centros de artes europeus, sendo que muitos deles foram premiados no *Salon* de Paris e em outras exposições de arte. Nessa escola são ensinados todos os tipos de pintura, litografia, escultura, arquitetura, gravura, etc. Outras escolas de Artes e Ofícios existem no país sendo mantidas pela iniciativa privada e pelo governo.

Entre os artistas que, por mera falta de tempo, não puderam contribuir para a mostra brasileira na Exposição de Saint Louis, os seguintes nomes podem ser mencionados, muitos dos quais obtiveram vários prêmios em diferentes exposições.

ESCULTURA – R. Bernardelli, Nicolina de Assis, B. Berna, Correia Lima, Martinelli.

PINTURA A ÓLEO, ETC – Pedro Americo, R. Amoêdo, Decio Villares, irmãos Bernardelli, A. Parreiras, B. da Costa, E. Driendl, A. Malevolti, Madruga, Pedro Alexandrino, E. Sá, L. Berna, Calogeras e Belmiro. Victor Meirelles, Almeida Junior, Facchinetti e muitos outros já falecidos foram artistas de grande distinção.

Na produção arquitetônica contribuíram Morales de los Rios, Schreiner, Bahiana, Bandeira e C. de Souza.

Em água-forte e gravuras A. Bavard, L. Heck, Alfredo Pinheiro, Monteiro Coimbra, etc. Estão sendo exibidos na secção brasileira 184 artigos, distribuídos em 6 grupos deste Departamento, compreendendo 25 exibidores. Os seguintes são os principais deles: Modesto Brocos, A. Delpino, Honorio Esteves, Raphael Frederico, Aurelio de Figueiredo, Insley Pacheco, Oscar P. da Silva, Eliseu Visconti, H. Walder, Pedro Weingärtner, A. Girardet, V. Dubugras, Martino del Favero e Ferreira Rangel.

Mr. J. A. dos SANTOS
Comissário do Departamento
de Belas Artes

Grupo 9
Pintura e Desenho – Pintura a óleo.[2]

Expositor
Nº
Barbosa, Bento (S. Paulo)
1. Retrato.

Brocos, Modesto (Rio de Janeiro)
1a. Retrato do Dr. G. Ramos.
3. Descascando goiabas.
4. Cruzeiro do Sul.
4a. A velha paineira.

Calixto, B. (S. Paulo)
4b. Os Falquejadores

Delpino, A. (Minas Geraes)
5. Chuva na serra.
6. Brilho do sol na floresta.
7. O bateador de ouro.
8. Berço da Inconfidencia.
9. Paisagem de Barbacena.
10. O ordenhador em trajes de Minas.
11. Cruz das Almas; uma casa rural em Barbacena.
12. Lagoa Santa.
13. O jovem artista.
14. Anoitecer na fazenda.
15. Cena marítima.
16. Casa onde nasceu Santos Dumont.
17. O Lenhador em trajes de Minas.
18. Panorama da cidade de Marianna, Minas Geraes.

Esteves, Honorio (Minas Geraes)
19. Cabeça de cavalo (Raça brasileira).
20. Vista do rio das Velhas junto à Estação de Sabará.

---

[2] Tradução do autor. Conforme já mencionado em nota anterior, os títulos das obras são apresentados de maneira bastante descritiva, o que procuramos conservar na presente versão em português, para que fique demonstrado como foram exibidas no âmbito da exposição.

21. Crepusculo em Honorio Bicalho.
22. Lagoa Santa, Minas Geraes.
23. "Aqui estou".
24. A convalescente.
25. Minerando manganes.
26. Fenda acima da cachoeira do Tombadouro.
27. Lenhadores brasileiros.
28. Minerando manganes.
29. Amanhecer em Ouro Preto.
30. Jazida de argila para tintas.
31. Uma negra ebria.
32. Escritorio da Companhia Belga de Mineração de manganes.
33. Galinhas no terreiro.
34. Galinhas no terreiro.
35. Antigo Palacio do Governo do Estado de Minas Geraes.
36. Arraial de Lagoa Santa.
37. Casa do dr. Lund em Lagoa Santa.
38. Sumidouro de Lagoa Santa.
39. Colhendo uvas em Minas Geraes.
40. Casa e terras da Companhia Aurifera de Honorio Bicalho, Estação da Estrada de Ferro Central do Brasil.
42. Trecho do Parque da Boa Vista. Residencia do ultimo Imperador D. Pedro II.
43. Ladeira de São José em Ouro Preto.
44. Amanhecer em Bello Horizonte.
45. Vista parcial da Grande Ponte de Sabará sobre o rio das Velhas (construída pelo engenheiro Santos Dumont, pai do grande Aeronauta).
46. Um fogão de lenha.
47. Casa onde os Revolucionarios de Minas se reuniam em 1790.
48. Alto da Canga, entre Inficionado e Morro da Agua Quente.
49. Panorama de Bello Horizonte – antigo Curral d'El-Rey, antes da construcção da cidade actual.
50. Vista de Bello Horizonte, mostrando a famosa serra da Piedade, a rua Sabará e a antiga igreja Matriz.
51. Chafariz da rua da Casa dos Contos e do Lyceu de Artes Officios.

52. Miniatura da cidade de Ouro Preto, mostrando a igreja de Nossa Senhora do Rosario.
53. Uma fantasia infantil.
53a. Igreja Matriz em Bello Horizonte.
53b. Cabeça de homem.

Frederico, Raphael (S. Paulo)
54. Concerto ao ar livre.
54a. Paisagem e menina.
55. Colecionador amador.
56. Rondó em Lá Maior.
57. Interior do ateliê de um artista
58. Molhando a videira.
59. Depois da leitura.
60. Perto do altar.
61. Cena domestica.

Figueiredo, A. (Rio de Janeiro)
62. Forte do Leme.
63. Pôr do sol na praia.
64. Noite de verão.
65. Morro do Corcovado.
66. Crime sensacional.
67. Rapsódia sobre as ondas
68. Panorama da Serra de Petrópolis.
69. Copacabana.
70. Morro da Babilônia.
71. Rochas.
72. Vale do Morro da Tijuca.
73. Baía de Botafogo.
74. Pico do Morro da Tijuca.
75. Avis Rara (Inspiração do artista).
75a. Sonho de juventude.

Figueiredo, Dr. A. G. (Amazonas)
76. Vista da cidade de Manaos.

Mee, M. (S. Paulo)
76a. Fruta.
76b. Orquídeas.

76c. Orquídeas.
76d. Tomates.

Pacheco, Insley (Rio de Janeiro)
77. Catarata de Paulo Afonso.
78. Paisagem.
79. Paisagem.
80. Marinha.
81. Marinha.
82. Marinha.
83. Marinha.
84. Marinha.

Papf, E. (S. Paulo)
84a. Orquideas.

Ribeiro, L. (Minas Geraes)
85. Cruzeiro brasileiro sobre o oceano à noite.
86. Navio a vapor "Kronprinz Wilhelm".
87. Navio de guerra americano no Porto do Rio de Janeiro. (Saudando).

Silva, Oscar P. da (S. Paulo)
87a. Uma mãe carregando a criança.

Steckel, F. A. (Minas Geraes)
88. Uma pedreira.
89. Panorama de Morro Velho.
89a. Uma casa do suburbio.

Visconti, E. (Rio de Janeiro)
90. Busto de homem.
91. A Convalescente.
92. Sonho místico.
93. Pedro Alvares Cabral.
94. São Sebastião.

Walder, Henry (Rio de Janeiro)
95. Odontoglossum Grande.
96. Cattleya Gigans; Warocqueana; Amethystina; Rex de O'Brien.
97. Cattleya Hordyano Cardeniana; Cattleya Dowiana; Cattleya Leopoldo II; Cattleya Walkeriana.
98. Cattleya Hordyano Luciani; Mossiae Amoena; Oncidium Krameranum; Oncidium Lamellingerum.

99. Lovelia Elegans; Lovelia Glauca.
100. Lutia Purpureum; Insleay.
101. Miltonia Morelina; Miltinia Purpurata; Miltonia Vexillania; Miltonia Alva.
102. Cattleya Kimalliana; Cattleya Mendeli; Cattleya Labiata, Cattleya Cupidon Autumnalis.

Weingartner, P. (Rio Grande do Sul)
103. Mudança de destino.
103a. A Colheita.
103b. Galo de briga.
103c. Um Casamento em Anticoli.

Pastel e Outros Meios.

Delpino, A. (Minas Geraes)
109. Mãe afagando a criança. Desenho a pastel.
110. Um condutor de carro-de-boi. Desenho a pastel
111. Retrato do Maestro Joaquim de Macedo. Desenho a pastel.
112. Pico do Itacolomy.

Esteves, H. (Minas Geraes)
113. Uma vivenda na Villa Bressane.
113a. Casa do major Goulat [sic] em B. Horizonte.[3]
114. O sono do inocente. Desenho a lápis.
115. Antiga casa de Bello Horizonte.
115a. Uma casa velha de fazenda.
116. Procissão de São José.
117. Flores. Crayon colorido.
117a. Presidente Floriano. Pastel.
117b. Victor Emmanuel. Pastel
117c. Dr. P. G. Lund. Pastel.

Pacheco, Insley (Rio de Janeiro)
118. Marinha. Guache.
119. Marinha. Guache.
120. Marinha. Guache.
121. Marinha. Guache.
122. Marinha. Guache.

---

[3] Ver nota 14.

Schlatter, Fernando (Rio Grande do Sul)
123. Vista da cidade de Porto Alegre.

Visconti, Eliseu (Rio de Janeiro)
124. Nu feminino. Desenho a crayon.
125. Busto de mulher. Desenho a crayon.
126. Mulher em Repouso. Desenho a crayon.
127. Figuras de crianças. Desenho a crayon.
128. Busto de mulher. Desenho a crayon.

Grupo 10
Gravura e Litografia.

Brocos, Modesto (Rio de Janeiro)
128a. Três águas-fortes em uma composição.
    (a) Marechal Floriano Peixoto
    (b) Rodolpho Bernardelli
    (c) O velho dom Pedro II.
128b. Três águas-fortes em uma composição.
128c. Composição com águas-fortes: Retratos de eminentes cidadãos brasileiros.

Grupo 11
Escultura.

Favero, Martino del & Bros. (São Paulo)
128d. Cristo na cruz no Calvário. Madeira entalhada.

Girardet, A. G. (Rio de Janeiro)
129. Caixa contendo medalhas em bronze e alumínio e camafeus.
130. Coleção de grandes medalhões em bronze.
131. Coleção de grandes medalhões em gesso.

Rangel, A. O. F. (São Paulo)
131a. Ramo de café. Madeira entalhada.

Zani, Amadeu (São Paulo)
    131b. Ave Maria. Baixo relevo em gesso.

Grupo 12
Arquitetura.

Dubugras, V. (São Paulo)
    131c. Desenho da Igreja em perspectiva. Aquarela.
    131d. Desenho em perspectiva da Câmara Municipal. Aquarela.
    131e. Cinco vistas da casa. Fotografia.
    131f. Cinco vistas de interior da casa. Fotografia.
    131g. Cinco vistas da Igreja. Fotografia.
    131h. Sete vistas da Câmara Municipal. Fotografia.

Grupo 13
Coleções Cedidas.

    131i. Madona. Muito antiga. Cedida por Dr. Augusto Mario.

Musi, A. (falecido).
    131j, 131k, 131l. Três aquarelas representando cenas festivas. Cedidas pelo Col. Ferreira Penna de Azevedo.

Grupo 14
Peças Originais de Arte Aplicada.

Visconti, E. (Rio de Janeiro)
    Aquarelas:
    132. Desenho de papel de parede.
    133. Desenho de cântaro.
    134. Desenho de vaso.
    135. Desenho de renda

136. Desenho de mesa.
137. Desenho de papel de parede.
138. Desenho de friso de papel de parede.
139. Desenho de papel de parede.
140. Desenho de papel de parede.
141. Desenho de papel de parede.
142. Desenho de papel de parede.
143. Desenho de imitação de vitral.
144. Desenho de prato.
145. Desenho de vaso.
146. Desenho de papel de parede.
147. Desenho para uma pintura alegórica.
148. Desenho de cortina
149. Desenho de prato.
150. Desenho de papel de parede.
151. Desenho de vaso
152. Desenho de estampa de cortina.
153. Desenho para estampa de tecidos
154. Desenho para bordado.
155. Desenho de padrão de tecido.
156. Desenho para lustre de mesa (elétrico).
157. Desenho de papel de parede.
   Cerâmicas:
158. Vaso.
159. Vaso.
160. Vaso.
161. Vaso.
162. Vaso.
163. Jarro.
164. Jarro.
165. Jarro.
166. Jarro.
166a. Jarro.
167. Prato.

Anexo 2
Quadro de premiações do departamento de Belas Artes do Brasil

Departamento de Belas Artes[1]

Grupo 9
Pintura e Desenho.

Medalha de Ouro.

E. Visconti – Rio de Janeiro.

Medalha de Prata

A. de Figueiredo – Rio de Janeiro.
Oscar P. da Silva – S. Paulo.
Pedro Weingartner – Rio Grande do Sul.

Medalha de Bronze

Modesto Brocos – Rio de Janeiro
A. Delpino – Minas Geraes
J. Insley Pacheco – Rio de Janeiro.

---

[1] O volume organizado por Souza Aguiar, *Brazil at the Louisiana Purchase Exposition St. Louis, 1904*, incluiu a resenha completa, elaborada no mês de novembro, computando já as premiações alcançadas por todos os Departamentos e expositores brasileiros. Reproduzimos os quadros de premiações do Departamento de Belas Artes e Departamento de Educação (SOUZA AGUIAR, 1904, p. 165, tradução do autor).

Grupo 10
Gravura e Litografia

Medalha de Bronze

Modesto Brocos – Rio de Janeiro.

Grupo 11
Escultura.

Medalha de Ouro.

A. G. Girardet – Rio de Janeiro.

Medalha de Bronze.

Amadeu Zani – S. Paulo.

Grupo 14
Peças Originais de Arte Aplicada

Medalha de Bronze.

E. Visconti – Rio de Janeiro.

Anexo 3
Quadro de premiações do departamento de Educação do Brasil

Departamento de Educação[1]

Grupo 8
Formas Especiais de Educação.

Grande Prêmio

Governo do Estado (Amazonas).
Museo Paulista (S. Paulo).

Medalha de Ouro

Instituto Historico e Geographico (S. Paulo).
Instituto Historico e Geographico (Bahia).
Museo Paraense (Pará).
Colaborador do grupo acima:
Mr. J. B. da Motta (Rio de Janeiro).

Medalha de Prata

Spindola, Siqueira & Co. (S. Paulo).
Miguel Melillo & Co. (S. Paulo).

Medalha de Bronze

W. Rotermund (Rio Grande do Sul).
Ramon Roca Dordal (São Paulo).
Honorio Esteves (Minas Geraes).

---

[1] SOUZA AGUIAR, 1904, p. 164, tradução do autor.

Este livro foi composto com tipografia Minion e impresso
em papel Pólen Soft 80 g/m² na Formato Artes Gráficas.